U0503736

［明］王士性 撰

周振鶴 點校

# 五岳遊草 廣志繹

新校本

上海人民出版社

# 總目

# 新版綴語

五岳遊草廣志繹校點本於二〇〇六年出版之後，書品上曾刊載兩篇批評文章，指出標點方面還有可改進之處，此次再版，不但吸取了其中一些意見，同時又請夏婧副教授從頭到尾通校一遍，又有改進之處數十，足見古籍校點工作之不易爲也。值此新版問世之時，謹對以上幫助表示深摯的謝意。同時希望讀者不吝賜教，期待有臻於至善的更新版。

周振鶴　謹識

# 前言

王士性，字恒叔，號元白道人，浙江臨海人。生於明代嘉靖二十六年（一五四七），卒於萬曆二十六年（一五九八）。性喜遊歷，爲諸生時已遊杭州及越中佳山水。萬曆五年（一五七七）登進士，此後相繼在河南、北京、四川、廣西、雲南、山東、南京等地做官，除福建以外，他的足跡遍及當時的兩京十二省，寫下了許多精彩的遊記與紀遊詩，結集爲五岳遊草。晚年又對所遊歷和考察的對象加以理論思維，相繼寫出了廣遊志和廣志繹兩部傑出的地理學著作。上述三書所體現出來的地理學思想和成就以及所保存下來的寶貴的地理資料，足使他躋身於我國歷史上的大地理學家之列而毫無愧色，遺憾的是他被冷落了將近四百年，尤其在清代中葉以後幾不爲人所知。本書的編輯目的就在於引起大家的注意，不但注意於王士性一個人，而且注意於明後期的地理學家群體，乃至於我國歷史上的所有的地理學家。

自萬曆以後，明代社會風氣發生很大變化，從空談性理轉入經世務實，崇尚實學的思潮逐漸形成。在這個「天崩地解」的大變動時代，許多知識分子主張「不必矯情，不必逆性，不必昧心，不必抑志」，寄情於山水之間，以遍遊五岳爲目標，明人别集中因而不乏模山範水的詩歌和遊記。其中的少數人進而認真觀察自然和社會，寫下許多有見地、有價值的地理筆記，在客觀上使地理學從歷史學的附庸下解放出來，逐步發展成爲一門獨立的學科。王士性和稍後的徐霞客是這些少數人中的佼佼者，他們不但眼光敏鋭，而且思路比别人開闊；不但觀察到他人所未注意到的事物與現象，而且開始從地理學的角度對之進行類比和分析，於是成就了廣志繹和徐霞客遊記這樣輝煌的地理著作。徐、王二人後先輝映，標志着我國地理學發展史上的重大轉折。所不同的祇是士性的成就側重於人文地理方面，霞客的造詣主要表現在自然地理領域；霞客之遊以私出，士性之遊多假仕宦之便而已。

王士性宣稱：「吾視天地間一切造化之變，人情物理，悲喜順逆之遭，無不於吾遊寄焉。」（五岳遊草自序）此處所謂的「造化之變」指自然環境及其變遷，「人情物理，悲喜順逆之遭」則意味着社會、人文現象的變化。在這種思想的指導下，他特别注意觀察各地的地理環境、民情風俗、宗教文化、物産交通，並比較其間的差異，從而在人文地理的各個分支，如風俗地理、文化地理、經濟地理、政治地理、民族地理乃至軍事地理的研究都留下自己的真知灼見。同時他又注重分析人與環境的關係，繼承並發展了我國自古以來重視人地關係研究的傳統。明人的遊歷考察多注重自然山水，獨有士性亦並重考察人文現象，這正是他高人一籌之處。中國古代人文地理雖然比較發達，但是自漢書地理志以後，保持長盛不衰的主要是對於疆域政區沿革變遷的記述，而於文化、經濟、風俗等領域則缺乏比較系統完善的研究。究其原因，乃是偏重文獻的考證和口耳相傳的見聞，缺乏實地考察的緣故。王士性批評這種「藉耳爲口，假筆於書」的作風，因此他的記述「皆身所見聞也，不則寧闕如焉」。也正因爲如此，他能夠對親見親聞的事物和現象進行深入的理論思維，進而探索地理學的内在規律。因而廣遊志、廣志繹與徐霞客遊記不同，它們不是日記式的旅遊實録，而是在實地考察之後，對於所得材料去粗取精、整理排比並加上理論思維的地理著作。所以它在篇幅上雖比不上徐霞客遊記，但論内容的豐富與對地理學的貢獻却毫不遜色，甚且有所過之。王士性的旅遊行蹤則另入五岳遊草中，極簡練，而又文采焕然。

在王士性的地理著作中最令人注目的是，他深刻地認識到地理學的區域性特點。因此他首先以全國範圍作爲區域研究的對象，寫成了廣遊志（即康熙本廣志繹所附雜志），分析各地在自然環境

(如地脉、形勝、風土)以及人文因素(如少數民族、宗教、方言)的差異。在地脉部分,他詳細闡明了以北龍、中龍和南龍爲三大主幹的山脉分佈系列,這是唐代僧一行山河兩戒説以來的最新發展。在形勝一節中,他分析了明代兩京十三省的自然地理基礎,認爲其分劃大致是合理的,過去從未有人對於政區的地理背景作過這樣的分析。在全編的最後一段,王士性又歷數各地的方言差異:「聲音,八方各以其鄉土,不純於正聲,難以彼此相誚也。有一郡一邑異者,亦有分大江南北異者。……若一省一郡異者,如齊、魯發聲洪,淮、揚腰聲重,徽、歙尾聲長。」對方言地理表現出極大興趣。

晚年息遊之後,王士性不滿足於廣遊志過於簡單的論述,更作廣志繹五卷(第六卷有目無文不計),以全面深入地表達自己的地理學思想。第一卷方輿崖略是全國地理總叙,第二至第五卷是各地分論,依次爲兩都(北京、南京)、江北四省(河南、陝西、山東、山西)、江南諸省(浙江、江西、湖廣、廣東)和西南諸省(四川、廣西、雲南、貴州)。方輿崖略是廣遊志的延伸,從全國的範圍繼續分析地理現象的地域分異。例如在經濟地理方面記述各地聚散貨物之異説:「天下馬頭,物所出所聚集處。蘇、杭之幣,淮陰之粮,維揚之鹽,臨清、濟寧之貨,徐州之車贏,京師城隍、燈市之骨董,無錫之米,建陽之書,浮梁之瓷,寧、台之鮝,香山之番舶,廣陵之姬,温州之漆器。」在文化地理方面則注意到南北科舉人物多寡的不同：「江北山川夷曠，聲名文物所發泄者不甚偏勝；江南山川盤鬱，其融結偏厚處則科第爲多。如浙之餘姚、慈溪，閩之泉州，楚之黄州，蜀之内江、富順，粵之全州、馬平，每甲於他郡邑。」甚至在飲食習慣方面也指出南北的差異：「海南人食魚蝦，北人厭其腥；塞北人食乳酪，南人惡其膻；河北人食胡葱、蒜、薤，江南畏其辛辣，而身不自覺。此皆水土積習，不能强同。」

除方輿崖略外，廣志繹的其他篇章深入地闡明各省内部的地域差異現象，構成色彩紛呈的地理「馬賽克」。例如，對於浙江風俗文化的差異，王士性就有精闢的見解：「兩浙東西以江爲界而風俗因之。浙西俗繁華，人性纖巧，雅文物，喜飾帑帨，多巨室大豪。……浙東俗敦樸，人性儉嗇椎魯，尚古淳風，重節概，鮮富商大賈。」而浙東的風俗又可細分爲三區：「寧、紹盛科名逢掖，其戚里善借爲外營，又傭書舞文，兢賈販錐刀之利，人大半食於外；金、衢武健負氣善訟，六郡材官所自出；台、温、處山海之民，獵山漁海，耕農自食，賈不出門，以視浙西迥乎上國矣。」這裏所劃分的浙江風俗文化區，基本上與當時浙江省所屬十一府的區劃相一致，並且直到今天也仍然可以作爲劃分浙江文化區的參考。中國歷代行政區劃的變遷雖然以政治因素最爲主要，但也受着自然環境的制約，以及經濟、文化乃至軍事等因素的影響。因此行政區劃往往與自然區劃、經濟區劃或文化區劃存在某種契合。在浙江，這一點表現得尤其典型。王士性雖以政區作爲區域研究的基礎，但却不以之代替其他類型的區劃。例如，他注意到語言在文化分區中的重要標志作用。他説：潮州「其俗之繁華既與漳同，而其語言又與漳、泉二郡通，蓋惠作廣音而潮作閩音，故曰潮隸閩爲是」。也就是説，就行政區劃而言，潮州雖然隸屬廣東，但在文化分區方面却應該與福建的泉州與漳州同屬一區。四百年前而有如此見識，的確不同凡響。

在經世實用思潮的影響下，王士性還産生了後來稱之爲「郡國利病」的思想。用今天的話來説，就是注意觀察與分析各地自然環境與人文環境的長處（利）和短處（病），以確定環境對某種社會需要的適宜或者有利的程度。這實質上已初具現代地理學的評價研究的雛形。例如，他在評論杭州西湖作爲旅遊勝地時就獨具慧眼地指出：「遊觀雖非樸俗，然西湖業已爲遊地，則細民所藉爲利，日不止千金，有司時禁之，固以易俗，但漁者、舟者、戲者、市者、酤者咸失其本業，反不便於此輩也。」這活脱是現代人的經濟眼光了。作爲封建士大夫，他不便鼓吹旅遊業，但却曲折地表達了杭州的旅遊地利。清人已注意到王士性的這一思想，所以康熙十五年楊體元在刻廣志繹序中説，王士性「其志險易要害、漕河海運、天官地理、五方風俗、九徼情形，以及草木鳥獸、藥餌方物、飲食制度、早晚燥濕、高卑遠近，各因時地異宜，悉如指掌。使經綸天下者得其大利大害，見諸石畫，可以佐太平」。如果我們誇大點説，在王士性那裏地理學似乎已是一門應用科學了。

值得注意的是王士性還具有動態性的觀念，認爲地理現象是在不斷變化發展的。譬如説，他明確指出中國經濟文化重心出現轉移的現象。他説：「江南佳麗不及千年。孫吴立國建康，六代繁華，雖古今無比，然亦建康一隅而止，吴、越風氣未盡開也。……至殘唐錢氏立國，吴越五王繼世，兩浙始繁。王審知、李璟分據，八閩始盛。然後宋分天下爲二十三路，江南始居其八焉，……趙宋至今僅六七百年，正當全盛之日，未知何日轉而黔、粤也。」生在明代，他不但注意到經濟重心已從北方轉移到江南，而且還推測有繼續轉移到嶺南和西南的可能。這是何等高明的見識。地理現象的變化不僅表現在地域上的轉移，還表現在新現象的産生。例如，明代揚州就由於鹽商的麇集而出現「養瘦馬」的畸俗：「廣陵蓄姬妾家，俗稱『養瘦馬』，多謂取他人子女而鞠育之，然不啻己生也。天下不少美婦人，而必於廣陵者，其保姆教訓，嚴閨門，習禮法，上者善琴棋歌咏，最上者書畫，次者亦刺繡女工。至於趨侍嫡長，退讓儕輩，極其進退淺深，不失常度，不致憨戇起爭，費男子心神。故納侍者類於廣陵覓之。」這一畸俗一直延續到清末民初。

在人地關係方面，王士性認爲自然環境對於人的行爲方式有着決定性的影響。他以浙江爲例説：「杭、嘉、湖平原水鄉，是爲澤國之民；金、衢、嚴、處丘陵險阻，是爲山谷之民；寧、紹、台、温連山大海，是爲海濱之民。三民各自爲俗：澤國之民，舟楫爲居，百貨所聚，閭閻易於富貴，俗尚奢侈，縉紳氣勢大而衆庶小；山谷之民，石氣所鍾，猛烈鷙愎，輕犯刑法，喜習儉素，然豪民頗負氣，聚黨與而傲縉紳；海濱之民，餐風宿水，百死一生，以有海利爲生不甚窮，以不通商販不甚富，閭閻與縉紳相安，官民得貴賤之中，俗尚居奢儉之半。」這是中國古代「廣谷大川異制，民生其間者異俗」思想的發展。

西方最明顯表現出與這種地理環境決定論思想相類似的是黑格爾。他在歷史哲學中，將世界分爲高地、平原和濱海三類地區，以蒙古、阿拉伯、中國、印度、埃及和歐洲作爲這三種類型地區的代表。進而認爲高地「居民之特色，爲家長制的生活」，「絶無法律關係的存在」；平原農耕人民閉關自守，農業「按着四季而進行，土地之所有權與各項法律關係又隨之而生」；沿海的人民則被大海「激起了勇氣，要去超越那有限的一切」。海邀請人類從事征服，從事海盜式的掠奪，但同時也鼓勵人類從事商業與正當的利潤」。不過黑格爾生活的年代（一七七〇——一八三一）比王士性已晚了二百多年。

既然地理環境對於人類社會有如此重大的制約作用，那麽當環境發生變遷時，文化的重心就會出現相應的轉移，這就是所謂「天運循環，地脉移動，彼此乘除之理」。所以王士性在廣遊志中說：「自昔以雍、冀、河、洛爲中國，楚、吴、越爲夷，今聲名文物反以東南爲盛，大河南北不無少讓何？客有云：此天運循環，地脉移動，彼此乘除之理。余謂是則然矣。」又說：「宜今日東南之獨盛也。然東南他日盛而久，其勢未有不轉而雲、貴、百粤。如樹花先開，必於木末，其髓盛而花不盡者，又轉而老榦内，時溢而成萼，薇、桂等花皆然。山川氣寧與花木異？」

明代雖然旅遊成風，但並非人人都是地理學家。儘管觀察的是同樣的大千世界，但所得印象和收獲並不一樣。王士性當時已覺察到這一點，所以他在廣志繹自序中說：「夫六合無涯，萬期何息，作者以澤，量非一家。然而言人人殊，故談玄虚者，以三車九轉，而六藝之用衰；綜名實者，尚衡石鑄刑書，而結繩之則遠；攬風雅者，多花間草堂，而道德之旨溺；傳幽怪者，喜蛇神牛鬼，而布菽之軌殊。」王士性自認與這四種人不一樣，他所重的是地理現象。所以他接着說：「余志否否，足板所到，奚囊所餘，星野山川之較，昆蟲草木之微，皇宬國策、里語方言之蹟，意得則書，懶則止。榻前杖底，每每追維故實，索筆而隨之。非無類，非無非類；無深言，無非深言。」所謂「意得則書」的意，就是在理論思維後的發現與發明。寫下來的自然就是「深言」大義了。

王士性深入細緻的觀察與縝密獨到的思想，給明末清初的學者以巨大的影響。清初，楊體元將廣志繹「遍質之博雅君子，如曹秋岳夫子、沈大匡先生、沈次柔、顧寧人、項東井諸同學，咸謂是書該而核，簡而暢，奇而有本，逸而不誣」。就中以顧寧人（即顧炎武）所受影響最巨。顧氏是清初樸學大家，研究者衆矣，但是很少有人注意到顧的地理學思想實淵自王士性。

顧炎武的三大著作，無例外的都打上王士性影響的印記。天下郡國利病書和肇域志是顧氏在「歷覽二十一史以及天下郡國志書，一代名公文集及章奏文册之類」之後，才編著成的第一等作品。後者爲「輿地之記」，前者爲「利病之書」。所謂「利病」，就是王士性對於各地地理背景優劣分析的發展，是經世實用思想在地理方面的實踐。也就是説，在天下郡國利病書中，「有關民生之利害者隨録之，旁推互證，務質之今日所可行而不爲泥古之空言」（全祖望語）。不但如此，在該書第一卷輿地山川總論中，顧氏更是全文照録了王士性五岳遊草裏地脉、形勝、風土三節文字，足見顧炎武對王氏地理觀的佩服。且由於王士性著作流傳不廣，後人讀利病書，甚至把王氏的思想當成顧炎武的思想來引用，尤其是其中關於「天運循環，地脉移動」的思想。

肇域志是未完成的稿本，直到最近才整理出版。該書按兩京十三省分述各地的地理現象，具全國地理總志的性質。顧氏在各省的最後，都抄録了廣志繹相關省份的幾乎全部內容，而冠以方輿崖略的總稱。顧炎武這樣做，顯然是因爲廣志繹兼有保存地理資料與啓發思維的重要價值。此外，奠定顧氏樸學大家地位的筆記式名著日知録，也同樣看得見王士性的影響，例如在「州縣賦税」一節中就引用了廣志繹卷一關於各地賦税負擔懸殊不均的分析，而後提出自己的見解：「然則後之王者審形勢以制統轄，度幅員以界郡縣，則上田以起，徵科乃平，天下之先務，不可以慮始之艱，而廢萬年之利矣。」

顧炎武的思想對於清代學術發展起着巨大的影響，因此王士性的地理學觀點也就間接地影響了後人。然而，由於清代文網綦嚴，乾、嘉時期的學者走入了考據的胡同，除了沿革地理一枝獨秀外，自然地理和人文地理的其他分支都走了下坡，以至大清一統志裏的各地風俗一項，竟然照抄兩千年前的漢書地理志，全然無視地理現象發展變化的事實。也因爲如此，王士性自清代中葉以後就逐漸被人遺忘，直至上一世紀八十年代，先師譚其驤先生將王士性與徐霞客相提並論之後，才使王士性重新引起人們的注意。康熙本廣志繹也埋没很久，直到不久前才被重新發現。

我國的人文地理研究有着久遠的傳統，史記貨殖列傳與漢書地理志開了系統研究的先河，其後若斷若續均未能超出史、漢的水平，可以説直到廣遊志和廣志繹問世，才算躍上了一個新臺階。清代乾嘉以後人文地理祇講疆域沿革，一九四九年以來地理學界則重自然、輕人文，所以作爲人文地理學家的王士性被冷落了近四百年。最近幾年，人文地理呈現一派復興景象，王士性的研究開始引起注意，希望這一研究能深入下去，以促進整個人文地理學的發展，並且擴大到明後期的地理學家群體及他們的著作的研究，例如謝肇淛及其五雜組與滇略，陳第及其五岳遊草與東番記等等。

本書收入王士性地理著作五岳遊草與廣志繹兩種。前者原收入上海古籍出版社一九九三年出版王士性地理書三種，中有錯簡之處，今予以訂正，並重新標點再版。後者中華書局一九八一年已出過點校本，所用底本爲台州叢書本，今改用康熙刻本重新點校。又康熙本廣志繹所附雜志實爲王士性另一著作廣遊志，故本書實際上收王士性地理書三種。

周振鶴

二〇〇四年十一月

# 五岳遊草

# 點校説明

五岳遊草在王士性生前已經刊行，但萬曆原刻本今已不存。本書所收爲清康熙馮甦重刻本，其中第十一、十二兩卷實爲廣遊志，然重刻者已渾然不知（參見附録王士性著述小考）。馮甦刻本國内亦不多見，本書乃以中國科學院圖書館所藏本點校。由於廣遊志已經附在康熙本廣志繹之後，故本書所收之五岳遊草僅至馮甦刻本第十卷爲止。另外，原刻本目録中標題與正文中標題内容時有差異，今一仍其舊不予修改，衹依正文順序調整了原目録中的互倒之處。又原刻本每卷有附圖，這些圖於今天讀者而言已無意義，故删去。

# 目録

## 卷二



## 卷三

卷四



卷五

**卷六**



**卷七**

## 卷八

卷九

卷十

# 重刻五岳遊草序

岳之有五，天地巧於結搆，以成千古大文章。有人焉，抱不世才，舉險譎幽奇種種莫可名狀者，以三寸管羅聚几案間，是又萃天地之大文章，以自成其文章者也。顧海内不乏能文家，求其足跡遍天下，題咏滿名山者，未易多覯，豈選勝無具歟，抑或嗇於遇也。吾鄉王太初先生夙負雋才，於書無所不讀，以名進士歷官數十年，宦轍所至遍五岳，因得登峰造極，各窮其奥。作五岳遊草，大而蟠厚地、矗蒼旻，奇而擘巨靈、劃六甲，秀而降帝子、夢朝雲，幽而藏仙都、營佛窟。一經點染，覺神工鬼斧，玲瓏嵌空，悉奔湊於毫楮。是岳瀆神靈即先生精魄，而先生是集，莫非岳瀆英華供其揮灑而縱横也。先生之遊誠壯矣哉。

予幼讀是書，竊心慕之，然獲遊者不過吾越諸山而已。及筮仕以來，始而滇雲，繼而嶺表，亦僅得擬先生滇、粤一遊。他若西北諸巨鎮，或一過之，而迫於王程，白雲馬首不遑盤桓焉。信乎遊五岳之難也。先生之遊，不特其才爲之，實其遇使然。向非奉使西南，握符東北，往復其地，即有百斛之才，千秋之志，亦何由吐其珠璣，爲山川生色？則是先生此遊誠壯且難矣。惜是書兩經剞劂，藏板俱失，間有存者，止斷簡殘編，不幾令先生奇才妙筆漸至湮没，而岳瀆神靈亦黯然已乎？故於休沐暇特爲修輯，去其魯魚亥豖，重付之梓，俾後之君子披覽是書，或有才而嗇於遇，欲遊未遂者，不出户庭，展卷如對。即有一二高賢能如先生之遊，亦將問途於已經，神交於異世，共信先生當日萃天地之大文章，堪與五岳並壽，而余亦得附名於不朽也夫。

康熙辛未孟春同里後學馮甦題於雙幘峰下之知還堂

# 重刻五岳遊草序

天地至大也，事物之變至無窮也，而人以眇然七尺之軀，塊處一室，眼如針孔，乃欲縱談古今，懸斷天下事，勢必不能，故古來通人達士每喜言遊。莊周著書首以逍遥名篇，言鵾鵬之運自南海以至北海；屈平作騷，雲車風馬歷扶桑而經崑崙。言遊者莫侈焉，然特空語無事實。至司馬子長、李太白、杜子美、韓退之、蘇子瞻、陸務觀輩，則真足跡遍天下，而其文辭亦遂雄奇跌宕，超絶千古。遊亦何負於人，而儒者嫌於玩物喪志，乃有官衡陽而不登南岳者。然則大禹之上岣嶁，孔、顔之登泰岱，皆非耶？明代聞人如都玄敬、喬白岩、王太初、王崑崙，皆嘗遍遊寰宇，皆能以文詞發攄所覩記，而太初先生所著則有五岳遊草。先生夙植靈根，下筆言語妙天下，興寄高遠，超然埃壒之外，生長臨海，台、蕩、括蒼，自其家山，從給諫出參粤藩、副滇臬、典試巴蜀、視學兩河，諸岳鎮而外，如峨嵋、太和、白岳、點蒼、雞足諸名山無不窮探極討，一一著爲圖記，發爲詩歌，刻畫意象，能使萬里如在目前。蓋天下之宦而能遊，遊而能載之文筆如先生者，古今亦無幾人。嗚呼！名利之毒中於人心，爭錐刀而競尺寸，如鼠入牛角，如蠅鑽紙窗，正由不知宇宙之廣、日月之大，使能置身物外，曠觀遠覽，則諸累可以冰釋。太初爲言官而不阿權貴，歷方面而清白著聲，擢開府而堅辭，卧丘園而自得，非唯天情曠達，蓋亦山水之助爲多焉。今遊草一編具在，人於塵勞轇轕之際，試一展卷披尋，未有不豁然心開，悠然神往者。天機深而嗜慾自淺，以是爲解熱之清風，療煩之良藥，不亦可乎！余雅好遊，而甚慕太初先生之風流，頃來台求其遺集不可得，少司寇馮公再來偶得是編，重爲梓行，屬余序之，其廣遊記、廣志繹諸書則將續購焉。馮公官三事而勇退，以山水文章自娱，蓋深有意乎先生之爲人者也。

康熙辛未孟秋松陵潘耒書於東湖寓園

# 自序

余行遊海內，五岳舉矣，作菟裘于白龍溪之滸，計了滇雲遂息足焉。客有濯纓詣余溪頭，爰問余曰：「子好遊乎，夫遊亦有道耶？」余曰：「夫太上天遊，其次神遊，又次人遊，無之而非也。上焉者形神俱化，次焉者神舉形留，下焉者神爲形役。然卑之或玩物，高之亦採真。」

客曰：「其人何如？」

曰：「若士汗漫於九垓，是天遊也。軒轅隱几於華胥，是神遊也。尚子長勅斷婚嫁，謝幼輿置身丘壑，是人遊也。」

「夫玄關寂寥，天神邈矣，子孰與二子？」

余曰：「一丘一壑，良吾願也，清溪鑑我心矣。抑尚生云婚嫁既畢，五岳必遊。余髫齓之子，視吾年不十四焉，猥云婚嫁，姜也就木矣，若余則烏能待哉，若余則烏能待哉。」

「然則子遊其天乎？」

曰：「唯唯否否。余未能莽蕩其馬，支離其御，余遊四荒之內，未能覩六合之外，余人之畸也。」

「請言其人。」

曰：「夫遊淺之乎人也，然亦難言矣。思夫馭迴九折，踵垂百仞，鳥道羊腸，蛇退猿飲，幽壑無底，顛崖半欹，履險心悸，手足爲痺，彼無其具，猶弗遊也。抑有益州悵老，牛山歎逝，靚遘不常，河清難俟，澤哆王雉，櫪伏灰驥，白首青山，意興盡矣。彼非其時猶弗遊也。若夫石室再閑，酒壚寂若，七聖路迷，三山風却，陰晴未定，僕馬告痛，涕笑邂逅，萍梗參差，彼厄之緣，猶弗遊也。」

「然則孰與子？」

曰：「茂陵雖渴，不余倦矣。少文未老，曷事卧矣。九州已十，弗類此子矣。昔人一泉之旁，一山之阻，神林鬼冢，魑魅之穴，猿狖所冢，魚龍所宮，無不託足焉，真吾師也。豈此三者於余，獨竊嗜與不嗜爾。」

「請言子之所嗜。」

曰：「心志不分者，神凝；耳目不眩者，慮定。故丈人之承蜩也，若或掇之也，夏侯氏之倚柱而書也，雷霆而嬰兒之也。余之嗜遊類有然者。夫遊必具賓主，戒車徒，提筐笄，語云：良辰美景，賞心樂事，所以試也。余遊則不擇是。當其霜雪慘烈，手足皸瘃，波濤撼空，帆檣半覆，朝畏嵐烟，夜犯虎跡，垂堂不坐，千金誰擲，余不其然。余此委蛻於大冶乎何惜？遇佳山川則遊。抑或王程有嚴，星分夙駕，受命大吏，弩矢是荷，風波眼底，緇塵滿袖，迂迴間道，動稱掣肘，余不其然。余此鷄肋於枕上乎何有？遇佳山川則遊。又或百憂慼心，萬事勞形，死生離別，黯然銷魂，雲陰月黑，風雨連旬，追歡買笑，强顔掀脣，余不其然。余此郎當舞袖，一付偃師氏之手，遇佳山川則遊。吾視天地間一切造化之變，人情物理，悲喜順逆之遭，無不於吾遊寄焉。當其意得，形骸可忘，吾我盡喪，吾亦不知何者爲玩物，吾亦不知何者爲採真。」

語未畢，客乃起曰：「夫遊道則盡矣！子之遊蹤類可述乎？」曰：「可。請崖略而言之。神州赤縣，五岳爲尊。太玄帝時，作配自今。瑶池寶軸，用秘真形。誰其竊之，負局先生。述五岳遊。齊、魯、雍、冀，賢聖之鄉。大哉禹功，明德未央，金臺、易水，俠骨生香。梁園、鄴下，藝圃擅場。次大河南北諸遊。岷汶萬里，其委三吴。再起天目，滙爲太湖。蓊氣千年，作帝王都。嗟嗞乎邯鄲臨淄，今之武林、姑蘇。次吴遊。若夫山川詭幻，兩越爲多，天台、雁宕，余即而家。東海三山，一葦可跂。洞天福地，越得十二。次越遊。青神故壘，白帝舊城。雪銷水漲，一日江陵。瞿塘、劍閣，自昔不守。蜀道雖云難，登天亦何有。次蜀遊。六千大楚，是稱江南。茫茫洞庭，七澤注焉。江、漢好遊，沅、湘習怨。指雲雨兮堪疑，望蒼梧兮不見。次楚遊。粤土疏理，四時多暑。高風揚塵，滇境咸春。碧篸玉笋，幻出桂林。蒼、洱昆華，兼産奇珍。次滇、粤遊。披圖九曲，是爲武夷。幔亭雲氣，恍惘霏微。莽莽寰區，縱余所如。嗜而未食，惟閩荔支。俟將以閩遊終焉。」客歛衽而謝曰：「有是哉，是不可以無記。」遂記之。

時萬曆纔十有九稔，記者滇西隱吏、天台王士性恒叔也

# 序

余同年友馮公再來重録王太初先生五岳遊草，郵致見示，余得受而卒業。因歎海内山川名勝，皆造物所秘，惜自大禹輴樏所至，探其險怪，辨其物類而鑄爲鼎，伯益復因之而著爲經，是開闢以來第一部大文章。後世雖有善遊，總不能躬歷一隅而抒寫其大略。惟是古今能文巨手，又往往藉山川奇勝開拓心眼，毋論籃輿蠟屐能盡與不能盡，皆可即意中所激發著爲文章，跨踔百代。龍威丈人所謂天地大文不可舒，亦以此爲造物所秘惜耳，非專爲登涉之難而言也。

太初先生諸作雖爲五岳寫照，但其文之沉雄古宕，逶迤參錯，蓋將畢生精神與叠嶂層巒、扶輿磅礴之氣相遇，沐浴吞吐於寤寐間，故能落筆摇五岳若此。今復得再來爲之表章，重録垂久，不致如前散佚，與鼎沉泗水、經燬秦灰同一扼腕。非文章有神，獨往獨來於兩間，必不容磨滅者乎。再來以詩文巨手，所著如滇考及見聞隨筆、天台記贊後刻諸書，博綜山川人物，皆可傳之無窮，與太初先生宜其後先輝映，讀書人即著書人，爲作爲述，又非偶然也。余與再來生年同而嗜學亦同，今老矣，抱痾又無不同。計自兹以往，皆未必復從事於笻杖，使造物不能秘惜，爲太初先生之續。猶幸得讀是編，以當宗少文卧遊，亦可以極天下之大觀而無憾。至於文章一道，再來尚有餘勇可賈乎，余也請從而後也。

時康熙壬申歲春仲望日閩中後學林雲銘謹題於西泠旅次

# 五岳遊草卷一

## 岳遊上（記五首）

### 嵩遊記

蓋余少懷向子平之志，足跡欲遍五岳，乃今始得自嵩始云。時歲在辛巳六月，余以朗陵令滿秩，繇宛赴汴，跂足可得望太、少二室。乃以日壬戌過登封界，入界步騎上下山坂，繇鳥道中出。江北多土山童峙，有河瀆而無澗溪，獨此石棧峽持而劍立，草木離披，縈溪水其下，恍惚如行天姥嶺，亦嵩山首途一勝也。未至登封二十里，遥望叠巘如蹲虎豹，意奇之，問牧者，云此名御寨，即少室。

是夜入縣宿，風雨驟翻盆下，瞑不見山，質明稍霽，起出户視之，則嵩山兀立縣城之北，而少室從西峙，二室皆白雲衣其半。余乃策騎出北門，時細雨猶拂人衣面。先繇山東崇福宫，宫稍東爲啓母石。石正方三十尺而厚稱之，余笑謂塗山即示化，當不至膨脝如是。宮後弈棋、樗蒲二亭俱廢，止存泛觴遺石。轉而西二里，入嵩陽宮。外立唐巨碑，碑後植漢封三柏，其最大者南枝一節瘇甚，從者指此木癭也，空其中，余遂劃癭注酒滿引之，畢，入拜二程夫子像。復西五里法王寺。寺前石池丈許，紫金蓮開中秋一月，云神光説法時從地涌也。土人往往移去即萎，惜不及其開時見之。日午，寺僧以笙簫度法曲，飯畢出山門。復西二里會善寺。寺爲岳神受戒於珪禪師處，後立爲戒壇，今亦廢，惟餘四天王石柱。門外樹李學士溥光茶榜，筆陳如列戟。復西二十里少林寺。寺桓楹礙日，龍象如山，長夏無暑。碑刻種種，蘇子瞻、趙孟頫輩其尤者。殿前檜柏入霄漢，問秦封槐，則風摧二十年矣。今寺東一槐，亦可數百年，黠僧往往謬指以誇遊人無辯者。寺四百餘僧，自唐太宗退王世充賜曇宗官，僧各習武藝俱絶。寺爲跋跎所創，後四十年而達磨來自西竺。跋跎翻經處，天降甘露，西有甘露臺。是夜宿方丈，聽律師大千爲衆僧説法，推極禪宗，亹亹至愉快也。

明日詣初祖庵，行里許，入謁祖，白皙修眉鳳目，僧言此太子東渡像也。後居東土嘗六毒，面雖稍赤，然非今所傳巨眼胡僧云。庵前三花樹，蓋淩霄藤附檜而生者，花正開，深紅可愛，自達磨未至時有之。左一柏高與花樹並，云盧能鉢盂中帶至也。余爲書「六祖手植柏」字。庵後一小亭，爲達磨面壁影，石頑高可三尺，隱隱一僧坐石中。比丘無言指石曰：「公知祖之苦心乎？晉、魏末世，人修齋誦經，佛正法眼藏失，故祖不立文字，以九年寂坐，見性遺影而示之教，所謂金石可貫也。」余曰：「唯唯。第此跡還當掃却，楞伽四卷，何必非文？彼其三週渡海，塹以指迷，不則頑寂枯僧，墮落外道，又此胡引之也。」爲書偈曰：「活人做死事，難向一切說。打破這片石，方許見如來。」無言首肯久之。相携登五乳峰，蓋山形爲飛鳳，又若五乳然者。時白雲復靉靉起山腰，咫尺不見人，纍隨六里許。雲過處則以袖藏之，至洞揮袖，片雲從掌畔飛出也。洞在右乳，入洞則寒冽，粟起不可禁。傍陷一隙無底，僧云洞初爲火龍居，祖至從此中去也。下山轉而南，十里上二祖庵。庵前岩壁繡綴，井四爲祖卓錫而成者。泉相去丈許，味各異。南上一里爲祖煉魔之亭。登亭則伊、洛二河環繞其下，河外邙山橫亘，山外復爲黄河，一綫西來。河北又見中條諸山逶迤不絶，二百里内皆一目盡之，卓哉觀也。此去少室絶頂不遠，欲遂登之，以時大雨後，山澗流水急，没人脛，且山陡無别道，故不果也。下山再宿。

次日轉而東，十數里至岳廟。廟亞少林，壁畫申、甫二像。大樹林立，多糾纏東轉，如手執之者，或云此即岳神爲珪師一夜移而來也。廟在黄蓋峰下，仰視東峰凹處是稱嵩門。乃由黄蓋峰上，挹盧岩瀑布，不啻龍湫。此去岳頂不數里，亦以雨不果行，而嵩岳之遊止是矣。山亘數百里，大都皆岩石。蒼翠相間，峭壁環崖而立，如芙蓉城列抱於上。太室其大者，少室、鉢盂、子晉諸峰皆然。而三十六峰則嵕嵕如吐蕊，遠望之共成一山也。其寺皆隋唐以前建，而法王一刹則漢永平佛法初入，時在達磨四百年之先。其碑刻穹窿數十百道，多古今名賢手筆。而唐碑皆刻佛像無數於上，亦與今製異。其樹多檜柏，即秦五品、漢三將軍外，古木蘸天亦多，與寺俱起，經千百年，此宜他寺所不得伯仲也。然余獨怪宇内名山，亡論岷、峨、瓦屋，即余家萬八千丈下，猶窮日乃陟其巔。二室頂不三十里而遥，而以爲神州首岳，至詩稱「峻極於天」何？豈此山隱嶙岩崿，突出於平原大陸内，以自軒翥，特標所勝爲奇耶？抑戴日至下爲天中，鍾顥蒼最清淑之氣，以總領諸岳而然乎？或謂山高爲崧，詩稱岳之「崧高」，非嵩岳之高也，蓋堯時止有四岳。余聞於楊用修之言云。

## 岱遊記

五岳通言岳，而岱獨稱宗，蓋訪於有虞氏之書云。間嘗閲道藏稱，天帝之孫，群靈之府，主世界人民生死貴賤。是又宜焚香灸額，呼聖號以邀靈者，士女闐駢於海内矣。余戊子北上京師，以二月望日登濟寧陸，與陳思俞飲於太白樓。思俞以登岳慫恿甚力，是夜遂趨曲阜，信宿寧陽。時少女風送暖，四郊麥青青，雉鴝馬首，見萬仞遠矗天，蒼翠半出重雲上，意樂之。以日下春不果至，乃宿泰安州。

次日，肅入謁岳廟，廟巨如王宫，以堞樐城其四角。爲六門，門内九石玲瓏，乃南海人輦而來者。墀列一檜二松三柏，咸形怪色秀可餐。柏則漢武東封時植也。右爲環咏亭，石壁嵌古今詩，多歐陽、韓、范諸名賢手澤。覽畢問道登山，遂出登封門，取傒囊隨筆記之。

出城三里，山之麓有朱甍焉。左憩更衣亭，易筍輿而入者，一天門也。入門視岳皆石山，而發軔尚土石錯。左俯澗道石纍纍，水涓滴流其中。五里有平橋，際崖以度者，高老橋也。過短橋，左崖聳立兩石腹相加，水從天紳岩來，駕石如明珠而射者，水簾洞也。自洞轉數里，右崖屏立穹窅，足覆馬脊者，馬棚崖也。越崖，上摩空閣憑之，路僅一綫。從此兩山夾道，謝土而石，石磴益崚嶒，無馬足置處，遊人咸脱騎扱衽而前者，迴馬嶺也。迴馬而上，僧童多擊鼓彈箏於道，以邀遊人之賞。遊者倦，逼仄喘息，亦時時爲側耳，則弗覺忽而登其巔。既登而立，内外望，則遥見三天門尚在雲霄之表，而此爲寧陽道中向所見在雲上者，乃正岳之外郛，所謂黄峴嶺也。

進嶺，西行折東北上而下，復下復上者三，乃得地夷曠三里，爲快活三也。夷地窮，復循崖上。視上益斗絶，所謂穴中望天窗者。其下水石相齧作建瓴聲，枕石嗽之。仰見鐵嶂青壁，真可萬尋，是爲二天門也。入門過御帳，宋真宗東封所露宿處。帳前雙松，老榦拳曲，勢欲飛舞，然可數百年，而人輒神之爲秦物者，「五大夫松」也。飯帳内畢，更上百丈崖，崖有石屋當十榻，最奇，據石而嘯，聲從硌砑間出而裂山谷，爲朝陽洞也。復過大、小龍峪，石罅吐水如龍哆口然。自此上盤道十八折，雙闕插天，而峽束之，仰視益又奇。輿者至此，前人與後人頂踵相摩，應劭所謂盡重纍人者，三天門也。

入天門左折，馳道如砥，廬而市者可三十家。廬窮而棹楔立，金鋪朱戺，焜燿人目，樹以貝闕，承以文石，前爲楮池廣畝，而四時之火不絶者，碧霞元君宫也。元君即天孫，或云華山玉女也。禮畢，北上而謁青帝宫，憑三觀以望。三觀者，秦觀以望長安，周觀以望洛陽，越觀以望吴門練也。宫後峭壁十仞，刻泰山銘，字大於掌，其下漸就銷泐者，唐磨崖碑也。右爲閩人剗削，以四大字籠其上者，燕許公東封頌也。又右爲孔子崖，復升爲玉皇殿。殿前磐石輪囷擎突，如戴切雲之崔嵬者，岳頂也。虛其頂四望，無所不際天。爲築甃半覆之，立石上誦杜陵「齊魯青未了」，因令黄冠一一指之。白雲東來，群峰盡失，非烟非霧，隱隱蕩潏在雲下者，大海影也。西南涒鄰如縷，乍明乍滅者，汶、洸諸水也，徂徠素稱賓於岱，至此亦拱伏如兒孫。其它整敦滿地，烟火聚落，目力所不能竭者，龜蒙、鳧、嶧諸山也。頂前立石如圭，粗理而玉質，或云内有碑函之，或云止建標爲識，然非泰山石，意當時驅鐸致之，則秦無字碑也。從殿後眺桃花洞，其右蒼顔屹立，千尺不動者，丈人峰也。又東北望黄華洞，即玉女修真處，與仙人石閭咸杳眇不見。時罡風烈甚，吹足起寸餘，幾墮。

復轉而前，視左右二峰若爲岳頂之輔者，東日觀、西月觀也。余欲宿日觀望日，爲連晨夕翳曀故，諒與余家華頂未明視海底不殊。乃誦「東望日本，西俯河源」八字，神僊僊舞。視觀右一臺，顔者爲「秦封禪臺」也。葛天氏以下，封泰山者七十二君，蓋洪荒半矣，非秦漢始。志稱秦碑梁父，漢封石閭，黄帝禪亭亭云云，今秦臺右日觀存其名，非故址也。轉而下，石益滑，風益怒。過一崖，巨石屼屹，下視無底，吹萬撼谷中而起者，捨身崖也。又過一壑，四石如纍丸，支撑兩崖間懸空不落者，仙人橋也。入公署視玉女池，凍雪未消。池頭立石高五尺餘，摩之止得「臣斯」以下二十九字，則秦李斯斷碑也。

下天門入側逕，拜吕仙像，傍樹「雨天下」三字石碣者，白雲洞也。輿人自此咸縋而下，復過高老橋入一峪，平石百丈隸金剛經，字大如斗，萬侍郎恭爲刻「水簾」二字於垂流間最勝，則石經峪也。出峪始見一山張拱當前，如不欲爲泰山下者，徂徠也。山雖純石，其石巨而奇者，惟岳頂與朝陽洞也。此山上而視之，則奇爲仰石峽而登，如出天關也。下而視之，則大爲野曠，俯東諸侯一目而盡也。記畢，下山麓睨仙人影，探王母池、呂公洞而歸。守劉君道迓余曰：「岱言止此耶？」余曰：「岱之遊止矣。」曰：「未也。岱之陽則曲阜焉，其林先聖之所藏魄也；陰則靈岩焉，其寺宋天下四大刹之一也。一不至，岱不成遊。」余曰：「唯唯。孔林則余謁矣，靈岩未也。」

乃以次日復循岱之陰至靈岩。沿澗入，夾道皆土檀，脱膚而虬節。入山門紅鶴滿林，爲開山師法定雙鶴之瑞。定師佛圖澄於石趙間，創寺無泉，則見雙鶴栖山麓，遂卓錫而視，鶴立與錫卓處咸涌二池，爲雙鶴，卓錫二泉。殿製三層二十八角，中須彌、南觀音、北藥師、東釋迦、西阿彌，各以其方鎮之，爲寺正殿。殿右一古柏，不知種於何年。折柏西有石竇於地下，門扃不開，爲魯班洞。比數十武，浮圖高十三級，下與洞通，爲辟支塔。繇龍藏折而北，過千佛閣，片鐵高七尺作水田狀，或古佛所遺衣身也，爲「鐵袈裟」。香積厨東，石龜高六尺，空其中以盛甘露泉。泉脉近塞而龜遂裂，好事者引别流以存故實，爲甘露亭。又北攝而上，後倚獅子岩，前對雞鳴山，鐵嶂正方如削，下藏一洞，洞下標一亭，環四山而立，夕陽之景收一寺盡矣，爲抱靈亭。遠望東岩，縹緲有石如人立，爲朗公山。寺碑不下數百，惟蔡卞書大碑一幅，横經四片，爲佳刻。寺南一山有穴，穿見南天，乍視之如明星爛然，冬日之午正與寺對，爲通明竅。王生曰：「余讀圖經、地志，齊州山咸起西北，而岱爲中龍之委，蓋黄河昔挾濟流直沽入海云。隋室引河入汴、南行不還，説者謂不無斷地脉哉。而岱宗屹立，自雄孕犒千年不少替，豈帝自出震，無所假靈於西北耶？」然則岱獨稱宗非偶然矣。

## 華遊記

余友人陳貞父以忠、艾淳卿穆嘗過太華登絶頂，爲余道其勝津津，念何得一飛越其間。歲戊子，適余與元承劉君有西川之命，乃訂華約焉，以閏六月二十日道出華陰。令劉若水頗修蘇、杭州故事，亭臺棹碣，無所不葺龂以待遊人。余與元承日午至岳廟，讀李藥師祝文與唐玄宗諸巨碑。讀已，登麗譙，坐對三峰，奇峭逼人。王維、馬遠所不能圖也，余神已先往矣。

已至縣，遂望雲臺觀而趨。道中多頹垣，人穴其中，云古長城也。秦始皇踐華爲城意此。十里至玉泉院。院有石洞，貌希夷睡像。右爲山蓀亭，據磐石上，前對三古樹，繞以藤蘿，幽蔭可人，水聲出自石，潺潺也。茶罷南向行，兩山夾澗以入，如屏復如嶂，後山未盡，前山復迎馬頭，彷彿余所居桃源，遂脉然有季鷹秋風之想。五里至第一關，過關爲桃林坪。數折而至希夷峽，絶壁剡入成竇，高百餘尺，希夷羽化其中。守者嘗出其顱以求施，後乃具衣冠葬之。余笑謂：此希夷所蜕也。即蟬過舊蜕尚不顧，而俗輩以人道事之，此似之而非矣。峽畔有泉自石中出，匯爲泓，盤渦轉轂以下，是第二關也。又數里爲莎蘿坪，對坪爲上方峰，兩鐵鏁下垂，一石池仰出其巔。三月遊人至，間得蟻附上，滋蔓塞不可辨。又數里至十八盤，盤盡望緑翳如抹，名青柯坪。諸羽士具笙鐃法鼓出迎，曰：「遊人止於此也。」余問：「不止則何狀？」曰：「自坪至頂二十里，蟬鳥遂絶，木惟松始生，路僅徑尺，臨萬仞壑，絶處則鑿石度以木棧。欲上令善導者以絙曳之，下則留絙於後，其名爲『懸汲』。遇險甚，則如猿升木，手足相禪，不能全用足行也。」余顧元承曰：「毋論其勝，即此險吾輩可弗一嘗？」元承笑頷之。

是夜宿坪中，窗外雨忽霪霪，至明不休。霧彌漫布山谷，已稍薄，見遠山如黛，躍而起，則益復合，咫尺不辨人。黄冠向余曰：「高山霧重則霖，不可登也。」元承請稍俟之。余自忖與山靈十年之約，今日過其下，不登則不登矣。乃更强起之曰：「霧厚則不見險，正易登山耳。」遂奮而拉元承爲樵人裝，插衣於衱，易芒鞋曳杖，頭佗玄龢後隨，崎嶇三里至回心石。元承見雨復絲絲下，微視余，余心不回矣。則起束緌，黄冠授絙繫末於緌，前執之而曳余行，遂上千尺㠉。㠉三折，幾三百步。石裂成罅穴，罅傍成坎，以木桄横接之如梯。余仰不見㠉頂，内慴而不言，恐阻伻輩也。乃試以手足四據，右手扳石坎，左手執前桄，桄不捝扤，方敢以後足次第承之。一黄冠下佐余足以上，初惟伏而升弗覺，比至中折，雨甚，側足蹲岩凹避之，回視俯不測之塹，又躡枯枝依其半，膽始落矣。

雨緩，稍稍升自㠉頂，喜曰：「至是已騎虎背矣。」復行，路絶，扳巨石過，至百尺峽，峽比㠉爲短而峻過之。又轉二石磴，而百尺始盡。乃過二仙橋，突石横三丈爲半規形，稍錯寸趾成步，下瞰無底，絶處則布石爲橋。度橋又登頂，數里過雲臺石，取「石作蓮花雲作臺」之句。又盤旋詰屈而上，爲車箱嶺。益又數折，爲白鹿龕，石竇處舊有白鹿卧其下。又再折而至老君犁溝，則片石直倚插天，亦又臨絶壑，杳冥不知其際，中裂一縫如犂而成溝也。好事者必易犁溝爲離垢，真成囈語。溝長與撞稱，而險過之。撞有石蔽，而溝上下皆懸絶。傴僂登且半，風駛，余亟呼黃冠努力繘汲之。元承爲書「登天」二字。溝絶處當轉身，則以片木度三步，最危。既度，又數百步爲擦耳岩。岩臨絶與溝稱，而壁峭直。又過之，步闊四寸許，余舒兩手摩石坎，面壁而足瑟縮以移，踵半垂外，真伯昏瞀人之射哉。又數十步，當陡崖處，翻身向右折而上，爲猢猻愁。自撞至此皆南登也，又南爲登岳正道。旋而北一山如鹿頸長里許，名白雲峰。有石檐覆山頂，余爲書「凝雲」二字。

入道房飯已，又數十步登倚雲亭，則峰之巔也。此望蒼龍嶺多奪魄，余顧喜霧不見矣。出而南走，則過閻王邊，遊者惡其名，易以仙人砭，仄徑臨險，如行二仙橋，凡里許始盡。玄龢曰：「此去閻王真不遠矣。」余曰：「爾亦畏死耶？」坐久喘息始定。復北行數十武，一崖巀然，視犁溝更險，第稍短。春時溝崖一切垂鏁可攀，徂夏道士收其鏁，余止攀石坎而上，故危較倍。崖頭一洞，雷擊其半欲墮，洞門紅白二圈，名日月崖。又南數里，樹一棹楔，爲登岳御道，則蒼龍嶺云。嶺一石山，側立深谷中，大都深百餘丈，闊五尺許，南高北下，左右斬然，如走劍脊上，一無所依傍。余過諸險，雖慄神不動，至此泊然浮之而矣。乃兀坐不敢正視，第竊窺先行者，步步欲墮，因憶陳貞父華記：經七死乃免。蓋登華惟不墮，墮則皆萬仞。故千尺撞枯枝折而墮一，犁溝足一失墮二，擦耳崖手一脱坎墮三，閻王邊值神暈眼花而墮四，蒼龍嶺遇風掀而舉諸嶺外以墮五，衛叔卿下棋，賀老避靜處，崖滑欄折而墮六七。余度四死矣，此其難哉。

第欲退亦無路，益又奮曰：「蘇子瞻謂食河豚美，足當一死，矧余得當太華哉，死生命耳。」余生度險多矣，乃握念閉息，仍曳絙而寸升之，匍匐至其半，據一石稍憩，黄冠漸曳余至頂。於時霧卒合，目不辨下方，第見晦冥内，樹杪明滅在脛脰間，故不震。路斷又鑿一石，微轉身傾仄而過，爲鷂子翻身。久之元承亦至。黄冠曰：「此升岳第一險也，過此當無難。」又行里許，至「五將軍樹」。樹怪松也，雨驟急，疏松不能蔽，復促行數折，上下路咸絶，而鑿危石攀之，如跨鞍而過名騙馬石云。倚石望東峰巨靈掌，真成人手，然乃當時墮石露膚色如此也。謂五崖破裂與膏溜石壘者，其懸斷正等。過此入通天門，爲入岳咽喉。數步至宗土祠，然後爲華岳之麓，猶非岳也。祠後分兩路，西行而後入鎮岳祠，上西峰。東行則入玉女峰，上東峰。

余乃由玉女峰入。既至，一石如龜甲覆峰頂，腹下皆空，道人界二石室居之。背爲祠，祠玉女。余與元承前後至，宿祠中。是夕霽，晨起夙靄俱收，青翠方滴。向之如螺、如鬣、如巾笏出没於烟濤者，今皆環侍几席不動。余注目久之，度石梁，視玉女洗頭盆，五窗咸蹄涔焉爾矣。欲投一石於玄宗抛簡處，一羽士住此三十年不知也。復過細辛坪。一里而儉上東峰頂。石滑無坎，脱舄而行。至頂見黄河東奔三門，殷殷似有聲。中條黛色，遥接太行，與之婉蜒俱去。東海微雲捧日上，在隱見間，如隔絳紗，那令人不發狂大叫也。東下半里爲衛叔卿下棋處。石山突起，籠以鐵亭，一横石卧斷崖上。余慄不能踐，命羽士爲取一棋子而還。

下至昭陽洞，洞門前三日鐍，而洞中鐘自鳴。道者雲堂迎謂曰：「固知公此來矣。」余謝不敢當。坐而觀鐵亭，更勝峰頂也。雲堂復謂余南峰不可登，潦後蓬藋長過人，路多缺陷無蹤矣。余意不然之，遂登，遇荆棘刺面且披且行，衣復罥而却，前人行蓬藋，後人不見也。東南走石室，視安真人肉身，僅頭顱骨骼耳。再上八仙炕，炕右轉爲朝元洞。尺石成橋，橋檻折不能度也。回至環翠岩，望之則洞當峰南面，正所謂削成者，其下何啻千萬仞。一路如綫僅容趾，環抱而過，過則足垂外如擦耳岩。洞前望賀元希避静處，無路矣。乃有鐵代十餘插懸崖坎中，布木板於上。攀坎西行，坎盡掛兩鎖，縋鎖盡，復自汰步餘，始達避静處，乃見全真岩，此不得見也。不知當時插杙運筆時足踏何所，真神仙留此異跡，即禽鳥可飛度而亦無所駐足。余視之魂墮，貞父所稱二死信矣。

復北轉環石脊而過，路斷又以横木附之。一岩昂首欲飛，擘下成峽，引而過其巔。一穴空明若洞天狀，室其牖，其傍見天如井處，亦可趺而露坐，得三丈木，余且梯而至之。惜鮮哉，則希夷避召岩也，此丹青所窮矣。又轉而上爲仰天池，池邊有摘星石。吴伯與舊書「太華絶頂」字，余又爲題縹緲巔。其祠金天像希夷處，爲校大夫燬之去。至此披襟振衣，萬里無雲，回巒四合，盡簇擁以朝三峰，而三峰崚嶒如削，屹踞天表。余以藐然稊米，卓立南巔，北望秦川，黄沙蔽野，涇、渭如毫末。南俯少華三峰，張拱肩腋，三神碑岩峉當前，鬼工天巧，種種眩目。適其時金飈荐涼，衣袂盡舉，真自絶粒烟火，飄飄欲仙矣。昔人謂帝座可通旨哉！至此視東、西峰，不啻又在膝下低數千尺。已而黄冠頤示余，前爲松檜峰，後爲落雁峰，東爲毛女峰，爲王刀三洞，西北斗坪，歷歷可數。雨且沾滴，乃下至希夷先生煉丹處，與東華君祠所，亦皆石山嶄絶。又下嶺視巨靈足，可三尺也。

復上登西峰，一横石覆頂爲地肺，余蘸墨帚題名其上。又稍北則西峰頂，長安城隱右山下不見。見者更益遥，爲武功、太白諸山矣。下山至半，則玄鯀石洞在焉。蓋總太華則三峰如蓮房，諸峰片片裹之，其瓣也。獨稱西峰，則又自爲蓮華，而洞當華心處，余乃爲題「石蓮房」三字。洞無桌，席地而飯。飯已，下觀玉井，僅容尺耳，殊無所謂十丈蓮者。泉最甘冽，共二十八坎，遞下之爲二十八宿潭，潭盡則入洞而出爲水簾，即青柯坪所見者也。復回宗土祠，令執絙者轉余後留之，從舊路歸。尚懼蒼龍嶺不能下，意當覆面如升時狀，以足次第退，至則更挺身直走。即旁睨不攝，惟回頭視未下者，渺然雲際，若迅風必移之，猶爲他人汗怖不止耳。下溝崖撞峽，尚半覆半挺而行，甚者仰卧蟲縮，爲坎不能容足故也。至回心石始解絙。比入青柯坪，元承已至久矣，始整衣履乘輿而歸。

説者謂此山高五千仞，余固不能以仞計。第始至青柯坪，指西峰之麓近矣。比至白雲峰，而望蒼龍嶺猶在天也。過嶺息將軍樹，扳玉女近矣，而望三峰猶在天也。至玉女躡三峰之麓矣，而望南峰猶在天也。比至南峰，安得不卷石世界哉。大都上青柯坪非復人境，故遊人每至坪而止。若自坪而上者，上時一於見險面正崖而行，烏睹所謂絶勝者耶？惟下視三峰，則四山爭相獻奇，一望千里，溪原草木如畫，間一回首，又戀戀而不忍下矣。若余之上而霧，下而霽，藉賜山靈，尤非淺鮮，乃爲詩四章記之。

王士性曰：「余睹蒼龍嶺石欄綿亘，誌者謂爲漢武帝、唐玄宗升岳之御道，二君故自豪舉哉。蓋余家東海上，嘗問四明，上雁湖，過白岳，歷嵩、少，觀封泰岱，宿太行、燕山以西，已而嶓峨嵋雪，尋真玄岳，吾行已半天下矣，得爲岳者四，其他山川弗論。既至華山，而後知天下無復險，亦無復勝云。」

## 衡遊記

衡岳周迴八百里，大小七十二峰。首起於衡陽之回雁，而尾長沙之岳麓，餘則滿地皆堆阜，如田塍方就耒耜，故湖南郡國山皆稱衡也。七十二峰非連峰也，八百里非盡高山巨崖也，縱衡提攬，登祝融則一目盡之。大約自岳廟後，拔地而起二萬丈，前後兩叠，左右中三支，環抱而下者爲正岳，爲古今遊觀秩祀之地。余與翰卿泛洞庭溯沅、湘而上，登陸則行古松三十里，虬枝龍鱗蔽虧天日，皆數千百年物，大風時鼓濤震山谷，偉哉觀也。樹窮而岳市見，入天下南岳道，肅謁岳祠。祠立七十二楹，象峰數，神像就石筍出地刻之，雲屋晧旰與岱稱。回宿署中，望岳頂微雲翳翠，明星爛然，大快也。

晨起櫛沐，雨觸石出雲，諸峰乃乍明滅，余轉西橋出廟後，從山之中支以入。山麓東向爲胡文定公書院，增城湛原明復卜舍其左，各有像。謁畢，乃度小嶺至絡絲潭。潭水澂徹見底，溪流從亂石中跳躍而來，注之如瀑布。謂絡絲者聲固有然，形亦似之。再過玉板橋，有亭翼然，爲寶善山房。從山房上十餘里，爲半山寺。入寺過雨，新涼生微風，吹片雲墜峰腰，漸露其頂。左翼一高峰，籠烟霧如隔絳紗，爲芙蓉峰。東南一峰，新翠欲滴，爲紫蓋峰。右翼一峰，屹立無雲，乃爲烟霞峰。西南一峰，高与紫蓋並，爲天柱峰。四峰據前山，爲半山四隅。半山前一峰造寺膝，爲香爐峰。道人又指西南孤石矗天。如倉囷然，爲石廩。傍爲赤帝，嵐光乍開，遊雲復來據之，不甚了了。登高，高矣，望遠則否。繇半山後爲湘南寺。已又過一敗刹，失其名。尚未覩祝融巔，蓋此皆前山也。

度横嶺方爲衡之後山。過飛來船，一石自空而至如船形。乃入上封寺，老木支柱，僅二三大雄像存。右轉三里許上山之巔，則祝融峰也。俯瞰山，山雲出合成大銀海，不辨下方。一石室祠赤帝，乃西北向。峰頭有石，闌干磥砢，面正南望岣嶁，與岱宗頂石鬬奇。余謂當移赤帝祠於上，而亭祠之遺址以覽湘北佳也。已乃雲幕不散，寺僧請先抵會仙橋。循崖東畔下三里許，石崖屹立千尺，造石爲飛橋横度之，以非仙人不能，故名。過橋憑石欄茵草而坐，回望北崖插漢，凌厲欲飛，隱隱腰間有綫路若趾跡然，名捨身崖，此南岳第一險絶處。坐久之，前山雲歸盡，乃復上祝融，則平望千里，瀟湘如一髮西南來，達山足北去，瀦於洞庭。僧指洞庭在山北蒼茫縹緲間，余瞪目久之，猶不辨爲天爲洞庭水也。向入半山所仰視天柱、赤帝，已低在脛踵之下矣。記稱南極入地三十六度，惟登衡岳、祝融，循地平視南海丹穴，見南極老人星，爲前無障礙也。余心脉脉欲俟之，而是夕霧氣重，月星盡隱，乃悵然返宿上封。北風怒雨，撼枕上不得卧。晨起復凌風上觀日臺，見東海金縷萬條，捧員魄上，大奇。然天台華頂、岱宗日觀余皆假宿，觀出日比衡岳較大數倍。豈衡去海而遥乎？觀已下山，二里入員明洞，禮千手觀音，連檐接棟，麗於上封。登樓對烟霞之脊，青葱蒨蔓，深澗鳴玉，亭其西於怪石賓立中，走獅伏象，種種可愛，與翰卿悔不夜宿兹樓也。

復逾嶺，度前山，經湘南岐路過祝雞庵，至兜率寺。寺前有池，蔭以修竹。然衡岳土咸疏理漏瀝，第胥窖耳。入門有石書「懶殘岩」，詢之非殘居也。前爲陳玉叔山房，寺後則余從父搜寧先生會靈精舍。出寺循天柱抵南臺，歷高磴數級乃至。回視天柱腋下之山，僧云雲密峰亦名金簡也。余憶神禹登岳，夢玄夷滄水使者授以金書玉簡，意此哉。今禹碑堙没，僅一刻於岣嶁。及訪魏夫人宅，與鄴侯、懶殘所栖遁，僧皆茫無以對，蓋千年事往，狐鬼榛棘爲家久矣。此去復六十里，有峰如蓮華重重苞之，中爲方廣寺，最邃。宋朱、張二子講學之所。以日晡不獲去，乃南行數里，過飛來石下退道坡。坡百二十級，一石鑿爲之，中隱隱有金牛跡，下坡盡復宿署中。王子曰：余鄉應先生良遊衡山，記衡所自起，謂自岷、峨、滇、貴，歷廣右、象郡之北，桂林之西，經武岡、寶慶，又自南趨北，湘江與鎮靖江夾從而來，至衡陽漸起，岣嶁諸峰，峙爲岳頂，然後散而爲湖南諸郡國以止於洞庭云。然漢武南巡，尚以道隔江、漢，望祭於廬江之灊山，而舜狩乃崩蒼梧，葬九嶷，然乎哉？

## 恒遊記

北岳廟規曲陽城而半之，夸麗侔闕。余過其門見巨石肺覆，云自岳頂飛來依以祀者。因憶岳在渾源之南，或此如所謂行宫者云爾。已聞我國家秩祀不於渾源，而正望燎於兹宫，蓋已自宋而然，則意宋失雲中，軒輶使不至，而假飛石以文其陋，寧渠一至渾源以得當所謂真岳者。歲乙酉余以次當宣册代藩，冀且遂往焉，值母氏戚不果。又歷三冬銜試命西還，乃得取間道出關而西。

岳踞州之南二十里，日晡抵州，樵蒸以入，時暮色挾寒氣爲威，陰風怒號，同雲布山谷，一無所見，第仰盻其傾崎，殷殷轟星漢。輿人拾級循山東北麓而上，高或崛㟋，盤則紆鬱，上下遞相喁于。七里跨虎風口，樹木多輪囷戟榦，披蒙茸行，似虎豹向人欲攫。路繇是益陀薛而斗折，幾不可輿。又數里抵廟，廟貌不甚張，肅入禮成，漏下已二鼓矣。山雖近塞北多寒乎，然有薪可樵，澗可汲，山田可菽莜牟黍，圃可菜薤，羽流輩得經年不出廟門。廟之上爲飛石窟，兩崖削立，竅其中，不知與曲陽石類否？再數十武上聚仙臺，坐石坪上，緣思趙鞅昔留寶符於常山，令諸子覓之，獨毋卹歸得符。春秋如簡、襄父子，亦趙之雄傑哉。問山中未雲時所見，則從者北指大漠重壤，白草先秋，東北覷盧龍、范陽諸塞，東繞太行如屏，滹陀、桑乾、清濁漳貫之，稍前則漢文睍謂慎夫人北走邯鄲道也。西望黄河無聲，冰堅可渡，南則雪擁五臺矣。余黯黮中無覩，唯諾而已。水經稱玄岳高三千九百丈，福地記著其周百三十里，爲總玄之天。余過太行跡其分支，自塞外綿邈萬里而來，王氣盤礴，厚地以配五岳，不誣也。

夜闌下禪榻宿，忽夢南天開霽，見連山玉塵皚皚，此非五臺雪乎？則翼飛而趨中臺，有沙彌者臘者當道止余登，余强之。曰：「君緣自有後期，非今夕也。」余曰：「余嘗上峨眉禮普賢願王，渡補佗謁大士，兹於清涼參文殊師，三參以了震旦勝事耳，何得無緣？」沙彌曰：「爾昔天台閭丘輩至，亦止見當道者返。」余曰：「我欲見真文殊。」者臘者曰：「胡衕癡也。」既又曰：「文殊，文殊。」余憶喜禪師之言，訶之曰：「文殊自文殊，文喜自文喜。虛空猶粉碎，矧乃五培嶁。」遂寤，見童子執燭而語之故。童子曰：「先生非癡哉，良亦狂矣。」乃不寐達旦，雲氣莽蕩如前，出門瞪然長視，惟平岡淺阜，在塵沙霜露中爾矣。想夢中言，遂下山。有通玄谷、集仙洞、白雲堂、紫芝峪、石脂圖、白龍洞俱未至，冀與五臺爲它日之遊。

余披輿地圖，河北蓋有兩恒岳云。在曲陽者，當飛石西北百餘里，其上有玄石冢，即飲中山千日酒者。余所至乃渾源岳也。渾源左太行右洪河，翼以霍山，五臺再當其案，有虞氏北巡狩所馮也。總之，在渾源者近是。始余謂宋祀之陋，及讀李克用刻石，唐貞觀已先之，漢亦以曲陽隸常山郡，疑宋始者非然哉。至於我朝宇下恒岳，馬端肅主渾源祀，而倪文毅猶然非之。夫非别有見耶？俟以請於博雅之士。

# 五岳遊草卷二

## 大河南北諸遊上（記五首）

### 西征曆

維時歲在玄枵，律中仲吕，巴渝有役，征途咸望西行，所過爲燕、趙、韓、魏、鄭、衛、中山、周、秦之墟，多聖賢、方技、王侯、將相遺鄽廢冢，傷今吊古，涕笑並集，所在與楚黄元承劉君奕俱。元承曰：「是不可以無記。」余記之。

按余與元承銜朝命而趨，以十三日乙丑也。是日發都門，度桑乾水，信宿過涿州，登華陽臺，吊樊將軍。因思燕丹、田光、荆卿、高漸離之烈，易水尚寒也。望後宿定興，過安肅，至保定，入慶都。多馳道中起，夾以女墻，高柳參天，緑陰成巷，歸鞍去馬，六月無暑。詩云「周道如砥，其直如矢」，不誣也。壬申過定州，歇將樂。次日道出真定，甲戌渡滹沱河，税跡灤城。灤，武子故邑，城不三里而儉。乙亥望趙州而趨，上大石橋，則余爲州大夫李公作祠記，勒珉於城之堨。橋志歲開皇匠楊春，而世以張果神其説，假之驢蹄掌跡，可笑也。未至柏鄉十五里，有光武廟，三石人斷卧荆棘中。云光武渡滹沱時，夜行問道，以爲人也，手刃之，次日皆石也。余謂即有之，亦高帝斬蛇故智。丁丑宿内丘。戊寅，午飯邢臺，入國士門，行豫讓橋，念斬衣事最奇，而遷史不載。己卯至臨洺關，謁冉子祠。洺、漳咸出晉地，穿太行而東。余自出國門行數千里，咸循太行左畔，日夕輿中無事，惟有支頤望西山爽氣佳耳。庚辰，走邯鄲道上，入盧生夢黄粱處，笑謂元承：「生夢者醒矣，余醒者則猶然夢也。因憶趙有邯鄲，齊有臨淄，周有三川，可謂佳麗足當年矣。何知今日皆荒城野烟，又安知姑蘇、武林之它日乎，不轉而黔陽、百粤耶？」元承曰：「固然。」午至邯鄲城，過藺相如回車巷。欲尋相如、頗與樂毅墓拜之，爲道遠故。乃相攜登古叢臺，歎戰國諸王侯輩，惟趙最多豪傑，即簡子取符於代，主父單騎入秦，類千古英雄氣識，平原以下不足多耳。賦得古叢臺，酒酹之，遂下卧榻焉。

以閏六月癸未朔發磁州，時漳河水急不得渡，歷視曹操七十二疑冢而回。丙戌始濟，訪銅雀臺。臺下漳流如故，登臺望西陵繐幃何在，即所餘者，亦金鳳、冰井，銅雀没久矣。入鄴，以丁亥過湯陰，即古蕩陰。未至十里爲文王羑里廟，入謁，登演易臺。出蕩陰五里，道樹扁鵲墓碑，又十里而至宜溝，則子貢故里也。越宿，宿淇水上。己丑至輝之百泉，次早登蘇門山。山一平阜，左阜有孫登嘯臺，尋所謂土窟者無之。右乃康節安樂窩。臺下爲衛源廟，廟下珠璣萬道，清鑑毛髪，爲百門泉。中有涌金亭，蘇長公書也。亭畔白楊如抱，多奇古可愛。庚寅，抵獲嘉，辛卯駐修武，壬辰，至清化，河内重鎮也。癸巳過孟縣，遂渡河，留止孟津。甲午行邙山，見冢纍纍若林，白楊晚風，令人泣數行下。一巨冢，人伐其南隅不入，云漢明帝陵也。俗善伐冢，洛中冢匪直陵寢，即將相勳戚之家，類延袤里許，又多設機穽，其法不盡傳。俗遇敗冢，劖其門洞而居，乃稱窑，其穴山壁而栖者亦稱窑。次日，登城上南薰樓，北邙後艮，伊闕前起，崧岳峙於東南，洛水汭乎東北，瀍東澗西，伊來自南，真帝王四塞都也。邙山惟横亘數百里，故河不内侵，自此皆崎嶇山谷中，一线至潼關乃止。

乙未至新安，始入函谷關，乃漢武爲樓船將軍楊僕移而東者。丙申宿澠池，澠池者，秦、趙所會地也，在城西門。次日過硤石，又次張茅。自此北去四十里則爲三門，兩崖怪石横截河，故堯時河上溢，禹乃鑿人、神、鬼三門以洩之。前爲底柱巀嶪起，又前巨磧星布，河出門過磧，勢如震霆，聞數百里，故不可舟也。不知漢時何以通漕於此，謂各有月河云。河北乃中條山，起蒲坂接太行，護以土山，與中條俱起。山麓二小邑，對陝爲平陸，對閿爲芮城，横轄河濱數十百家耳。又五十里至魏野草堂，有樂天洞。連日行兩山夾澗中，今始下坡陀，遵山之北麓。又十里而至陝州，河繞城北如環，此本古虢州，周、召分陝以治處。召公祠一枯棠倚池頭，尚餘二榦，云「召公棠」也。城如龜脊，中無水，東一小渠，自交口引至灌池中，乃從東麗譙上過。祠前鑄鐵作二翁仲，亦似千年物。自陝至閿，亦皆行山之北麓，與河之南涯。己亥至靈寶，其西北傍河猶陝也。未至十五里爲函谷舊關，今蕪矣，此正老子騎青牛西度處。

庚子過弘農澗，遥望華岳之巔。又五十里至閿鄉，有軒轅鑄鼎址，前一穴如井，名九龍窟，云通太行貫河而去也。人聽之風聲訇訇然，危不敢入。入城有王濬故里焉。城枕秦山腹，西接太華，東抵洛陽。誌云「秦頭魏尾」，故稱秦也。中澗水出處，乃分一支沿河爲北邙，大都此山皆見洛而後止。辛丑至潼關。關據高岡俯河流，爲陜咽喉，故其萬户府直隸大名，此明祖宗深意。壬寅出關而西，則與河別矣。十里而拜楊伯起墓，登其丘，面華背渭，即送行折柳莫佳於此。一路望岳，奇峭逼人，午至岳廟，入謁。廟前唐柏五株，其一寄生槐已成抱，最勝也。門作五樓横絡之，晧旰蔽雲日，登樓遥揖三峰，巇崿險怪，自是宇宙一偉觀。是日登岳，雨止青坷坪，次日陟三峰絶頂，別有太華遊記。乙巳下，息足華州。

戊申歷渭南行，數十里次新豐市，漢高爲太公築，徙豐人以居者。枌榆雖亡，其鎮故在，亦即鴻門坂，楚、漢會處也。又十里至驪山，東西亘五十里，古驪戎國，始皇滅之而冢其下。今其陵土尚巋然規千畝，前峙二丘，抑其墓門也。始皇答李斯云：鑿之不入，燒之不燃，須旁行三百丈。宜牧羊兒火一月不燼矣。西行十里，温泉出焉。山壁立臨潼之南門，下爲二竅，水正温洌，可浴亦可溉，余浴其中甚適。池存惟甃石，舊所稱蓮花、鳧雁與妃子俱灰，即繡嶺、華清、長湯、朝元亦僅有其名耳。庚戌過灞橋，即灞陵，漢文於此指新豐示慎夫人曰北走邯鄲道也。水名灞，以秦旌章霸功。李廣辱亭尉，項王屯灞上，皆此。二十里而至長安城東門，解鞍於九龍池畔，飯罷走南門外深塹，終南隱見在雲霧間，七十里而遥也。過樊川、杜曲，乃至仰天池，兹道左矣。十里而過阿房、未央舊址，又五十里涉渭水入咸陽城，望周文、武陵咫尺不及謁。山南水北，咸在城之陽，故曰咸陽也。地多漢陵，不能遍識。城後高原横亘二百餘里。辛亥宿興平，即古廢丘也。道左有太真墓。墓前白石如菽，人言墮粧所化也，尋得之，可已目翳，稱「楊妃粉」。余賦馬嵬曲於驛墻。

壬子宿武功，城傍西原下一聚落耳。明日則七月朔矣。行武功道中，遥瞻太白入漢表，其時尚有積雪，人跡罕至也。山亦終南别名。晚宿扶風，乃漆水所經，亂流而渡。甲寅宿鳳翔，城東南隅覽秦穆公墓，三良所殉，思之爲咽，乙卯四十里過汧陽，此汧入渭處，名底甸。前對南山三十里爲宫，則長春真人煉丹所也。又數里爲蟠溪，有太公釣石，足跡依然。甸倚西平原，環原夾渭而行，又數里爲祀雞臺。志稱秦初祀，雞以夜來，聲戛戛如流火也。二十里爲靈原，原有金臺觀，張三丰日衣邛杖故存。原轉西則爲寶雞縣，古陳倉也。乙卯出寶雞，度渭水則入益門鎮行棧道，自此南入川而西征之轍畢矣。

再西爲大墷山，雲坂造天，徒誦隴頭流水句，不得一往。昔唐人送客，輒稱陽關三疊，今國家守嘉峪，即玉門猶棄，何論陽關，余故無繇以事至焉。記云：此去尚三千也。它日或出守爲封疆外臣，得執殳躍馬其間，且歷攬以備西征之闕。

## 遊西山記

漢、唐、宋五陵、曲江、艮岳、西湖，與我明國家之鷄鳴、牛首、西山，咸近都城内外，非乘輿遊幸，都人士走集，百官賜休沐之地耶？今上元假僅僅一集燈市，未敢越宿出都城。即值和風霽雪之晨，騎馬投刺，祖帳郊門，亦有拄笏望西山爽氣而已。戊子清明節，余給事禮垣，當詣監理康陵祭，乃得乘輿，歸取間道一往云。

始沿河發二十里，行依水曲，峰巒轉盻明滅，漸近見長堤繞浸，是爲西湖。夾堤種荷芡，夏時錦雲爛熳，香氣襲人。茲春水方生，荷錢尚未出水，第見漣漪碧皺，鷗鷺群飛。三五立藻荇間，避人不甚狎。並湖有山，曰甕山，寺曰圓靜。左俯緑疇，右蘸碧浸，近山之勝，於是乎始。又三里去湖西爲功德寺。寺基敞王宫，楹柱咸錐金髹綵，今殿燬，廡宇多陁陊，駕幸亦時時爲浮宫蔽之。一老僧龐眉鶴脛，補破衲左方丈下。問湖源，爲余道玉泉之境甚都，乃折而益西三里，至玉泉山。山麓咸石，石竇出泉，籠泉以亭，捧亭以池，架池以石梁。亭故我宣廟所常駐蹕之地也。泉出其下，纍纍如貫珠浮涌水面，清徹靡所不照，微波動處，見游魚如針伏石底，娓娓不能隱形。又南里許至華嚴寺，有五洞，下洞東壁刻元耶律楚材詩，剔蘚可讀，訪其墓乃在甕山之陽。從山腰轉盻迤逶而去，復數里是爲香山。山既峻峭，迫無夷趾，則憑危嵌空，作大叢林，殿深五層，迴廊步櫩，垂於兩翅，悉成樓閣，丹甍金戺，欲飛而起。入門有泉，自石渠流墮，訇然紺碧，不減玉泉。寺舊名甘露，以此也。入度石橋，下爲方池，金魚數百頭，聞履聲而隱，最長者尚是英廟時物。循石磴而上，室廬回曲，咸與石上下。從下殿視遊客蟻附而上者，如懸木末也。左岡有軒，顏以「來青」。坐軒中見平蕪蒼莽。飛鳥出没在下，山椒轉處，緇林寶刹與金山園陵錯出千百，緹朱蜃白，狀如簇錦，神京九門，雙闕巍然起於五雲，良都邑之偉觀也。

下山東行，岡壠相望，長松夾道，隱以繚垣。復有寺曰碧雲，修除連欐，與香山稱。左緣曲逕，卓錫有泉，環庭際虢虢鳴，中爲廣亭平甃之，右壁崒嵂，綴以文石，得趣之最幽者。覽畢仍循故道，見河中偶伏䑦艫，呼張翁之乘月以歸。夫西山首太行尾居庸而朝於京師，其山水所會既非偶然。且也逼近都城，中貴人富而黠者，往往散貲造寺，倚爲樂丘，動以十數萬計，故香山、碧雲，巨麗咸甲於海内，然此地没於金、元，蒙垢百年，余一旦獲生清時，得隨兹遊以與諸君子之後，良厚幸也。昔宋室望祭恒山，尚不得過真定，何論士大夫遊屐哉。

## 謁闕里記

說者謂孔子没而微言絶，孟氏外，當時學士大夫未能推尊其道，至萬世祀典，乃從過魯大牢一舉始，蓋出於溺儒嫚罵者之手。非然哉！非然哉！余向聞夫子廟庭衣履至秦存也。以今覩宣聖之檜，賜之楷，回之楠，手澤如新，則豈獨鬼神呵護之，要自存神過化在人云。魯曲阜城殷殷猶存平岡，周可二十里。今城其西南隅也。舊城南爲今麗譙，北則倚孔林。周文憲王廟峙城東北，趾特隆起，或謂舊當城心爲魯象魏，抑然也。孔廟直闤闠中，高垣豐廈，廊廡翼翼，金鋪作闕，楊石爲基，不下王者宫。大成殿塑聖賢像，以次衮冕坐。殿前爲杏壇，殿陛至門。檜柏多漢、唐植，種種奇貌。其倚門左，紋左紐孑立者爲手植檜。高不逾檐，枯無寸榦，爪之青理生意蟄焉。前朝乃經兩度榮，良異也。門内外桓碑最古者，一首紐製，一尖製，爲蔡中郎、陳思王書。左片石書「五鳳二年六月四日成」字，爲西漢人筆跡。

出廟門東，飲於衍聖公弘復宅。聖公效古宗子法，治其族人，惟曲阜令與之分庭，不以吏屬，亦不叙家人禮。次顏廟，貌亞之。博士君迓於中逵，與登樂亭，觀顏井，廟前爲陋巷遺趾，飯顏博士署。次出城，一廟荒落，獨神路檜柏佳，行其下，翠色欲滴衣袂者千步，爲祀周文公處，問文公之後，尚遺東野氏百室，有司復其家，第世無章縫者出，以夫子萬世祀，而文公嗣止力農，復庸調非過，不知衍聖公何以力斥之，謂非真。然與之語，亦不甚了了。次西五里入林，門内一枯楂立五十尺，未僕，爲子貢楷。路斜百餘武，封高隱車爲文宣王墓。右搆三楹，爲子貢築室處，左爲泗水侯鯉墓，墓前爲沂國公伋墓，三墓皆東南向，對防山，而豐碑南向立。林園十里，樹萬種不能盡識，然無棘茨無鳥獸聲。後扆泗水，前拱洙流，是爲孔家林。問閟宫、靈光，則已蕪没久矣。林外崇墉如雨觀起者，是爲魯北舊城。出林行寧陽道，回首顧瞻，真令人肅然興禮樂俎豆之思，戀戀不忍去云。然余向聞太末孔氏，乃宣聖正嫡，爲棄宗廟南渡，故止襲五經内翰，而以次支世九章服。余訊之衍聖公亦不言。

時萬曆歲十有六立春日。

## 遊梁記

歲辛巳夏，余以秩滿，例得代篆上閥閱，欲從斯行，悉尋中州之勝而寓目焉。乃以六月癸卯發朗陵，至府西郊，時大雨淹積數旬，水環城十里，如湖海波濤，村人結筏行柳梢中，念河、汝之民行當復爲魚矣。望後走申，投牒臬大夫，與申太守飲相公園中始霽。辛亥西行過泌陽鄧河，鄧通故居也。通一孌幸，傳其名至今。甲寅至南陽連霽，乃西八里造卧龍岡，謁諸葛武侯像，猶翩翩神仙人也。是夜宿草廬，復大風雨，林木震撼，余訖謂卧龍欲起耶？門左有諸葛井，井欄石繩轍十數過，數之，數各異。岡僅僅與人首齊，非幽岑邃谷，而宛繄世祖龍興，復中州戰爭之場，不知孔明曷從瑯琊避亂至此？或云：南陽乃襄陽墟名，非此也。岡稍北爲百里奚墓，墓有七星石。丁巳復投牒藩大夫畢，行召信臣舊堰。戊午次裕州，經搬倒井，拜光武像。井泉飛涌，清沁人齒牙，即旱潦不變。己未道昆陽城，巨無霸驅虎豹戰敗地也。是日趨葉，欲求故葉令飛舄遺蹤，不可得。止城西爲孔子問津處，後有嚴光祠，余貽書葉令，仍當祠沮、溺於中，與光祠爲三隱。庚申向寶豐覽香山寺，僧云大士示現之所，亦白司馬九老會也。辛酉出汝州道，遠望崆峒山，翠靄上殷殷，爲廣成子宫，因睠焉，有感於七聖者，日暮不果登。壬戌取道登封，岩巒磐屈，北民至此則多鑿土爲穴而山栖矣。癸亥止太、少二室，觀達磨面壁石，别有嵩遊記。

乙丑轉轘轅嶺赴鞏，復東行出虎牢關。關不及冥厄，而名獨較著，豈當時以關内外爲限耶？今爲古崤關，亦即成皋。丙寅經敖山，蓋秦置太倉，酈生所爲據其粟處。益而東則爲鴻溝，尚有址焉。一山平列爲廣武山，山東西二城，其下即楚、漢提兵百戰相拒地，名古戰場。引杯舉李華文誦之，淚落不禁矣。一客從傍笑曰：「善乎阮步兵之登此而嘆也，曰：『世無英雄，使孺子成名。』」余復拍手長嘯數聲，引大白，招步兵魂復起。戊辰詣古陽城，步周公測景、觀星二臺。臺後石製量天尺，刻周尺一百廿尺。登臺視天心，猶之乎燕、粵間，莊生所謂蒼蒼其無止極者故耶。

臺面箕山，上有許由冢，歲饑諸惡少發之，石槨發輒合。余謂由一瓢猶棄，何得預爲石槨自庇，意好事者附會也。是日至密東，復訪軒轅三女墓。一白松三岐長百尺，色如傅粉而綠膚，葉勁如鐵，亦數千年矣。墓前土篷厚尺許，水乃如提壺注下。縣迫宮，石皆蒼質白理，不亞太湖。己巳過古鄭州，逮中牟五十里甫田藪。昔爲周宣王會東都講武，今高者居，低者田，窪者瀦湖堰，不復成藪矣，中有列子故居在焉。

庚午始抵大梁，憶梁往事，如魏公子好士，當時夷門鼓刀之流，一何俠烈，令人恨不即至其地，今止夷山一阜耳。其後梁孝王置賓客司馬長卿，枚叔、嚴夫子輩，詞賦風流，亦一時之豪。及問所謂修竹園、雁鶩池，無一存者。考之志云：兔園正隸歸德。乃汴東南城外，又有孝王平臺，豈時兔園廣數百里，遂横亘梁、宋也耶？平臺亦名繁臺，又爲師曠吹臺，日落登之，清風泠泠如絲竹至，慨然緬懷李白、杜甫、高適三君子之蹤。今祠之者，又益以李、何二君，從其地也。臺有大禹廟，昔人登臺望河、洛爲之，第制狹不稱所以報禹者。廟有李子碑。城東南則隋煬帝引河入汴幸江都故道，堤楊柳舊數萬，古今成咏。城東北爲壽山艮岳，宋徽宗以花石綱糜天下力供之，而株木片石俱廢。此其近者，何論梁王、魏公子耶？城北爲周王府，則因宋舊内也。城内寺頗多，惟相國、鐵塔二寺最修麗。城外去黄河十里，作大堤環護之，周八十里，樹陰夾道，行堤上即不論晴雨皆可人。時宗正西亭方引人瑞高叟至，鶴骨台背，髮星星，健耳目步履，年一百五歲矣。婦王氏少四歲，偕存。問叟無他致壽術，惟好杯中物，且斷慾止卅年，至今猶淬青銅爲業云。日夕連奔走藩臬，謁御史大夫上計簿。已則出城北蓬池，憶阮公綠水洪波之句。或云尉氏亦有蓬池，比入尉氏，訪七賢竹林遺跡，猶有碑在，而黄公壚則不知其何地矣。未至尉氏四十里，則朱仙鎮有祠，祠岳鄂王。思王之冤，又不覺黯然欲淚。壬申回至許昌，一祠爲關羽舊宅，蓋降操初秉燭達旦處。癸酉至郾城，則桓公盟召陵故城也，今亦廢。余此行計三十五日，行二千三百里，計迂道七八百餘，暑雨勤僕從力。洵苦，然得盡悉中州之勝，亦一快也。衛源、王屋、鄴都、洛城，蓋猶有待。而此行之勝，在木石之奇，則密之松，少林之石；人之奇，則大梁之叟爲尤稱絶云。

## 遊茶城白雲洞記

茶城乃漕艘滂淺之處。其地善淤，兩岸亡它奇，惟石山絶地而立，如棋布然，又不能成高峰巧岫，故行者過而棄之。余以戊子二月九日與詹牧父停舟問之，得其下有白雲洞，乃行十里而至。山覆地上，洞陷入地下，一穴如户，敞其内如堂皇。右有隙路，列炬先之，痀瘻而入，手足四據如猿攀者，高而復下。稍平匯爲池，隔石檻斗絶不可度，既緣而上，復虢虢有聲，更匯爲大池，闊方丈，水没人身之半，時漲時涸，乃與外河旱滂通也。出而右又一小洞，如人出自井中者，十步則空平，如植甕，可坐可卧，真修真之絶境云。茶城之地，舟車輻輳，有洞之奇若此，而人無知者。余與牧父非待淺經日，亦無由而至焉。然則世之握瑾懷瑜，不聞於時者，豈少乎哉！

# 五岳遊草卷三

## 吴遊上（記九首）

### 吴遊紀行

三吴南龍之委也。龍氣入海而止，故勃崒而洩爲山川，其奇秀甲於天下與二越稱。越余鄉也，故其遊也，往來不一至焉。吴之遊則以次舉：歲丁亥四月朔，發天台渡錢塘。越九日陟兩天目，望日登烟雨樓。越五日上虎丘，入太湖，又十日飲慧山泉。午日登金、焦、北固三山，又五日過金陵。望日泊舟采石，次日理棹過青山。廿五日宿九華，六月六日三宿白岳。其欲遊而不果者三：曰茅山、曰天平、曰陽羨。諸潭洞遊而別有記者四：曰天目、曰太湖、曰金陵、曰白岳。同遊者：友人陳大應。解逅而遊者：丘謙之、王伯熙、陳穉登、郭次父、陳從訓、茅平仲、蔡立夫、秦子孟章。晤而未與遊者：沈純父、盧思仁、江長信、沈少卿、湯義仍、丁元父、俞公臨，余家弟圭叔、永叔，與王元美、汪伯玉二先生。

## 遊烟雨樓以四月望日

環嘉禾郡城皆水也，其高阜面城而起者，拓架其上爲烟雨樓。樓之勝，瑣窗飛閣，四面臨湖水，如坐鏡中，春花秋月，無不宜者。若其輕烟拂渚，山雨欲來，夾岸亭臺，乍明乍滅，漁舠酒舸，茫茫然遥載白雲，第聞櫓聲，咿啁睞眄，而不得其處，則視霽色爲尤勝。郡本澤國，婦人女子有白首不知山者。鼎食之家，或輦石於太湖爲之，次則爲樓臺臨水以當之，登高眺遠，如斯而已。時沈純父初解綬歸，余招與登樓而語移時，欲邀陳伯符遠不果。

## 遊虎丘以望後五日

姑蘇有天平、洞庭、玄墓諸勝，而負闤闠便舟航者，近莫如虎丘。虎丘者，吴王闔閭葬以金鳬玉雁，銅蛇水精，與水犀之甲，扁諸之劍，白虎之氣騰上，而見怪於秦皇也。墓今不知其處，或曰浮圖下，又云劍池下。劍池兩崖如裂，側立十仞，蓋石溜天成，寒泉出其竇而停滀焉，墓不當在其下，意浮圖者近之。自閶門買舟，五里即達寺門。初入酌憨憨泉，坐吴王試劍石，摩挲石縫爲凝睇而沉思久之。再入則清泉白石斷齶益奇，巨坂頳砥如砥，可羅胡床百座，號千人石。石嚙水處爲白蓮池，近池而灌莽塞焉者，爲清遠道士放鶴澗。循澗上登大雄閣，右行過劍池石梁，望浮圖而息焉。扠枒榿梠，其高隱雲，聽空中鐸聲，陰颸從檐角下蘋末，中人體，甚適也。既暢，復下可中亭，觀生公點頭石。王伯熙謂此妄爾，余則誦石之言曰：「生公叫我爲人去，祇恐爲人不到頭。」伯熙惘然。復右上而嘗陸羽泉，石竇似慧山而味劣之。高秋木葉下井中，與砂礫共積，即烹以天池雀舌，亡當也。此地遊蹤成市，要以秋月爲勝。千人石古株輪囷，把酒問月，醉而枕之，仰視碧落垂垂，固恍如乘槎泛斗牛渚也。若上浮圖之巔，蒼然平楚，遠瞰湖天，内捧一輪月色，遍照蘇州，又昔人所稱絶景云。

## 遊慧山泉以望後十日

錫山出郭外十里爲九龍山，山之麓有泉焉，名慧山泉，即以名其寺。石竇方丈，唐令敬深源鑿而廣之，陸鴻漸品以爲江南第二水者。石無坎罅，當是洑流滲漉而出，停泓清冽，余飲而甘之，勝於虎丘。然與中泠不甚異，不能辨其孰優劣也。士大夫壘石爲山，鑿地爲沼，深篁高柳，掩映樓臺，咸在寺左右，而假泉爲勝。又沿流一葦可航，故遊者亦引興於泉，而盤桓於諸園亭水石之内。余與陳穉登、秦孟章遍呼園丁入而探之，真如登閬風瑶池，倏忽數十處，然皆不知其誰家。

## 遊金山以午日

金山一名浮玉，稱金者以裴頭佗掘地得金而名也。山爲大江孤島，隨漲截泂，波濤日夕撼之如砥柱。維舟山趾，初從碕岸修廊而入，寺前至小島儷立，左爲栖鶻右爲白雲。白雲即郭璞墓也。環島盤渦轉轂，舟近之則陷入窗，彷彿記所稱三神山，可望而不可濟云。島壯龍宫水府，昔人立石華表，使舟不得近。烟雲暝而誤入者，山頂則擊鐘聲招之。寺右有龍井，陸羽品之爲江南第一泉。或云以山在江心稱中濡水，或云源與中泠水府通。半山左上爲江天閣，憑欄怒濤百里，千檣在足下，丹徒飛鳥遠不能度，倦翼則於行檣息之。山頂留雲亭，即妙高臺也。瞻揚州一片白，高樹如薺，海門隱見在東方，惟焦山再當其案，故不甚了了。北下一石出水，爲善財石，近頭佗空滿搆觀音閣當之，築多寶浮圖其旁，被繡不減山前也。泊舟處舊有老黿，僧呼之輒起，近不來矣。山負秀色，從京口視之，正如蓬萊、方丈立弱水中。

## 遊焦山以登金山次日

焦山亦江中浮嶼，視金山衺過之，然不及其峭削。登其巔，水天萬頃，四望在目，胸中所收貯更多，面金山真拳石耳。山後沙洲長四十里，始自隋唐中。二小石山峙爲海門，山麓禪房丹室，飛朱列堊，咸郭山人次父募爲之。山人年望八，引余上絶磴，尚步履掀然。斗室懸崖如鳥窠，禪真不媿焦先生矣。焦名先，又名光，漢世三詔不起，故人以姓名山，以三召名其洞。謁焦祠，覽洞室，則右折而上吸江亭，下而坐水晶庵。問右軍所書瘞鶴銘，爲雷擊覆於水濱，須卧而仰視之，泥滑不果。乃循北固入甘露寺，尋狠石而歸。昔人謂金山寺裹山，焦山山裹寺。又云金狹而巧，其眺廣；焦廣而幽，其眺狹，皆實境云。

## 遊采石以五月望日

采石一名牛渚磯，蹲石成山。居大江中，以日受漂射，故石懸碕礐硞，稱别隝之奇也。余過三山，回望京邑，循慈姥磯而上泊焉。入謫仙祠，與天刑生歷數古今豪士遊此者，曰：「余幸生太平時，既不學樊若水祝髮鑿石，引繩度江，即矜奇吊怪，燃犀照水，亦無事驚此鬼物爲也。懿哉！謝將軍踏月微行，得袁宏於唱咏中，風流可想。而斯人既不作矣，則引杯向青蓮居士曰：『君着宮錦袍，扣舷捉月，旁若無人，亦知千載後有人酹酒采石乎，神乎何之，余欲騎鯨魚向碧落尋君耳。』」語畢長嘯，彷彿江水如沸，瞪目俟月落而去。

## 遊謝家青山以望後一日

從牛渚入，過敬亭山，草樹翳薈，舟中望之，若空翠飛落舲艇。再數十里，則爲青山。謝玄暉守宣城時，於窗中見遠岫樂之，故人以名其山。山南亦有玄暉故宅，俯覽平川，烟林如織，題搆遠矣，流泉怪石尚留與閑雲往來。頂有謝公亭，西北十五里，山之支麓有李太白墓，前爲白祠。白才情寧渠在宣城下乎？而生死景謝不衰，古人之高致如此。問疊嶂樓，云在今宣城郡署中。百尺倚山，四際無所不眄，亦謝舊北樓址。此地爲姑孰，今更其郡爲太平，六朝名宣城。

## 遊九華山以望後十日

九華山去江百里而遥，九峰秀色縹緲霄漢間，如青蓮花開於佛宇，故李白易九子而名之。劉禹錫行江上，指謂天地一尤物焉。余至池州，東南行三十里，過玩華亭，渡溪行倍之，抵山下。又陟嶺逾天橋，十里而入化城寺，登絶頂，坐金地藏寶塔，復謁李白書堂，周覽九峰峭拔，如四明天窗然。峰之左右可以峰舉者，更九十有九，嵐烟森列，紫翠萬狀，當其返照入山，月出東方，殿角上氣清籟寂，呼吸真與帝座通，古人如杜荀鶴、羅隱、葛洪、杯渡，咸負笈往而獨稱白者，山白所名，且志顯也。池緣翠微堤，三里爲齊山，山高不及九華然秀壑多奇石，如妙空岩、石鼓洞、仙人橋，皆都人不絶遊，故其名與九華埒，余乃未至。

## 留都述遊

古稱岷、峨之山度大庾，包彭蠡以北，盡於建康，謂天府之國，山水之會，故漢以後多都焉。及余登高望遠，考古準今，神臯隩區，咸屬指顧。乃知鍾山以東北迤邐於西南，大江以西南環抱於東北，秦淮以中出而横貫於三山、石城之間，故由鍾山左攝山、臨沂、武岡、石硊、聚寶、天闕，東裹南向，以亘於西南三山，而止於大江，則龍蟠之勢。右覆舟、鷄籠、直瀆、盧龍，北走以達於西石頭而止於江，則虎踞之形。彼漢、唐郡堞，六朝宫城，淮北、淮南，依麗互異，因山距淮，以盡四極，其在今日於制爲善，故宸居華蓋，雙闕雲浮，百司庶府，棋布星列，回廊步櫚，九逵若水。大哉我聖祖之烈所穆卜而定九鼎也。鷄鳴山北拱神京，丹朱其麓，十廟埴土爲袞冕，俎豆以祀古帝勳臣。觀象臺範金爲璣衡，以步兮至憑虚閣，倚闌以眺宫闕衢術，山川遠近。閲江樓臨流以受江、漢朝宗，都人士之所轂擊而肩摩也。朝天宫，修門九曲亭，其西阜爲冶城，亦爲謝公墩。高臺迂徑，闤闠山林，謝太傅、王右軍之所登以遐思，卞忠貞之所蜕骨也。石頭削石爲城，金湯而天塹之。乃清涼之寺，胭脂之井、城臺之岡，咸左右望焉，六朝之所傳舍而朝夕也。它如鎮淮爲朱雀橋；出水關，中街水環爲白鷺洲；洲之上普惠寺爲李白酒樓。繞南城角高處爲瓦棺閣，少北高阜爲鳳凰臺。聚寶門外爲長干，少南爲秣陵城。大中橋東畔爲白下亭，小教場西門爲上林苑，皆古今之慨。雍門周之所鼓琴而悲者也。

縱目都城，要約具是矣。則遂往郭外而眺問孝陵所奠，云在鍾山。乃出東門走鍾山，緹垣絳闕，翠柏萬樹，肅入禮成。見鬱葱王氣，隱隱起萬緑間，中貴某爲開重樓，指珠襦玉匣之藏云，借之於誌大師所入定處也。尋半山亭、木末軒，則陵谷遷矣。山一名蔣，亦名紫金。辭陵出問我國家圖籍所藏，云在玄武湖。則遂明日出太平門，趨後湖行太平堤上，清樾蔭人，中抱碧流百頃，一小城架樓作東西牖，以收初暘夕照辟蠹魚。湖上遠山如黛，蓮花映水時更佳。泛湖而歸，問誌大師塔所，云在靈谷。則又明日取途靈谷，即鍾陵東麓也。入禪林行五里松下，虬枝蔽虧天日，鹿呦呦千百爲群，狎客而過。上無梁殿，擊景陽鐘，殿皆瓴甋，作三券，不設椽桷，鐘製僕而平唇，則望之知有古色。殿右一啞鐘，勑置於風日之下，前朝選入爲禁鐘，不鳴，歸之，則鳴於寺中，僧云爾也。下殿試響屧，左入過琵琶街，又拍手試之，良如彈絲云。其下多疊甕，乃梁昭明太子讀書處。繞廊觀吴偉畫壁，已蝕不存。入塔禮誌公，猶肉身也。左立一異香如鳳目，倚以錫杖。婆娑竟，乃引至八功德水，掬而飲之。昔法喜禱求西域阿耨池，以七日得之者。梁以前嘗取以給御案，故在峭壁寺東，自遷誌塔，水從之而涌，舊池遂涸，亦僧云爾爾。出寺問雨花臺故址，云在高座。則又明日出聚寶門，趨高座寺。先過大報恩，浮圖高三百六十尺，瑶臺縹瓦雖燬於火，其遺者尚能焜燿天日。即石刻龍神人獸，精工若生，蓋寺之大，不在祈年、望仙之下。過而去高座，登寺後臺，則猶然一荒阜耳，然山川迴薄，能使人徘徊久之。下臺問牛首、獻花諸勝，云自此去三十里可至。則遂即日命肩輿南行。諸山俱朝鍾陵，惟牛首外向。牛首者，兩峰相峙而名也，又名天闕。從山背東折而南，始見浮圖虛閣，據山之高處。從麓又西行而北，乃入弘覺寺，上白雲梯，梯上一銀杏蔭覆畝餘。乃左折登浮圖，又從修廊出，攀數十級而至觀音閣，憑欄俯視，則已足踏浮圖之巔矣。閣之後有小石爲捨身臺，閣之下倚空如壘，爲兜率岩，從岩微徑行入一石窟，爲文殊洞，逾洞又西行有塔，則辟支佛所藏舍利也。下塔過禪堂右室，闔門一隙如錢大，入塔影倒掛佛案，明晦皆然。

是夜宿寺中，明日出寺五里，上危磴至獻花岩。石益奇詭欲墮，僧懶融昔居之，百鳥銜花而獻。岩之南曰屯雲亭，又南曰芙蓉閣，自此回顧牛首，更如繡壁可愛也。下山問：「燕子磯可跬步至否？」云遠在觀音岩畔。則又明日出觀音門，循磴道焉。抵岩，岩逼霄漢，怪石礌垂大江，南來帆檣，僅在扉履間，昔達磨於此折蘆而渡。寺負山横起，垣檻如率然。閣在其西，亦傍岩懸構，下築江唇爲基，上交九柱置牟首焉。憑之可瞰江。自岩道舊徑，西而數百武，乃至燕子磯，飛崖掠江，如燕尾然，亦岩之分脉也。江水抱其三面，以鐵鎖曳磯趾，上植丘亭標之。江上陰風怒號，勢欲飛動，若其晴光浄練，江豚吹浪上下，或月上東山，視瓜步群峰，杳眇如落雁，隔江舉杯酒酹之，良忘其身之非我矣。乃會湯奉常義仍、家弟圭叔，信宿江上，去而之白岳。昔左太沖賦三都，門牖堂厠咸置筆墨，且以十年成。余偶憶而奏罩辭，何能以揚萬一耶？獨念王逸少猶有遺言，謂蜀都山川多奇，左賦未盡，余難乎爲言矣！余難乎爲言矣！

## 遊武林湖山六記

蘇子瞻云："天目之山，苕水出焉。龍飛鳳舞，萃於臨安，則堪輿氏言也。臨安勝以西湖爲最，白傅之函，蘇公之堤，唐、宋以前夫非瀦溉地耶？南渡後，山有塔院，岸有亭臺，堤有花木，水有舸舫，陰晴不問，士女爲群，猗與白雲之鄉，遂專爲歌舞之場矣。余自青衿結髮，肄業武林，洎乎宦遊於四方，幾三十年，出必假道，過必浪遊，晴雨雪月，無不宜者。語云人知其樂，而不知其所以樂也，余則能言，請嘗試之。當其暖風徐來，瀲波如玉，桃柳滿堤，丹青眩目，妖童艷姬，聲色遝陳，爾我相觀，不避遊人，余時把酒臨風，其喜則洋洋然，故曰宜晴。及夫白雲出岫，山雨滿樓，紅裙不來，緑衣佐酒，推蓬烟裏，忽遇孤舟，有叟披簑，釣得艖頭，余俟酒醒，山青則歸，雨細風斜則否，故曰宜雨。抑或璚島銀河，枯槎路迷，山樹轉處，半露樓臺，天風吹雪，墮我酒杯，偶過孤山，疑爲落梅，余時四顧無人，則浮大白和雪咽之，向逋仙墓而吊焉，故曰宜雪。若其晴空萬里，朗月照人，秋風白苧，露下滿襟，離鴻驚起，疏鐘清聽，有客酹客，無客顧影，此於湖心亭佳，而散步六橋，興復不減，故曰宜月。余居恒繫心泉石，幾欲考卜湖畔，良緣未偶，聊取昔遊記之。然吾遊夥矣，每挾賓朋，止占一丘一壑，行蹤未遍，夕陽旋歸。惟戊寅春捧檄朗陵，念走風塵，未卜再遊何日，乃與所知蔡立夫、吴本學輩，縱目全湖一週，遂以斯遊記。

### 出涌金門過孤山至岳墳記

出涌金門，即見汪汪千頃，其間艅艎舴艋咸艤於西三門，而涌金踞其中，獨叢集焉。維時桃花開，買舟者日一金猶競不得，餘時則五六倍減之。出門數百武，入柳洲亭，亭背女墻蘸湖，折柳持觴，多走其下。過亭爲表忠觀，以祀吴越王鏐也。碑刻蘇子瞻手筆，樹石於門。出祠引小鷁首至大佛寺，佛頭出地三丈，僅作一滿月，云秦始皇遊會稽繫纜石也。旁一泉石髓沁齒，東去憑小閣遠望，酒艦往來湖面，如飛鳶點點墮水，最有致。俗善水葬，時正寒食，過斷橋，士女招魂而野哭者如蟻焉。斷橋繞孤山而西者，蘇公堤也。孤山即林處士逋隱處，山無奇峰，陂陀立水中，處士生宅其陽，死苟臿焉。冢前放鶴亭，亭東四賢祠，以祀李侯泌、白公居易、蘇子軾，與處士共俎豆之。冢前野梅三數株，雖非逋植，然誦疏影暗香之句，如與處士神俱。環孤山北麓窮，乃入岳鄂王廟。廟西有斧鬣封者，乾坤丘土蓋此孤忠，前像檜、卨輩三銅人，晨夕錘擊之，以洩英雄之憤。好事者復擘株檜植墓門，檜亦連理以上，大奇也。近復有買地斥馳道於湖濱者，廟貌遂頓然改觀。山南亦有于肅愍墓，與岳墳南北相望，博千古遊人一涕。出廟復拏舟，東謁陸宣公祠。危樓重閣，爭高閶闔，疑片石合成，此孤山之南麓也。湖中暮色，遠遠如自西南至，畫船簫鼓，盡籠烟水東歸矣。岳廟以東，縉紳士大夫家多琪園雕榭，酒肆書堂。近湖漁子，時復以竹籬茆屋，雞犬其間。暮而燈火聚渡頭如亂螢，爲地近錢塘、涌金兩門，故古所稱横塘查下，恐未勝之。

## 出清波門遊湖南諸山至六橋記

出清波門，聚景園宋阜陵所築，圮而不存。沿湖人家，水土掩半扉，植標種荷，或帶以長簿，衺廣里許，花時水雲如錦，香隨風或聞入城中，遊人以小葉舟闌入，賦採蓮之歌，在净慈之藕花居爲最勝，今亦圮。净慈在南屏山下，殿内旋臺藻井，獅象山立，後壁塑過海大士，左堂五百應真，種種變相，具生人氣。上有宗鏡堂，前爲雷峰塔。堂前近種松、杉、檜、竹，蔓屏叠石，廢院復興。塔錢氏妃建，燬於火。自浄慈而至法因寺，路兩岐，一行六橋堤上，一沿山而上南高峰。六橋者，大堤亘南北，分湖内外爲半，如長虹卧澗中。映波、鎖瀾以下，橋各有洞，洞各通步，畫船入裏湖穿捲篷下。時時倚棹聽堤上人歌舞。兩行間植桃柳，不樹它木，春時花飛絮落，撮以爲茵，擁麗人馳寶馬而至者，更相枕焉。彼噱此譚，此賞彼態，互相點爲景。醉則鬬雞走械，六博蹴踘，無日無之，此湖堤之大概也。南高峰與北高峰對，自五雲天際分支而來。其麓四出，一過大慈山，至虎跑、真珠二泉，南出龍山，抵六和塔；一度慈雲嶺，經鳳凰、秦望二山，多吴越、南宋故跡，今改壇以祀山川，一落石嶋、烟霞，下有玉岑山，山對高麗寺，界六通法相；一入湖過大、小二麥嶺，大麥東至丁家山，小麥下飲馬橋南至風篁嶺，上有龍井，盎而最靈，葛洪煉丹其側。四入道路參差，在所成境，然行人類多亡羊矣。

## 出錢塘門觀戒壇至靈隱上三天竺記

出錢塘門，室廬蔽岸，時於隙處見青簾在木末，知有當壚以俟遊人者。余乃捨舟命竹兜子，去里許，西北爲昭慶寺，亦名萬善戒壇，每歲上巳律僧登壇説法，雲水緇林托鉢來授戒者，何啻千百徒，巨室富賈，施金錢計亦稱是。寺燬於寇，戒禁於官，其後廢不舉。西行過石函橋，非白公所爲貯水以時啓閉者，千載之利也。又過寶石山有塔焉。其下爲葛嶺，葛仙翁所居，有丹井懸泉冽而寒。自此翠谷蒼山，丹甍碧牖，無論平泉緑野，即半畒之宫，其題搆多錯出於大佛寺、岳墳左右，耳目多應接不暇。再西踏歌堤上，步入金沙灘，過九里松，則三天竺在焉。三竺之間，兩崖持道，身行重嶂，不見去來，其間古松鳴泉，四顧響答，唄聲人籟，雜以成趣，寺不必佳而徑佳。上天竺直北高峰下，踞盤谷中，庵在半山，足當靜室，寺則士女市囂，非修真棲也。歸路左轉由合澗橋，得飛來峰，岩屋肺覆，巧而空中，怪石流泉，與粤七星諸洞等，説者謂飛自西域靈鷲，何幻耶？峰對寺爲靈隱，祇林方丈，不謝淨慈。右行陰磴斗室數椽，鳴泉在其屋下，問之爲岣嶁山房，良隱者之適也。又西上有呼猿洞與月中桂子，樹老猿亡，求之不得。出寺，夾峰見亭，曰冷泉，欲濯纓而歸。比出山，夕陽尚早，復過白樂橋，尋徐神翁雷院，觀魚於玉泉。由玉泉東轉至棲霞嶺，問紫雲洞。東山月出，衆云月湖佳，余復捨輿買艇，戴月飲湖心亭，倚闌獨嘯，影落藻荇間，與流光上下，真自濯魄冰壺也。春寒夜寂，如有聲自北麓起，余曰：孤山鶴已回矣。遂返。

## 再出清波門至六和塔望潮記

再出清波門，過慈雲山，南去爲萬松嶺，西入一峪，稱天真精舍，陽明先生講堂也。天龍右聳，長岡綰轂，風氣最佳。半山立像祠先生，龍形鳳目，鶴骨清癯，真翩然風塵之表。祠前八卦亭，亭八方，田各以鼅疇畫之，謂宋舊齋宫地。宿上祠，望大江東南來，浮白一綫，夜半而聽，又如震雷，殷殷起山足，漸轟虩上山，崖谷俱撼，不知爲海潮音也。若五更東海出日，適與潮會，則赤輪上涌，捧以瑶盤，更耀心目。出谷過浙江驛，上六和塔，浮圖六層，層搆一佛宇，閣道四周之，頂有古刻四十二章經。登上層憑欄俯之，流長江其下，塔影半浸江中，勢欹欲入，魂悸不自持。從六和塔望潮，則瓊濤雪浪，翻天倒注，與山上視又差殊，覺大地盡震蕩，如欲浮去。江中舳艫，無問大小咸曳首向之，如輕鷗出水，乍見乍滅。八月弄潮兒執紅旗，徒手而泅，意揚揚如也，蓋習之矣。説者謂素車白馬，員之怒也，余其不然。至鏐以萬弩射之。潮悉奔回，至今賴以甃石成岸，又胡能盡謂無所依憑耶？江頭烟火萬灶，五商輳集，咸倚堤岸以居，微禹其魚，尚思錢氏之烈乎哉。絶江横渡，則入會稽，溯流上，則登嚴陵釣臺，順而入海，則龕山、赭山如浮烟兩點，承日出入。

## 登吴山記

行四日而西湖之遊窮矣，然吴山叠巘，天挺神皋，左江右湖，得趣較倍，乃復約登吴山。山下有泉闊如廣厦，甃五石眼，丹鱗赤鬣之魚，盈尺而躍，不避汲綆，前樹石楔爲「吴山第一泉」。轉廟巷入山，人家咸夾磴道而居，短扉小閣，蔭以高槐，六月無暑，行居人屋檐下，如行山中，碧瓦斷處青山乃續。路入翠微，則有中興觀、星宿閣、重陽庵、青衣泉，門或扃或闢，闢者入，扃者過之。它如皮場火德，佛龕社樹，多阿堵所不能遍。上金池山至城隍廟，大江百里，時時從疏樹中入。廟後登太虚樓，下瞰全湖，躍金沉碧，一目俱盡。廟臨江，樓面湖，斯吴山之偉觀也。下樓讀碑，歎孫刺史之流風猶在。復登别壠，有巨觀焉。周廬百桷，錦幢千道，黄金爲堂，碧琉爲瓦，青玉爲地，爐烟裊空，雙龍抱之。余向聞三茅觀之麗，逼視之果然。出觀望紫陽庵近矣。紫陽爲仙人張平叔而名也，左塑丁野鶴蜕骨。玲瓏一峪，叠石而成，膩過太湖，巧勝桂林，洞虚得月，徑曲留雲，麗堪攬勝，幽足採真，初疑神工鬼斧，何以刓刻至此，及諦觀之，滿山石骨皆然，此偶爲風水所漂露耳。三茅山名七寶，紫陽山名瑞石，城隍山名金池，青衣山名寶蓮，各標所勝爲題，總之皆稱吴山。

## 白岳遊記

岷山下，天目以來遍江南矣。其高崖大阪，盤礴際空者，惟黟、婺間爲勝。環黟、婺皆山矣，其坻崿鱗眗，如世所稱玄都隩區者，惟白岳、黄山最勝。二山並峙爭雄，黄山稱介丘矣。而帝畤神靈爲時所夸，翊而趨焉者，惟白岳尤勝。

余從白下來，過王將軍石室，以丁亥午日會休寧令丁元父，次日遂爲白岳之遊。出休寧三十里抵山，坐棹楔下，山中爽氣便覺依人。自白岳嶺過桃源，緣梯歷塊，就風嗌結，團標當之，視下方平楚蒼然，暑色不上山麓，曰中和之亭。過亭循石鰲塢旁深壑，於灌莽間聽水聲泠泠，曰桃花之澗。循澗而南，輿或高或下，且十里，峭壁横截，路幾窮矣，忽開一竇，如刓刻作捲篷大橋狀，高負侔闕，一石楠扶疏如蓋直闕前，曰東天之門。入門飛巘嵌空，多成乳竇，圓通道德，廣平逾丈，其最深者，樵蒸而入，可達藍渡，二石龍循洞門，遊鱻如石甃然，雜塑釋道應真於中，曰羅漢之洞。稍西龍洞脊，有飛泉灑下，入碧蓮池，水旱不竭，瀑不成布，濺乃如珠，曰珍珠之簾。崖西石壁上有如虎跡印泥淖中者，曰黑虎之崖。度天梯嶺又里餘，入玄武觀，綵斿甲帳，題搆抰振，中坐玄君塑像，道流稱百鳥銜泥以成，或謂神其説也。左峰爲石鼓，右峰爲石鐘，夾觀兩峰爲輦路，觀後高峰千仞，白雲封之，曰齊雲之岩。直觀孑立而上，頂齊觀趾，鑄鐵亭籠之，曰香爐之峰。觀西逾橋，斗崖中斷，一小峰離立澗下，曰捨身之崖。逾浮雲嶺，層巒刺天，左龍右虎，至天門即見其巔，曰紫玉之屏。復西里餘，峰側有石如虹卧，泉一縷傍注爲洗藥池者，曰鵲橋之峰。橋左巨壁，崛起横列如障，穹然而樓閣其下，曰紫霄之崖。馴伏峰前，昂首封鞍，似欲長鳴而起者，曰橐駝之峰。丹楹桓礎，碭基繡闥，架駝脊而築者，曰無量壽佛之宫。西北石儷儷人立，篆岫如螺髻者，曰三姑之岩。五峰比肩相倚，蒼顔黛色，向文昌閣如矯首欲語者，曰五老之峰。朱閣隱隱，扼山之吭，曰西天之門。山北向東西兩天門，距可五里餘，然未及出西天門，以跨石梁之奇。

山高不及武當十之二，而黄冠羽士，埒黄金以雲集乎四方之士女者同。袤不及雁宕十之三，而奇峰怪石種種刻畫肖形，以甲勝於宇内者同。曲不及武夷十之五，而憑高臨水，艤棹看山，既兼舟輿，復當傳舍，如青樓臨廣陌，以邀賞於往來之遊人者同。説者謂真武自擇取之，緣以上升，故奔走海内如市。余觀世所艷稱瀛洲、蓬萊之屬，往往謂神仙栖止，余生不問徼福乞靈事，即指顧山川，真不翅化人之居哉！

# 五岳遊草卷四

## 越遊上（記四首）

### 越遊注

東海之墟，有二越焉。於越當其北，甌越當其南。其始一越也，皆禹之後，王勾踐之所治也。漢時無終始自別爲東甌。天台以北，則於越之故都，雁宕以南，則東甌之别壤。余生台、宕間，飫其山川，而吊乎先生者之人，雄圖霸業，蓬巊繩樞，而今安在矣？問其山川，山川不知，余於是悵然興懷。吾家右軍不云乎「後之視今，亦猶今之視昔」也。記越遊自南明始。

南明山者，新昌城西南二里，五代錢氏所創寶相寺也。路經盤谷而入，峭岩逼漢，劾其中爲彌勒十丈，曲欄飛閣，錦棚縹瓦，咸自外附麗之，久而化爲烏有。今移其寺於右偏山巔，有闕，中秋月正墮影於中。谷口有湖，築長堤植榆柳焉。風和日暖，柳絲垂垂，蔭人谷中。石氣清無，留雲障霧，枕流漱石，良不惡也。余爲天台桃源主人，每出必假道於是，蓋天台西行過天姥，則入南明，東去過奉川，則登雪竇。

雪竇在奉化之西。出縣城十里，日嶺之坂有石焉，亭亭然，傴而頎，銳而肖髻，以類人也，爲夫人廟祀之。又二石高與天人肩，鎛夾長石如巨鰌，齒齒足玩。又行四十里，山靄明滅，忽翠微有亭，榜雪竇焉。歷峻坂再數十盤，近之，乃至望官曲，道樹宋「應夢名山」碑。復行數百武入山門，則平疇沃衍，更忘其爲萬山之巔也。中起一石阜，廣弗盈畝，楠柏森蔚，海鶴巢之，名含珠林。東西兩澗水合，爲閣道覆之，名觀瀾閣。南澗有沼，石文如錦，名錦鏡池。又折而南，兩澗合流之水，垂瀉於千丈岩下，懸爲瀑布，虎豹吼而震雷轟也，寒飈從水中與飛沫俱起，四顧戟戰不自持，名龍隱潭。又行十里，至妙高臺，爲上雪竇。舊有藤龕，僧和庵巢其中，日令雙虎頸掛大竹筒，來寺乞齋，爲守龕弟子，今僧去而龕廢矣。此山奇峭幽邃，烟雲滿壑，亦海上之一奇也。時華亭喬君令奉化，爲東道主，過雪竇則有四明之勝。

四明山者，天台之委也。高與華頂齊，跨數邑。自鄞小溪入曰東四明，自姚白水入曰西四明，自奉川雪竇入則直謂之四明。行山中大約五六十里，山山盤互，竹樹葱蒨，衆壑之水，亂流爭趨。入益深，猿鳥之聲俱絶，悄然嘻咽通顥氣，覺與世界殊絶，不似天台近人也。道書稱第九洞天，峰凡二百八十二。中有芙蓉峰，古隸「四明山心」字。山四穴如天窗，隔山通日月星辰之光，故曰四明。山北有潺湲洞，洞下曰過雲岩，雲縹緲不絶者二十里，人經行雲中故云。山南曰雲南，山北曰雲北，山無古剎，人跡罕至，大約東海之上，惟天台、四明，群山罕儷焉。下山回抵縣。東走鄞百里，則有東錢湖之勝。

東湖者，去鄞東三十里，受七十二溪之流，灌鄞七鄉，一名萬金湖。湖口有堰，易舟而渡，山長洑遠，兩崖青草，正嚙秋水，水中白蘋紅蓼，洲以百計，海鷗片片往來。堰前喬木，咸史丞相彌遠後。泊舟霞塢，正當湖心，中藏補陀洞，鑿深百步，則衛王爲其母作之者。登岸適余中舍別野，則背山面湖，葱蒨在門，琪花瑶草，大率取勝於湖色爲多。出湖渡滙澗橋，陸行至玉几山，有阿育王寺焉。昔劉薩訶得佛舍利於地中，置塔以藏。塔高不及尺，四隅角起，非木非石，懸舍利於金鐘下，大不逾菉菽，色黄白，焜燿動摇無定時，蓋宇宙之神奇哉。觀畢假宿焉。時丙戌九月，與友人陳大應同行。自此東行至定海，渡海再潮汐，則有補陀之勝。

補陀者，東海島嶼孤絶處，爲大士道場。善財岩、潮音洞、盤陀石、蓮花洋，俱在焉，其勝稱絶。余友屠長卿住海上，初欲拉與俱往，而長卿方作客宛陵，余乃獨與陳生乘艕艫，至定海而渡。適雲霧連三日重，海氣昏昏不辨，候大將軍力止之，僅得於招寶山懸望焉。招寶一名望濤，寡崖屹立海際，去城里餘，石磴岑嶔，嗌隘且峻，及其巔始得平岡城之。謁大士不能渡海者，多於此遥祝云。東有望海亭，望大海茫無津涯，與天爲一。是日風覺霽，日照海中諸島，遠近明滅，方壺、員嶠，如在几席間。近者霍山，又近蛟門，又近金堂、大榭，海舶過島下，僅僅一木葉浮漚而已。正指顧間，忽颶風復吹人欲起，黄雲滿島，驚濤拍天，余顧足下山，如欲浮去，乃悸而返。自此入姚江，出曹娥，走鑑湖，行四百里，則有會稽、禹穴之勝。

禹穴者，在會稽山之麓，山之東隴。隱若劍脊，西嚮而下皆石也，石之中藏窆石焉。其形如權，高與首齊，扶之或摇，曳之不起，蓋異物也。俗稱禹葬衣冠於此，或曰禹陵在隴後，扆三峰而帶湖，有穹碑大禹陵者是。此特以藏金簡玉字書也。左行二里爲會稽山鎮，西北五里則接宛委山。山有石匱，穴其中爲陽明洞天，名在道書第十一。昔大禹發之，得赤珪如日，碧珪如月，又得玉笥秘圖，悟百川之理。賀季真則謂黄帝藏書於宛委，禹得之，而復藏之，名禹穴云。行會稽山，群峰擁簇，水繞鑑湖，有賀季真舊宅。自鑑湖達楓橋，則美竹嘉樹相望。十里而至王逸少之蘭亭。亭有曲水，有鵝池、墨池。曲水非其舊，當是溪流失其處耳。昔人謂「行山陰道上，如行鏡中。秋冬之際，殆難爲懷」，旨矣哉。去而入苧羅村，觀西施浣紗石，出桐江，則有釣臺之勝。

釣臺者，漢嚴光隱處也。兩崖峭立，夾黟、婺之水而下桐廬，蜿曲如游龍者七里。水漲則磯激如箭，山腰二巨石對峙，突兀欲傾，名以釣臺，天作之矣。好事者亭其上，左垂綸百尺，右留鼎一絲，登臺而俯深淵，水靛如緑玉。山麓萬木參天，其翠欲流，祠而顔之，以聖人之清然乎哉。山隔水爲白雲原，唐方雄飛隱居其上。有冢，則宋謝皋羽所慟哭而終焉者也。二子皆聞先生風，如梁伯鸞覓葬於要離之側。自雪竇至此，咸與陳生俱，其遊皆以丙戌之秋也。過嚴陵瀨，入蘭溪，水行二百里則有金華三洞之勝。

金華山高千丈，一名長山，又名北山。山巔雙巒，曰金盆、曰玉壺。壺水分兩派下，下乎山之陽者，由山橋以達於溪。瀉平山之陰者，由鹿田而入於洞。盆水惟一派，落而爲赤松澗。山橋者，兩崖峙百仞，上有石横跨之，溪流下注焉，故於諸澗爲尤勝。山之右爲赤松山，又右爲知者寺。寺在芙蓉峰西畔，出城二十里乃至。西去則爲三洞，東行乃望紫岩，岩東三里則赤松宫也。宫傍山，爲皇初平叱石處。宫長松茂竹，澗水如環流。宫東北兩崖間，則小桃源在焉。水石相搏，時引出桃花數片，可觴也。返觀羊石，色蒼白，卧立各異態。遂過小橋，西行三里，爲東、西鹿田，俗稱玉女驅鹿而耕處也。復五里爲三洞，上朝真，中冰壺，下雙龍。雙龍外洞堪百揭，石壁上現仙桃霞衣，龍首左昂而尾右垂。内一穴如蟇頤，水淙淙從中出，即伏流洞外。舊有覆石，可仰卧小舟以入。入則見華蓋垂衣，狻猊黿蛇，町者爲田，方者爲床，滴者爲硯，擊有聲者爲鐘，矯如玉者爲雙龍。兹水捍石塞未入也。登又一里，至中洞，窺黑穴無底，徒聞水聲暴至，久之，乃有簾泉飛下三十餘丈，盛以巨石，雙石筍嶄然壁立於前。復披莽三里，至上洞，大石如黿，横當其穴，穴中數石，如群仙儷立，内垂衣伸一足者爲觀音，此朝真所由名也。方韶卿所謂：「洞口天日之光，斜射洞中石崖上，淡如月色，内有石梁高掛，白龍護其左，蒼龍護其右。又有天池深廣，四畔峻不可下。池之裏有崖，如兩扉而啓其一，極暗中遠望，石扉啓處，天光下燭，蓋洞天漏明，而人莫知其處，既隔天池，不得復深入也。」良然。自洞下復之九龍，庳甚，則北一里，走紫微岩講堂洞，梁劉孝標所卜築者。洞飛霞涌水，廣而紺碧，如厦屋然，蓋不減外雙龍矣。日下暮，復由赤松歸。洞列諸怪奇相，不類人世，道書亦以此爲三十六洞天之一。時余遊以甲戌九日，與同年章德卿俱也。東南行二百餘里，至縉雲，則有仙都之勝。

仙都者，鼎湖也。世稱軒轅鼎成上升，而五色雲見，故邑稱縉雲，道書廿九洞天也。山去縣二十里，過桑潭遥見姑婦仙釋諸岩，皆以意名之，不甚肖。再歷步仙橋，懸崖千仞，色白如抹，名仙人榜，上有謝康樂、王龜齡、朱晦翁諸刻。覽畢，下舟從小蓬萊穿合掌洞，至龍舌洲，復登嶠百級，上忘歸洞。下洞里許入玉虚宫，宫右一石如天柱，高數百丈方，而圍半之。巔有湖，久雨則湖水溢下。湖畔大木蘢葱如虬龍，此鼎湖峰也。傍有伏虎岩、蒼龍峽。出峽登舟，則順流經練溪，上群玉臺，登臺則傍覷五峰。余乃酹之以酒曰：「爾五老人者，蟻附如有所思，豈皆攀龍髯不及，而相與烏號者耶？」下渡石橋，出響岩，則暘谷洞在焉。洞三竅如連環，其一寬敞見天，東壁二竇如甕牖，中有懸柱隔之。初暘出時，巧當其竇。鼎湖峰屹立於前，宿霧欲收，翠色尚滴，澄波在下，倒影半浸，亦令人心目爲舒。余遊以丙子秋七月，赴王藩公惟謹之約，杖履自至，過仙都若干里，至麗水，則有南明之勝。

南明者，麗水南明也，以別於新昌。新昌南明聳盤谷中，面孤崖；麗水南明踞城之南，曠覽一邑。初入有石梁跨壑，如蛟龍蟠水中，然透露不及台、宕。寺後兩石相倚，人行石下，不見日月之光，名合掌岩。上有高陽洞，葛洪隸「靈崇」字，並米元章「南明山」字，俱刻於壁。崖下二井，天欲雨則井中出雲，人呼爲龍窟云。同遊者王參藩惟謹、何臬使振卿也。過麗水則有石門之勝。

石門在青田境中，發括蒼，放舟逾石帆，不五十里而至。洞口雙峰鵠峙，巖窠入雲中，是名石門。迤逶而入，平原若曠，西南天表瀑布落焉，擊天壁而瀉下潭，掛流幾七十餘丈。非烟非霧，亭以噴雪，潭空洞沉碧，疊石中流，若砥柱當前。揭而過，則有欹洞在石壁下，飛沫隨風，時時入洞，霑人衣俱濕。李白云「山光水色青於藍」，然哉。上有軒轅丘，道書以爲玄鶴洞天云。此地行溪澗中，大都嵐氣依人，曲曲如畫，不獨瀑流之奇也。自謝康樂創咏，唐宋諸賢相繼有作。余遊乃在南明之後，自此復東南行至永嘉，則有江心之勝。

江心寺者，永嘉大江中孤嶼也。城抱九山爲九斗門，嶼與之對峙，海濤日夜嚙其下，左右造浮圖鎮之，如兩龍角然。當其青天不動，滄海無波，春日初長，晴江似鏡，塔影東擲，晚渡爭喧，憑江天閣而眺，亦一樂也。若夫隔江烟火，如天星錯落，則在雲陰之夕佳。海潮奔激，西去有聲，自顧身在嶼中，如泛銀河上下，則月明之夕爲最。時以丙戌秋七月，同遊者劉將軍忠父、何山人貞父，稱初識也。自此南去平陽，則有南雁宕之勝。

南雁宕者，以别於樂清雁宕也。北雁踞孔道，士大夫乘傳多過之，惟南雁僻無聞焉。出平陽之南，舟下西塘十里，過荆溪而陸，餉於寶勝寺。又俟潮發棹，再憩於智覺禪林。石齒掛舟，仍陸行，歷三溪始達。先抵石門樓，山左巨石嵌空如琢，右爲屏風，三疊應之。它不能盡名者，如圭如笏，如芝房燕壘，備極巧態。已乃兩石千仞夾峙，名石華表，則入石柱寺。寺有數洞，遊人以西洞爲佳，上窿下窗，鐘乳自罅滴槽中，云仙姑泉也。前穴石爲月牖，可攀望其外。右行半里，雙壁插天，石梁横跨之，下俯萬丈，深窅不可測。聞峰頂亦有雁湖，而迷無所問途。大都視北雁爲小，而峻嶒峭拔，兩宕無殊焉。回永嘉，路至樂清，則有玉甑之勝。

玉甑峰者，未至樂清三十里，岐路而入，夾石爲門，流水中貫，桑麻滿林，儼然避秦桃源也。遠瞻峰頂，巨石成山，如負甑然。至山麓，羊腸盤曲，石立如人。躡而至山腰，飛泉一道，自空注下，正落馬首，爲風引之去。忽覺雞聲在余頂，仰而不見，疑所謂劉安雞犬遺白雲中響者。問之，則洞中黄冠畜之，當午啼聲徹下界也。緣此梯而上之，不過廿丈，爲峻壁。故復由山左陟其巔，反下而至洞。洞嵌空如檐，寺其中，不設椽瓦，塑孫真人像。時方夕陽返照，四山林木如披繡，恍然身在巨鰲背上，乃望東海三山，招安期、羨門不至。歸宿洞中，蓋欲未明觀日。乃凌晨曀而下，時遊在江心之後，與潘司理去華、何山人貞父俱，歸則過北雁，別有記。夫越余家也，其山川是不一至焉，故次越遊，不以歲月，而次其山川。

## 入天台山志

志稱天台山高一萬八千丈，山有八重，如張大帆，以其上應台星，故名天台。天台山以華頂爲絶頂，如桐柏、赤城、瀑布、佛壠、東蒼，皆其別號。神邕以赤城爲天台山南門，徐靈府又以剡縣金庭觀爲北門。天台山山脉起大盤，而委爲四明，其過天姥發頂，落地爲五支。其入山四漫而非一途。自余爲桃源主人，結廬洞口，不啻數十至矣。

其始也，從國清入，蓋丙戌秋觀海補陀，與天刑生探禹穴而歸時也。抵縣出北門，過神跡石，咫尺國清矣。然西覩霞標在望，意不能捨，遂先趨焉。道書玉京洞，十大洞天之一也。岩皆赤色，望之如雉堞，因名赤城。絶頂浮屠七級，飛泉噴沫落於中岩。中岩寺嵌岩中，曇猷洗腸井，井邊青韭今尚生也。下山東十里入國清，浮屠比赤城倍之，然不見九里松矣，惟餘「萬松徑」三字，圍八尺，鑿石山門。寺負五峰如扆，石坎泉盈尺，普明師卓錫而成。左廊三石錯立，則寒、拾舊竈石也，智顗建台山十八剎，此爲定光授記第一道場。出門平橋際崖，沿澗度盤迴嶺以入。澗水自高山落，與石齒嚙，喧豗叫號，如璣如練，如翔鸞鳳，倏忽萬狀。別澗而上金地嶺。坐定光招手石，指銀山稱佛壠焉。寺號真覺，則知大師所從蛻骨，雙石塔存，其未至塔頭也。路側有大慈寺，倚大雷峰，傍知者泉。寺燬，而唐梁肅石碑一坐，尚樹於畝壠間。東望灌莽中，有寺在其下，反顏其額爲「高明」。路傍巨石，僧指堂書「天台山」，並隸「教源」二字。近白雲峰下，又有太平寺址，蓋三寺相犄角焉。東北爲司馬悔山，道書第十六福地。又北爲靈墟，則白雲先生所栖息焉，亦七十二福地之一也。或者以天封當之，咸從金地。別一岐而東行，既逾嶺，折而西北數里，兩崖如闕，巨石踞其表，罡風蓬蓬起，驅石如舞，人行不成步，即六月披裘而慄，名寒風闕。過闕數里爲龍王堂。西岐乃去石梁，東則上華頂。東上華頂，經察嶺，亂石飛翥，在所成趣。石有峽焉，爲書「留雲」，漢徵君高察隱居也。又數里下雙溪，上天柱峰，磴道逼仄，下輿拾級而上。十里至竹院，佛弟子真清興教源，叢林精舍，經聲喃喃，足稱娑婆淨土。轉峰左側路三里許，上下二深池綰谷口，淪漪破緑，金魚數千頭，最爲高山之勝。池中爲馳道，度蓮華峰下，爲華頂禪林。出其左三里，逾嶺有王右軍墨池焉。上爲太白堂，堂廢池存。余爲建三楹，貌二公於中，顏以「萬八千丈峰頭」。再上二里，則絶頂也，知大師於此降魔，舊有塔與禮經臺。時方盛暑，露坐見天星大於拳，動燁燁堪摘，且皆四垂脛脡下。夫兹山雖高，視地高耳，莊生所謂遠而無所止極者，其視下，蒼蒼亦若是耶？何得星辰四顧在下，且大於它時倍蓰，心詫焉。涼颸起谷中，雜天地二籟以號，竟夕不成寐，計漏下五鼓矣。道人報海底日上，與生急披衣起。東方大紫氣籠聚黯黮中，上有金縷萬丈，正射余衣上，余大叫雲海盪吾心胸矣。道人曰：未也。已片時，則一赤輪如鎔銀汁，蕩潏而上，前五色盡滅，始知向所見影也，是爲第二日哉。日輪漸高，溪原草木如畫，東眺四明，西招括蒼，南望雁宕，北睨錢塘，四方千里，隱隱可矚。群山伏地，僅如田塍，而此山孑然上出，如懸一朵青蓮華，方開而瓣垂垂也，昔人故以華頂名之。始悟夜對星辰，非爲群山無礙，若天下垂故耶。斯一遊也，足雄生平矣，然猶未半天台也。

其繼至也，則由桐柏入。蓋余家台城，繇間道龜溪，可走南山。乃引二僮，自跨一蹇驢，信宿翠屏，西下數十里，至寒、明二岩。二岩洞一山，以脊相背而倚。明岩道不容軌，兩石峙如門夾之，岩竇嵌空，飛閣重橑，半在岩間，不復覆以茨瓦，即石成檐，如赤城也。洞口有帽影馬跡，俗稱爲閭丘太守胤遺云。胤謁寒山、拾得於國清竈中，追及之，二仙拍手，笑入岩去，岩闔，閭丘蜕焉。崖上飛泉百丈，以鐵鋉斜接之。又北行轉五里餘，始至寒岩。馬首望岩，真如天上芙蓉十二城，亦彷彿行黄牛峽也。寒岩石壁高百丈如屏，洞敞容數百人，夏至不見日影。一石正方，則寒山子宴坐處也。西臨絶壑爲天橋，堂宇皆置岩下。時有翠色入户牖，堪挹。又北行五里過清溪，入護國寺，尋桃源。繡壁夾澗，岩崿而立，水流亂石間，聲如珮環者十里，三折乃至其奥。每折似堂皇扃户，不見去來。中折有潭，清洌沁骨，名金橋潭。立潭邊仰望三峰如罨畫，而東峰特秀，上有石如綰髻，名雙女峰。昔人見雙鬟戲水，或云其精靈所爲，然蓬藋巉岨，難於懸度。余乃於離別岩下，鑿石通道，搆一室於洞口爲桃花塢，扁以「僊仙」，屋頭種桃千樹，茶十畦，買山田二十雙，計作菟裘。它日二娥，想當相俟於桃花碧落間也。左循麓至紫凝山，瀑布懸流一千丈，陸羽第爲天下十七水。又數里上桐柏嶺，始入山。嶺峻可十里，宫其上，豁然夷曠。環以九峰，玉女、玉泉、華琳、玉霄、紫霄、卧龍、蓮華、翠微也，道書七十二福地之一，謂王子晉治之，又云伯夷、叔齊爲九天僕射，治桐柏宫。今宫有二子像，玉石鏗然，非山所産也。司馬氏遺跡亦已杳然。宫有醴泉，前爲女梭溪，從印山轉南水口爲三井，下流入瀑布中。自桐柏西行，五里至璚臺。臺在大壑之心，石山突起，狀如削瓜，下俯百丈潭，心骨驚悸。沿流南轉至雙闕，皆翠壁一抹，森倚相向，宋山人張無夢結趺焉，稱仙人座。折而回仍過崇道觀，行羅漢嶺，數里而入萬年寺。寺抱入峰，晉帛道猷所振錫而營也。門外巨杉百本，其大參天，凡供五百大士，必於是邀請。家司寇公建閣其後，藏向慈聖所賜經。出寺又且十里，而至慈性寺。寺當山西北僻處，經歲無遊人，良修真者所栖也。東五里穿叢樾，路絶復攀藤而進，乃得斷橋，兩崖接棟，中不合者一綫。飛流注岩下如簾狀，成二石池，有龍居焉，石壑之最奇者也。又循鳥道二十里而至石梁，山壁對峙，一巨石如長虹横架之，龜脊莓苔，廣不盈咫，前臨萬仞壑。上遊澗水二，並流墮石梁下，如震霆晝夜鳴，非遺生死，真莫能度，上有曇華亭，楹半外垂，王龜齡碑刻存焉，其前身此橋嚴首座也。傍爲蓋竹洞，三十六洞天之一，志稱石橋方廣寺，五百應真示現處，隱於石中，樵人牧子時聞鐘磬之響，然皆不可覯矣。是夕宿海會庵，明日從間路上山，不經天柱而登華頂。大雨霧一無所見，然余所搆堂成矣。

其又至也，則從栖溪入。栖溪者，歡溪也，爲處士顧歡而名，孫興公所謂「濟栖溪而直進」是也。時崑崙山人王子幻訪余於丹丘。余取道自智福寺送之，過陸龜蒙所銘「怪松」，循蒼山而西，三十里至慧明禪林，始入歡嶴，沿溪入十里，而抵天封寺。寺最巨麗，右楹有異僧以木屑縛爲柱，尚存。東爲智者嶺，中有卓錫泉。過天封，一澗從華頂流下，亦循澗上十里，而至二池。入寺，子幻已先俟太白堂矣。山高風寒甚，草木不生，惟太白堂前三娑羅樹，四月花開如芍藥，寺前一杉一檜，緑成陰耳。餘則咸烟霧栖扃户，非中秋左右，無鎮日晴。又雪甚早，時方霜降，山頂已三日雪封山矣。余掛二竹筒酒，蛤蜊百枚，持鉦夜火，衝虎跡而至。顧池中有巨石，呵凍蘸墨池水，爲書「崑崙」二字。昔王右軍之來以許玄度，李謫仙之來以司馬子微，余何敢望二子，且使後人識崑崙生於石上耳。信宿，買舟而别。子幻曰：「右軍昔遊惡溪，樂其奇，書『突星瀨』於石。君舟行諦視，其在否？」余唯唯，竟不知所在而歸。

其他從護國寺，從天姥嶺，咸寓足焉，而獨未從山北上。天姥者。天台之來山也，故稱姥焉。天台山北水二：石梁水流入剡，雙溪水流入明。天封水東流過寧海入海，萬年水西流出黄杜入剡，餘皆會清溪而下靈江。王生曰：「余讀天台山志，蓋自古爲仙佛窟宅云。」彼洞天福地之説，儒者謂誕不經，然宇宙大矣，聖人存而不論，然哉。及余行山中，見其川谷盤互，氣象自不類人世，則又疑信半焉。久之，見上有靈芝、醴泉，又木有羅漢、菩提，草有觀音、長生，花有娑羅，藥有茯苓、黄精，則非獨人有之，於物亦然。

# 遊雁宕記

余嘗怪謝康樂鑿山開道，遍尋宇内名山川，其守永嘉也，乃遊上斤竹澗；沈存中則謂「祥符中土人伐木造玉清宫始見之，其前未聞有雁宕」。今航海與行台、温傳道，諸山巔咸歷歷可覩，而當時輒云未見，難以解矣。志稱東西四谷，然谷中刹宇廢十之九，多不成遊。余遊所及，則東入，度石門潭，抵石梁；西入沿斤竹澗，入能仁。其中可遊得四奥區，下石梁過謝公嶺，從叢莽望見巨岩一竅，洞則風穴，峰則五老、翔鸞，爲靈峰洞者。一出洞，循溪過響岩，入馳道，峰則天柱、卓筆、紺珠、展旗、玉女、雙鸞，石則僧抱，谷則安禪，洞則天窗，水則龍鼻、龍湫，障則平霞，爲靈岩者二。出寺過觀音岩，逾馬鞍嶺，峰則剪刀，水則瀑布爲大龍湫者三。三者皆遊人所至，一則龍湫之上有雁湖焉，是山所得名也，遊屐反無聞矣。此山之概也。

馬鞍嶺界東西二谷，谷東峰五十有三，谷西四十有八，謂之百一峰。東西亘五十里，咸片石爲底，插漢爲峰，如巧匠園丁叠綴而成。遊人賞之，幽栖則否，謂其耕漁業左也。即有山田數畦，溪流數圳，徒栖岩之土，拂石之泉已爾。若其刻物肖形，如鏤木石，則種種天巧，咸可指數。請列於左方：石門潭者，水出蕩陰諸谷，兩巨石捍其口，湛緑如玉，漁舟出没於初暘返照之時佳。此爲入山門户。老僧岩者，十丈石立山口，宛然一祝髮曇瞿。過其背視之，項頸衣褶襘如，腰隆起，若襆被而遊方者；坐石梁視之，又若拱手而譚天；過謝公嶺視之，又如坐繩牀伸足也。乍見無不听然笑者，真造化之巧哉。石梁者，側石如枯木斜倚崖端，空其下，入可坐百人，遠望之，又如長虹下飲於澗。洞中左右廡，楹而不椽，秋夜宿焉。明月入洞如水，風吹落木槭槭，自岩竇下，甚悲。所不及天台者，彼兩崖水石搏激，能四時作風雨聲。謝公嶺者，俗稱靈運爲臨海嶠開山而至也，然謝無詩。風穴者，未至靈峰，左麓下一竅，大如斗，風蓬蓬出竅，人近之，六月皮毛粟起，云通括蒼。五老峰者，洞前五石相撑。爲人立而肩摩者，似廬山而小。翔鸞峰者，兩石首相對峙，影入照膽潭，如雙鸞舞鏡前。靈峰者，與靈岩異。「峰言鋭，岩言大也」，旨哉。元李孝光其言之也。謂靈峰，兩大石相倚，如合掌，入天數尺。從合掌根入，兩傍植石闌，直上千步，乃至掌中。望見山罅中青天，如懸一片冰。岩罅泉水下滴，唧唧如秋雨鳴屋檐間，令人大呼，呼聲繞洞中不即出，泉墮半未至於地，爲聲所軋，則飄吹衣冠草木盡濕，謂靈岩。及階舉頭見巨石孤立如人俯。月出正懸東南角，星象纍纍，下垂四傍，客脇息不可上，如游魚噞喁，以身爲浮游在顥氣上也。夜分，又數數開南牖視之，月欲墜，夜色如霜雪，諸峰相向立，儼然三四老翁衣冠而偶語，獨西南一柱，白而長身者也，葢謂天柱峰云。

紺珠岩者，入寺有峰纍一石如珠。僧抱石者，寺右一石如浮屠禮拜狀，前憑一几。屏霞障者，寺後平石千丈横，色雜蒼翠，如負扆，如叠重樓，如倚雉堞，寺依以立。安禪谷者，障左半崖，緣鳥道攀之，谷邃無人聲，泉出谷入池，臨寺如聽下界鐘鼓。龍鼻水者，障脇洞頑石而竅，高倖閣，陷入一龕，獨紺碧夭矯，鱗鬣咸具，從洞西南峽中奔而下，一爪踞地，垂首懸鼻如瓠，鼻孔石髓，時時下一滴，甘已目翳。玉女峰者，洞口端正一瘦石，鋭頂如髻，襍蔓奇葩，宛如簪花狀。雙鸞峰者，去玉女不遠，麗立作舞勢，亦如靈峰之翔鸞也。卓筆者，孤峰直立而鋭如筆卓。展旗者，群峰聯絡於左，横曳之，如取鄭伯蝥弧以登也。天聰洞者，展旗之半有穴焉，空百尺，光自下生，投以石，訇然不及其底，外復有孔如口目然。小龍湫者，卓筆傍流泉墮澗，視大龍湫而小也。鐵板障者，出靈岩口，山上石正方如屏，色如鐵，雄峙當罡風不壞。將軍抱者，貌類石將軍斜倚檻，秋風起時，甲胄如欲動摇。觀音岩者，從馬鞍嶺視之，峭崖矗天，如佛背圓光焰也。剪刀峰者，石千丈，上成兩岐畫天，每朝雲夕霧，當岐過之，真如剪綺。大龍湫者，高山四圍，中盤一谷。初至剪刀峰下，疑有犬聲起壑底，四眄不知其倪，逼近之，則見一飛瀑從天下，然無水狀，僅如烟雲摶聚而落，落地爲珠璣。或朔風久盤桓不下，忽迸裂響如震霆，又谷圍如甕，聲出則谷傳，遊人每二三十鼓譟，或以金鼓佐之，則瀑隨風飛過澗，如暴雨灑人衣面，群走避之，水激石射，咸膩滑不可立。東爲詎那觀瀑亭，抱膝如瞑，扁其亭者云：「六龍捲海上銀漢，萬馬呼風下鐵城。」庶幾哉。此雁山一大奇觀也。

能仁者，西谷外寺，僧了全於太平興國間，始居山之淺者，曰芙蓉庵即此，則其開山始也。斤竹澗，由飛泉南經寺側入於海，亦有嶺焉。火焰峰者，能仁所見之峰，簇擁如火上炎也。石羅漢者，一閩僧聞詎那至，航海來參之，登岸覓未得，偶遇一樵者，遂化爲石。靈雲寺者，在西谷外，從靈雲南入山牽藤而上，日午可到，是爲雁湖，闊頃畝，雁過南海，常栖止其中，湖水墮入澗，流谷口爲大龍湫。舊有白雲庵，嘉靖間五臺二僧來居之。元孝光所謂：望見永嘉城下大江，如牽一綫白，東面海氣蒼蒼如夜色，山上無膏燭，燒木葉葦竹爲明，山鼠來與人相向坐，如狐狸大者是。

然余迷道不得上，意甚恨之。它如寶冠、瑞鹿、古塔、飛泉諸處，皆圮不存。説者謂春遊石梁，秋遊雁宕，蓋謂春夏多霧雨，篁竹青草長没人，又多馬蜞云。然天台春夏時，山蒸濕固亦如之，大都東南地氣，不甚相遠也。余家海上，南趨雁宕，北走天台，咸百里而遥，二山故余家物也。余於華頂、桃源，一再結廬，而獨雁宕欲蕞芮於岩隈，久而未就，山靈有知，得毋移余以北山之文哉！

## 台中山水可遊者記

台郡上應台星，漢時曾遷江、淮，空其地，後復城於章安之回浦。回浦山川亡它奇，至唐武德徙治於大固山下，近佳山水，則今城也，蓋千餘年矣。余生長於斯，顛毛種種，即身所釣遊，與鄉先民遺蹤古跡所嘗留焉者，咸得而言其概。

巾子山一名帢幘，當城内巽維，云黄華仙人上升落幘於兹山也。兩峰古木虯結，秀色可餐，各以浮圖鎮之，山腰窞處一穴，爲華胥洞，其趾有黄華丹井焉。前對三台山，半山爲玉輝堂，登堂見靈江來自西北，環抱於前，流東北以去。江上浮梁卧波，人往來行樹影中，海潮或浮白而上，百艘齊發，呼聲動地，則星明月黑之夕共之。唐任翻題曰：「絶頂新秋生夜涼，鶴翻松露滴衣裳。前村月照半江水，僧在翠微開竹房。」大固山一名龍顧，北障如扆，架以雉堞，夷嶮剗嶢，籬落相望。禪房道院，精舍名園，得十五焉。山巔石罅有佛眼泉，舊廟城隍於上，而上蔡、考亭十賢八愚咸祠其麓。東湖，在城東偏，東無山，故鑿池以當之，廣袤百頃，堤分内外通三橋，祀革除樵夫於中，亦月夜泛舟之一適也。雲峰寺，當郭外坤維，登山十里而後至，至則山谷鬱盤，松陰滿門，間以篔簹萬種。有異僧來居之，見烹螺而熟者放之池中，至今螺生咸漏其底。西上五里，三峰巋然，名望海尖。又十里至九龍，一穴暖氣，亘四時不斷。又攀藤上峻坂五里，接蒼山爲道者基，蔡、李二仙人修真地也。有湫，時以風雨至聽法焉。二仙以杖畫地而分其潭，濁者湫居，清者人汲，至今禱旱輒應也。此地九月即雪封山。東望郡城，僅蕞爾一聚落。西北指天台、括蒼，乃揮手可招。

象鼻岩踞江上游三十里，横石百丈，宛然真象，從山頂掀鼻吸潭水，水復洑波凝碧，游魚娓娓，余葺茅榭其上，爲白象山房。山之左右有坎焉，深無底，流瀑布其中爲石塘。其下流二里，石龜蛇相向鎖之爲小海門。百步者，蹲天台下流，未至郡六十里，石崖飛突，水如緑玉沉滙，紫陽張平叔尸解於此，崖下足跡尚存。惡溪者，大小二惡灘，飛濤噴雪，在百步下。王右軍遊天台奇之，書「突星瀨」於石，後人剗石以便舟行，字失所在。仙岩去城東百里，濱海一巨石如屏，下有竅，可建五丈旗，坐千人，宋文信國航海卜宿焉，遂俎豆於中。涌泉者，靈江東去五十里，谷中天柱屹立，前有泉焉，四時涌不竭，則比丘懷玉所卓錫而成者。樓石岩，俯江之汜，與涌泉對，山頂怪石磥砢闌干，如架重樓，可望而不可陟。海幢庵者，江海交處，兩石崖天然束之爲海門，左崖有石闕焉結屠蘇，以兩崖如幢而名也。坐庵中看大海，漭漾天際，不知孰爲天爲海也。惟日輪初出水，隱約辨别之。及高舂目力復窮矣。徐市昔稱三山在水中，舟且至爲風引之去，而磷磷海島，一如恒沙微塵，欲求其似而不可得，惟視初出日如腥染，其大倍於車輪，爲山海偉觀。

# 五岳遊草卷五

## 蜀遊上（記四首）

### 入蜀記上

左太沖賦蜀都，王右軍嘆彼土山川多奇，恨左賦未盡，乃致意岷山、汶嶺，思得一至。及讀陸務觀蜀遊記、范致能吴船録，益脉脉焉。乃今得與元承劉君擁傳以往，搜奇履險，大益昔賢所未聞見，效陸、范二公記入蜀三篇，俟它日老而倦遊，取枕上輒讀一過。

古稱益州天府，至明興則四川轄也。汧、渭之墟本秦屬，乃自昔以爲入蜀咽喉，故益門鎮在焉。記入蜀者，當自寶鷄始。寶鷄，古陳倉縣也。七月四日乙卯，出縣南門，度渭水，十五里至鎮，關尹喜故宅在焉。下太華，走秦川，即武功太白。黄土不毛，至此乃見青山。沿溪直入，白石纍纍可挹。午飯稽留舖後，又十里而登山，則入棧道矣。高坪插雲，顏以「陳寶重關」，即大散關也。關下水北流入渭，南流入漢，堪輿家謂爲中龍過脉云。晚宿凍河，則下平坂也。虎豺晝夜伏道傍，二十餘步則起獨樓，雜以檻穽，即二三烟突聚落，亦斫木爲城環避之。

丙辰，飯東新店，始過偏橋，路絶處杙崖壁間，偏山架木，下臨白水江源，始真棧也。是日宿草涼驛，明午過百歲村，遠望山下一屯，云鳳縣，解鞍焉。自寶鷄至此，覆屋咸以板，真西戎俗矣。又一宿，上鳳嶺，上下五十里。嶺南北水，各入白水江。暝投三岔。三岔者，一去鳳，一去褒，一去郿也。郿道在叢山枯壑中，衆謂孔明出斜谷，即此。

己未，發三岔十里，水自松林北流，亦合白水。午抵陳倉口，路嶮巇僅容單人。西行二百里，可徑達沔之百丈坡，韓淮陰明修棧道，陰度陳倉者是。又三十里至松林宿，驛始凍河咸軍夫，以百夫長長之，軍多故絶，而車徒絡繹甚苦，獨松林治以厩置長，猶軍民半也。陳君棐題驛墻：「流水横橋帶石田，懸崖茅屋起青烟。松林嶺北多寒谷，春色隨人到柳邊。」「青松丹峪翠嵐遮，路轉山回石磴斜。春日陰陰雞唱午，隔溪西畔有人家。」

庚申，行十里上柴關，五里至其巔，復下十里爲紫柏署。前列雙峰，左山深處有寺，樹石蒼翠錯落，棧中第一勝地也。出署平砂如砥，晴雨皆可人。此地青山夾馳，緑水中貫，豐林前擁，叠嶂後隨，去來杳無其跡，倘非孔道，真隱居之適矣。關上流北仍白水，南入黑龍江。

辛酉，發留壩，飯武關，則悉隨黑龍江南矣。水深處約二丈餘，然皆巨石激湍，漢張湯欲從此通漕於渭，不知當時水石何似？特有小鸕鷀，千百爲群，飛水際，立磐石上，爲注目久之。入馬道宿，雷雨大作，信宿乃行。過青橋，岑嶔難步，又三十里而上七盤。盤盡爲鷄頭關，一石如雞冠，起逼漢，下俯江水，出白石盆，兩崖突兀，爲出棧最奇處。鄭子真耕焉，稱鄭谷也。下坡阤則宿褒城。

壬戌，飯黄沙，溯漢水行，將至沔，入謁孔明廟。墓在江南十里定軍山，風雨不成行也。次日發沔，飯沮水上。沮入漢處，其水自略陽來，時雨大注，大安河不得渡，乃再留青陽。自沔至青陽，緣江亂石無路。乙丑達金牛。

丙寅，早肅入謁禹廟，廟前水涓涓則漢源也。此去嶓冢尚餘百里，水初出名漾，又名沔，故云沔、漢一水。又禹貢云：「道嶓冢自漾。」然大安河來略陽，更大而遥，不知何以表漢爲源，或以嶓冢故也。再十數里入五丁峽，則石牛糞金處。崖頭高聳矗天，中盤一壑，石蹟蹶塞路，真若斧鑿所餘。過柏林驛，又十里而抵寧羌州。州前高陵大麓，出南門半里許，山兩乳下垂城其上。黄霸水自西南來，繞城北趨東南，接五丁峽流入漢。是日駐寧羌，次日止黄壩。

戊辰，行十餘里過溪，溪南北樹二棹楔，則秦、蜀分矣。南崖有關，杜陵云：「五盤雖云險，山色佳有餘。」今益之爲七盤。一宿神宣而發，循溪行，遠見石巘横閡溪流，乃其下一洞如堂皇，穿山而過稍見天，又穿一石，如是者三乃出谷，水落時可躡石而遊，名乾龍洞。舊有龍在洞口，石山圓如車蓋，百丈，頂又起一石如浮圖，大奇也。下山則見嘉陵江，度峭壁爲明月峽，其上則朝天嶺，上下約二十餘里，若度重霄矣。下宿沙河。

己巳從千佛崖下至廣元，即古利州也。自是繇嘉陵拏舟行，一日泊昭化，一日艤虎跳，一日倚棹蒼溪，癸酉乃至保寧。自廣元至府，湍流捍急，舟過處左轉右迴，仿佛剡川之曲，紅崖青草又自可愛。保寧江環三面，南對錦屏山，即純陽所遊，非宜城也，蓋呂詩有君平川云。傍有三陳書院。

甲戌出保寧，又行大山中不斷，至漢州乃止，然皆大道剗石平甃，即村落市鎮皆然。是夕息足柳邊，乙亥於鹽亭，丙子於潼川，丁丑於建寧，戊寅於古店。緣保寧而來，館穀輿馬之供，往往出自軍伍。如隆山、富村、秋林、建寧、古店類沃阜。秋林諸生至百人，小邑不如也。郡邑止潼川、中江爲最。其地在在有鹽井，民居視水脉鹹處，掘坎如斗，深四五百尺，以瓜錐鑿其土石起之，用二竹大小相貫，吸水和土以煎。下古店，過新都，則入平川，所謂沃野千里者，蓋流渠走水不能以十畝遠。至牟彌鎮，孔明八陣在焉。石卵埋灌莽中，成百二十八聚，有門有伍，土人竊其地種植者犁平之，久復隱隱隆起，亦神矣。余與元承各取一石而行。以八月二日癸未按轡於相如駟馬橋上，會藩臬大夫與直指何君而入成都。

## 入蜀記中

入成都，以六日丁亥鎖闈，九月辛亥朔歌鹿鳴饗士，從藩司大門右，見高阜爲武擔山，昔五丁爲蜀王擔土成冢，舊有石擔，今不存。前數十家一窪焉，書「楊子雲墨池」，池洿不足觀，亦即其宅也。次日詣蜀藩朝，宫闕鹵簿視我朝廷不啻半之，其國人多能道吾鄉正學先生教授時事。

乙卯，詹牧甫約爲浣花之遊。乃與元承自中和門出，過萬里橋南。昔費禕使吴，諸葛孔明送之，曰「萬里之行，始於此」矣。杜子美亦云「門泊東吴萬里船」也。江流繞雉堞如靛，即村舍扃扉田塍溝瀆無非流水，蓋秦守李冰之績云。水從灌口鑿離堆，引岷江以入，分流百道，溉田千萬頃，遺跡依然。水上林木翳映，在所皆佳境。西行十里，遥見萬緑參天，其色欲流，則青羊宫也。老子謂尹喜曰：「尋我於青羊之肆。」有古銅羊，築宫穴地得之。翬飛鳥革，制巋然起，後爲講經臺。出宫西度小橋，扁緣江路，入謁武侯祠，問老柏，化去久矣。祠前即浣花溪也，以夜不得至草堂。溪有月洲，聯舟而下焉，泊于水月樓下，登樓命琴僧彈落梅一曲而去。

戊午，與元承至大慈寺。寺閣高數丈，望城中盡。僧出佛牙一具，大於拳，色瑩黄如余家所藏佛頂。次諸葛井，甃甚工，腹尋丈，十倍於口。志稱孔明鑿以通井絡王氣，或然。此皆城東隅也。出城過濯錦橋，三里而至薛濤井。水味甘洌，異於江泉，淬爲箋，比高麗特厚而瑩，名「薛濤箋」。濤一妓，留其名至今也。西行五里入中園，則蜀國奉御輦夜臺。路傍植高柏，摩空差勝，無他奇。復南數里至昭烈陵，祠先主、武侯，配以關、張、北地王、諸葛瞻、傅僉，蜀都忠義可想。坊名「際會」，殿稱「明良」。陵在殿右，登陵，城内外俱在盻中。又西三里而至五塊石，磥砢叠綴，若纍丸然，三面皆方，不測所自始，或云其下海眼也，昔人啓之，風雨暴至。余奇之，書「落星」二字，請於中丞亭其上。又西數里，上升仙橋，過青羊不入，乃遵浣花潭，潭水急，織流成花紋，浣花、濯錦之名意起此，謂神僧洗足流花者附會矣。先與牧甫篝燈至無覩，至是行溪邊，挹景物真如在畫圖中。右爲工部草堂，堂内碑多周公瑕手筆，後有乾坤一草亭。日暮王穉玉攜觴至，相與放舟而歸。

己未重九節。成都故無山，每登高於城東西角樓。時直指邀於東樓，中丞則西。西樓爲錦江春色，從者掇黄花佐酒，絶勝也。

庚申，直指君復約登草堂，乃由城西隅至君平賣卜處。今爲真武宫，宫前尚勒砥存古跡也。再西至石犀寺，一石立殿左，牛形又似未成琢者。或云李冰所作，然冰鎮灌口，非此也。成都故多水，是處爲石犀鎮之。城東有十犀九牧，立於江邊可按。佛座下一井，深盎不測，水不減薛濤。又西至支機石，入使星亭，石正方，長與人等，中一淺窞，立亭中，乘槎事，恐好事者寓言，無論此非天河石也。出城西門五里，尋相如琴臺，止田間培塿樹數株耳。志稱文君宅，然王孫乃居臨卭也，豈其賣車騎分家僮而來歸此乎？路樹一坊爲「琴臺」，徑傍爲老子度人觀。從小徑仄逼，趨青羊復入草堂，蓋三至矣。滿地青菽紅菝，秀色錯出，云錦城不虚也。業已盡攬城内外諸神皋奥區，乃以十日癸亥解纜而南。

## 入蜀記下

時諸大夫餞於江皋，王穉玉、詹牧甫復至舟中，遂泊焉。次日甲子，行次木馬驛，猶然丹山緑水也。一宿而過彭山，再宿而過眉，三宿而入青神之中岩。中岩去縣十里，峙江之東。上水月樓俯長江，玦抱胸次。灑然下樓，傍溪入東北里許，青壁十仞，下瞰細流，爲唤魚池，僧呼則魚出。過橋上丹磴里許，爲羅漢洞，崖頭刻佛像數千。又前里許爲玉泉亭，泉自岩竇出，泠泠也。坐泉上久之，幽懷入夢，恍然身在層城、閬風間。又度小橋而南，則中岩寺。寺左穿虛岩之懸構數十楹，爲伏虎崖。崖前歷飛閣，峙石如門，有諾詎那尊者陶像倚焉。稍轉過之爲三石筍，則牛頭僧擊木尋詎那處。余登臺爲書「問月」二字，則上岩也。再躡石磴百級，石臺與筍齊，名覩佛臺。又數十級上藏經閣，又百餘級北至蔚藍天界亭。古松一株，偃蹇虯屈，見江水在松稍内，山左右抱平疇大道，殊不似山巔也。稍轉又二石筍而小，則稱石筍分支處，山後可望仁壽、富順、井研，昔蘇長公艤舟欲登，惜爲僧詒以嶮而止。

丁卯，至嘉定州，州在川、雅二江合處。東一山爲凌雲寺，九峰環峙，左爲東坡墨池，又爲註書臺，臺上望江流有聲，三峨隱隱在雲霧間，絶景也。東下石崖萬丈，倚江刻彌勒像，高三百六十尺。又東南一山孑立水面，爲烏龍山，則郭景純註爾雅處。凌雲茶蜀中稱佳。次日去峨眉，别有記。

癸酉，還自峨眉，宿犍爲。犍有油井，其水見火即燃。次日泊下壩，乙亥，至叙州。李臬副邀登翠屏山，岷江後纏，馬湖江前繞之，合於城東。岷江清，合馬湖始濁。丙子，過南溪，止江安。

丁丑，過納溪，止瀘州。瀘江左岸也，城東爲岷江，北爲資江，又合焉。戊寅，止合江，己卯，在江津。

庚辰，過銅鑵故驛，居民蔽塹，瓌石蹲江，竹樹蔭岩扉間，景色堪畫。又過落鴻市，連山岩岩，亦奇也。晚宿重慶。石城天險，依岩而立，過處石脉如蔕，而嘉陵、岷江合於東。其縣有巴峽及温陽峽，登朝天樓瞭然在目也。次日宿長壽，則十月辛巳朔矣。

壬午，過李渡，蜀雄鎮也。烟火千家，南通播、貴，爲估客往來停舶之所。晚次涪州。

癸未，達酆都，上平都山，道書第十八福地也。山橫峭圍邑後，唐斷碑五段，書「洞天道山」字置山門。漢王方平、陰長生於此上升，亭塑二仙圍棋像如生。因憶乙酉春乩仙别余詩云：「相别都門下，相逢益水邊。平都江上路，晴日錦帆懸。」固知人生行止有數也。

甲申，次忠州，次日過曹溪十里，有石蹲山頂，高十數丈，闊倍之，遠望如天柱，爲石寶寺。是夕宿萬縣，又次日發，過周溪，至巴陽峽，峽長二十里。是夕抵雲陽，即古雲安也。隔江爲張桓侯廟，祭而後發。先是漁人洪、穆二家，得飛首以塑土像腹中，像故像也。二家即食廟中土爲祝，今其子孫尚存。

丁亥，至夔府，上城東觀圖亭，視八陳石在魚腹上，左右八跡，其一尚在明滅間，謂六十四蕝者非，左復壘石爲城形。元承誦「江流石不轉」句，似爲武侯飲恨者。余乃酹酒於侯廟曰：「即今日江山已非漢室久矣，侯何恨？」復笑而下。城東一水爲左瀼，數里爲杜公草堂。又數里有城跨二山，猶古白帝城也，問舊柏柱無存矣。左山昂，據爲赤甲，對江爲白鹽江，水奔流如在石罅中出。下白帝，一石堆疑然踞瞿塘口，爲灩澦。盛夏雪消，水没，灩澦頂如象馬，則峽封舟。兹已出水二十丈，舟安流過其下，漸入削壁，開蓬仰天一綫，昔人謂非亭午不見日景，固然，數里石刳成竇，見箱形，俗稱風箱峽，即瞿塘峽。二十里出峽，夜宿巫山，高唐觀在縣西山頂上。

己丑，發巫山，二十里復入峽中。峽更奇峭，石末遠見明星，迫視之，隙光也，土人呼彈穿峽。出峽謁神女廟，石壇土偶，剥蝕殆盡，何啻無神鴉送客也。廟正對巫山，中峰屏立，兩翼如刀戟，成「巫」字，與江水稱巴同。其他十二峰各有名，不能盡識也。過此，崖壁方者、鋭者、仆者、蹲者、傾欲墮者，爭相獻奇。夜宿巴東，邑據山亦壯。庚寅下巴東至歸州，即古秭歸也，以屈原姊女嬃而名。州前石銛利矛立，水滙成盤渦，舟入不出，名吒灘，亦名人鮓甕。黄魯直謫涪云：「命輊人鮓甕頭船，行近鬼門關外天。」今諱之改瞿門關，在巫山路上。過州二里爲蓮花灘，又爲石門灘。又十五里爲香溪，范成大謂溪中魚洞，生成幢幡、日月、仙獸之類，天下岩竇巧莫過之，惜舟急，不得至也。再過爲歸峽，即兵書峽。峽長十餘里，兩崖如巫峽。出峽口爲新灘。二灘上下浪激如飛，震雷晝夜鳴。每一舟下灘，後舟始發，恐卒遇於石罅難解也。嘉靖間山崩而成，故名新灘。余宿於灘上，次日盤灘而下，三里阻石尤風不進。再過一峽爲馬肝峽，出峽十里爲空舲灘，泊焉。

壬辰，謁黄陵廟。廟後山數疊如屏，舟人指其中疊，有丈夫牽牛道水影，則黄牛神也，孔明曾志其事於廟。廟左右石壁環江排列數十里，如芙蓉城。記云：「朝見黄牛，暮見黄牛，三朝三暮，黄牛如故。」廟前灘聲雨色，幽寒逼人。又過石牌峽，黄金藏皆在峽中。再過南井關，則至州。州稱夷，險至此平也。州守殷無美謂廟有神龜，緣甲具八卦像如剞劂成者，大奇。道人常於石坎呼出之，余乃無緣矣。大約川江行三千里至夷陵，都如從石峴出，三峽中視之較顯。余行以霜降，水涸不遇險，不及覩千里一日，與榜人舟子擊汰鳴榔絶技，乃蜀都山川撐拄余腹，較左太沖所賦什百倍之。元承少時曾過此，不能憶。余乃初至。

# 遊峨眉山記

志云寶掌三藏千歲，來自天竺，指其地爲震旦第一山。與夫覩佛光與西域雪山，蓋皆謂峨眉云，峨山去巴西不遠，詢之其人，則咸謂七八月雪封山，山僧弛擔弗能上也。先是直指何君聞余欲登峨，已檄邑令除道，然亦曰姑嘗試云爾。或又曰，秋霖後佛光多不現，余咸爲不聞也者，與元承徑趨焉。以九月望後二日丁卯至嘉州，登凌雲，挹九山環峙，左憩註書臺。時岷江南流滚滚有聲，大渡河自西來注之，遥望三峨，隱隱在雲霧間，若招余者。次日發嘉州，十五里亂流而渡，過蘇稽鎮，午至縣。又西行五里至聖積寺，左重廊翼然爲老寶樓，署魏鶴山「峨山真境」四字，則登峨第一山門也。復過龍神堂，上凉風橋數里而至一壠，爲解脱坡。高山大崖，深林巨澗，度溪橋而聽，風聲蓬蓬然，水聲泠泠然，意戀之，以夜故促去，宿華嚴禪寺。己巳旦發寺，比首過青竹橋，轉楠木坪，上五十三步，一平臺可坐數人，覆以翠竹爲歌鳳臺，云接輿避楚而隱地也。前見一石遠伏山口如舴艋，爲普賢船。又前片石踞立路側，爲大峨石。後有石並峙，下深成井，水自石井瀌瀌出，爲玉液泉，石鎸陳圖南「福壽」二字。西入數里爲呼應臺，則茂真尊者與孫真人精舍也。北數里倚白雲峰爲中峰寺，過寺上大坂，凡三望乃至，爲三望坡。下坡抵壑，雙溪合流，障以石山，如葫蘆出物，楹其背爲牛心寺。寺僧出真人丹鼎，與繼業三藏錫杖焉。寺後緑陰簇抱，蔽虧天日，景幽絶不類人間。右去過十二峰頭，爲九老仙人洞。寺左右爲雙飛橋，橋流合處，怪石磥砢，飛瀑怒出，其間一石懸峙焉，爲牛心石。兩石崖夾飛濤而去，余與元承置蒲團石上，結趺跏坐之，聽流水砅潏嗚咽，神骨俱寒，即不能忘死，堪忘世，此峨山山水最佳處也。再歷危磴爲白龍洞，洞兩翼樹楠千本，空翠欲滴。上四會亭爲白水寺，寺有宋興國鑄普賢騎白象相，並賜袈裟寶環，傍有三千鐵佛，廊廡鱗集，此北麓之窮也。嗣是悉南行，乃始稱登峨。

飯畢從寺後直上一千步，爲頂心坡。頂心者，足行與心相着也。又一千五百步爲息心所，左右俱瞰空壁。又過大小深坑，坑窮無磴道，板緣嶮巇而上，五里許爲長老坪。始偏山左行至鶩店，霧雨蒙昧，衣袂盡沾濕。披霧復行，行竹箭間，兩腋叢合，差不甚見險。又下深谷如井，爲九嶺岡。既下又起，爲蛇倒退。又下至谷，乃上猢猻梯，猶言鳥道也，路絶則倚木棧懸接之，故亦言梯。一步一墮，經十里餘，乃至一坪，爲初歡喜，亦稱錯歡喜也。飯罷又升高餘八里，爲木皮店，過此十日九霜雪，陶瓦龜拆，覆屋以木皮矣。再下谷，將升處石壁横亘數十丈，爲梅子坡，坡長與木皮等。至高處稍平，爲白雲殿。自白水上白雲，兩崖無倚，俱行馬鬣中也。殿陡崖萬丈，直至覩佛臺而止。緣崖爲雷洞坪，崖石卧路，盡青碧膩理，玲瓏如琢，與古楂老樹相盤錯，虬龍虎豹兩欲鬭巧，崖斷處下窺無際，杳然深黑，世傳雷神居之，聞人語聲，則風雷暴至，舊樹一禁語鐵牌，下有十二大洞穴，人不得至也。過雷神洞而上，長十數里，險視猢猻梯過之，爲八十四盤。道傍積雪皚皚，高山茶不甚佳，雪可嚼。盤盡則一石穿雲而立，爲觀音岩。岩前澍抱石而生，藤蘿鬖髿爲普賢綫，岩傍巨石如門。又數折至莎蘿坪，爲大歡喜，蓋有莎蘿花云。過歡喜亭無險矣。秉燭斜躡而南至通天堂，又南爲老僧樹。樹兩岐直立，枯而空中，一遊僧來定焉，復榮抱爲一，僧定故未出也，乃知龍淵慧持之事不誣，奇矣。右折二石矗天，開一罅爲天門石，轉而過爲七天橋，蓋猶謂瓦屋九天也。乃趨三殿頂禮，先錫瓦，次銅瓦，上絶頂爲鐵瓦，皆像普賢也，一名光相寺。禮罷，就性天頭佗宿焉。頭佗年九十苦行，與之語未了，門外雪復大下，余乃擁榾柮，披重裘，尚皮毛粟慄，蓋山中連三夕雪矣。庚午晨起望西山盡霽，獨一山衣白巑岏，僅咫尺間，詫之。性天曰：「正西域大雪山也。以浩劫積雪不消，六月乃益明，去此數千里矣。」余瞪目久之，初陽起射，雪色更熒熒照人，如沁肝膽，即世稱璚樓玉宇不足狀之，又一奇觀也。然目力所窮，尚視山而遥，乃不皆雪，豈太陰積氣獨凝結此山也耶？再登鐵瓦殿，黑雲覆東方未開。僧曰：「此山頂霧，非雲也，倏開合耳。有大重雲在其下，是稱兜羅綿雲，則常住不散。」霧已果如僧言，現大銀海。已復詣通天觀，觀大藏寶幢報午矣。一僧奔稱佛光現，余亟就之。前山雲如平地，一大圓相光起平雲之上，如白虹錦跨山足，已而中現作寶鏡空湛狀，紅黄紫緑五色暈其週，見己身相儼然一水墨影，時騶吏隨立者百餘人，余視無影也，彼百餘人者，亦各自見其影，摇首動指，自相呼應，而不見余影。余與元承亦皆兩自見也。僧云此爲攝身光，茶頃光滅，已又復現復滅，至十現，此又奇之奇也。

春夏時有鳥稱「佛現」，食人掌中，寒不來矣。二黑貂尚盤桓欄楯，見人不甚怖。山後岷山萬重，僧一一指之，近瓦屋，遠曬經，側爲青城、玉壘，又縹緲中指火焰、葱嶺，余不能悉。餘山則皆纍纍砂塍也，所謂曠然天遊者非耶？已而暝色至，復篝燈與元承露坐臺上。因思吾家右軍動稱峨山伯仲崑崙，而竟乏足跡；杜陵詩篇滿巴、蜀，而未識嘉州，名山福地故有緣矣。元承曰：「固然。」相攜俟聖燈一至，僧云「月明之夕，數十百如亂螢自二峨來，撲之皆木葉也」。兹夕雨氣重隱矣。仍回宿卧雲庵，覽三大師所傳西竺像，文殊、普賢虬鬚，觀音大士則頭佗而髯也，與入中國變相異。僧又出放光石爲贈，石色如水晶生六稜，從日隙照之，虹光反射，余攜數顆袖之。辛未早下山，將及雷洞坪，嵐烟踵趾相失，雨纖纖隨之，至白水則云昨大雨，而絶頂乃快晴也。余病渴，亟命寺僧掬飲之。蓋山頂無泉，僅一坎受雪水，不堪爲食具。范石湖所謂萬古冰霜之汁，不能熟物，宜其汲水而登也，余識不及此矣。自縣至寺四十里，寺至頂又六十里，蜀山無出其右者，然蜀地又高於天下地幾許，則峨眉與海内山，絜高量短可知已。白水以上雨霧十二時，無一日霽者，以山高多寒故。初歡喜以上，皆千年大木卧路側，古苔茸掛，以山饒雨霧，即高山木如生水中。故大歡喜以上，路皆棧木而行，以四時積雪，土濘滑不能成路。故觀音辟支岩以上皆有光，第不若覩佛臺以時顯。僧云佛家以此爲大光明山。至檢華嚴住世品，則云西南山賢首居之。天竺視此非西南也，又勝峰亦稱西方，而强合以名兹山。意好事者未思竺、震殊方之故，而普賢道場則又自古記之矣。願力顯化，理固有之。或曰山有金銀之氣則光；或曰木石之異者，山靈鬼物附之則光；或曰雲雨射日，如蝃蝀則光。此皆諱言於佛故？要之六合神奇，多難意度。乃與元承慶兹遊之遭，題名於天門石而去。元承者劉君奕，余天台王士性也。

# 五岳遊草卷六

## 楚遊上（記四首）

### 太和山遊記

太和山，一名武當，地隸均。均，春秋時麇國也。道書稱玄君降於神農之世，爲净樂國太子，乃亦治麇，緣是上升。我明文皇感而尊爲帝時，賜太岳名，至肅皇復尊稱玄岳，欲以冠五岳云。云武當者，則水經已先之矣。志稱山擁七十二峰、三十六岩、二十四澗，周環八百餘里。謂此天下名山，非玄武不足以當之，然乎哉。山既以擅宇内之勝，而帝又以其神顯，四方士女，持瓣香戴聖號，不遠千里號拜而至者，蓋肩踵相屬也。

余以戊子十月望抵襄陽，取道穀城，次日宿界山，又次日經草店，乃入山。過「治世玄岳」綽楔，忽長岡綰轂，路窮從左入，已乃更曠朗。右綰亦如之，松杉滿門，廊廡翼張，是爲遇真宫。左廡鑄三丰真人像，豐頤瓠領，鋭目方面，髭磔出如戟，殊不類所謂閑雲野鶴，山澤之癯。黄冠出斗蓬扇杖各一，皆範銅爲之，真人所自御者，則已移入上方矣。飯畢，乃從右綰出，始入仙關，自此咸爲馳道。至山頂，繇元和、回龍二觀，顧瞻聖母滴淚池。久之蓋行三十里而抵太子坡，坡扼陂阤之嗌爲復真觀，繚以周垣，鍵以重關。入已，從吏請下卧榻焉。已乃蒼然暮色，自天柱峰至，四山野燒，忽起風，從壑底吹燐上，如亂螢過短墻。余卧視不能寐。

次早西行十里而至龍泉觀，觀對天津橋，流九渡澗其下。澗道幽絶，始入行棧磴中，出翠微，穿怪石，忘其返也。已復沿澗上除道，曲折逾時，乃望見紫霄宫，宫背展旗峰若負扆。石障鐵色，横上方千仞，前對竈門峰，雲氣常如炊烟，左右翼山拱而出，銜兩員阜爲大、小寶珠。金水渠賨小寶珠滙焉，泓停縹碧，名禹跡池。亭其上，池右山爲福地，道書七十二之一也。入宫登百級之階，池三：日、月、七星。泉二：真一、大善。宫後轉山椒石竅處名太子岩，好事者爲書「蓬萊第一峰」。岩上又爲三清石，削不可上，其下則榔梅園，歲貢實也。園右萬松亭，松杉翳天，從此跨山而去，路甚徑。然宫外古道甚治，余仍由官道，掠三公、五老諸峰，過榔梅祠，回望北壁，嵌岩繡柱，恍若蓬、壺，問之南岩也。然余欲登頂急，捨之去。每過顛崖嶄石，必有道流結窩其上，垂雙繩於下，甚至埏門枯樹中，經年不出，然非必皆清流也，止眩奇以求施耳。有頃至杉木林，分二岐，從左則下輿杖履，攀索而上天門。余乃右行山之陰，下澗披灌莽，挾左右奇峰而上，積雪皚皚，滿叢薄不化。十里許而至朝聖門，乃得當太和山。山孑立七十二峰之中，即天柱峰也。峰頭南北長七丈，東西半之。玄武正位，四神在列，貯以金屋，承以瑶臺，擁以石欄，倚以丹梯，繫以鐵絙，護以紫金城，闢四門以象天闕。羊腸鳥道，飛磴千尺，香爐、蠟燭三峰，恍惚當席前。俄有白雲一片西來，起足下，籠金屋之上而止，茫然四顧，身影縹緲，顥氣淋漓而俱，夫非天上五城十二樓耶？山既斗絶，無尋丈夷曠之阿，諸道流倚崖之半，架木而栖椓杙借地，頂與崖齊，重樓層閣，叠纍以居，如蜂房之結綴而纍纍也。罡風刺刺起，吹屋離崖，駢肩動摇，欲墮不墮，又如坐樓船，盪漾於驚濤怒浪中，而彼了不爲意也，蓋習之矣。

已循城下，禮元君、聖父母諸殿，繞出天柱峰後，盻尹喜岩，挽懸於三天門而下。三門從山頂直落如矢，幾五里餘，欄楯糾纏，十步一息，至摘星橋而始就輿。復由榔梅祠抵南岩，岩嬖崖之半爲宫，從殿後左折，大石延袤百丈如飛窅，其下，前絶大壑，薈薉蒙茸，正黑無底，天陰籟發，噫氣灑淅，滿山谷間。中爲紫霄岩，岩前一龍首石出闌外，瞰之膽落，禮神者往往焚瓣香於鼻，從頸上望天柱拜以爲虔。東爲五百靈官閣，爲雙清亭；西爲南薰亭，爲石枰，一臺崛起爲禮斗，道絶不得至也。西望捨身崖，上爲飛升臺，下爲試心石。日已下暮，欲去佛子岩尋不二和尚不果。昔朱升志岳，謂得三大觀：栖危巔、憑太虚，如承露仙掌，擎出數千百丈，日月出没其下，不如太和；立神以扶棟宇，鑿翠以開户牖，逞伎巧於懸崖亂石間，因險爲奇，隨在成趣，不如南岩；右虎左龍，前雀後武，雖當廉貞、貪狼二獸之下，而環抱天成，楹石所栖，各有次第，不如紫霄。故論太和之勝，於其高不於大；論南岩之勝，於其怪不於其麗；論紫霄之勝，於其整不於其奇。信夫。

次日下南岩而趨五龍宫。宫在靈應峰曲，去岩就澗愈益下，北過滴水、仙侣二崖；回首昨遊盡失。時木落天空日冷，路上多虎跡，行者咸束炬鏦金。下青羊澗，久之山忽平朗，南岩、天柱復隱隱在西南霄漢間。逾澗復西，蓋三十里而至五龍宫。宫東向而北其門，以逆澗水。門外繞九曲，崇墉盤繞如乘率然。玄帝、啓聖二殿，階合九重，前後百五十三級，足稱帝居矣。殿前天、地池二，龍井五，右廊陰日、月二池如連環，然日池黛，月池緇，可異也。左爲玉像殿，紫玉、蒼玉、菜玉、碧玉各一，沉香一，咸肖帝像高數寸，云得之地中。去宫半里自然庵，道士李素希舊隱也，倦不欲往，取其所藏衣勑視之。渡磨針澗，謁聖姥祠，又過仙隱岩，則趨玉虚宫。玉虚乃負展旗北，爲遇真故址，三丰真人嘗遇此，云是後當大顯。宫内爲殿者三，亭稱之，爲樓望仙者一，齋堂、浴堂、鉢堂、雲堂、圜堂爲堂者五，東西爲道院者二，遇真、仙源、遊仙、東萊、仙都、登仙爲橋者六。崇檐大樹，高垣馳道，巨麗不下王宫，紫霄五龍，又未有能先之者矣。出玉虚仍歸遇真宿焉。次日行三十里至迎恩宫，宫在石板灘，當鄖、襄孔道，又十里而至均州净樂宫。宫規城而半之，然規模猶謝玉虚也。山之靈奇，更僕未悉。所憾者，山饒水瘠，諸宫泉池僅涓流焉已，若山頂則已窖雪而飲之。至宫庭之廣，土木之麗，神之顯於前代亡論，其在今日可謂用物之宏也矣。志云聚南五省之財，用人二十一萬，作之十四年而成，大哉我文皇之烈乎。非神道設教，餘山安望其儔匹耶？

## 廬山遊記

山海經云：「廬江出三天子鄣，入江彭澤西。」蓋謂廬山也。或又云：殷周際有匡續先生者，隱居此山，仙去唯廬存，人因以命其山。余少讀遠公記與歐陽子廬山高，心識之。已余參粵藩，維舟揚瀾左蠡，望乾維有山如黛，與友人毛翰卿自南康問道往，信廬山也。則遂行十里至開先寺，寺倚鶴鳴峰下，南唐李中主幼慕物外，問舍兹山，後賜名開先寺。故寺後有讀書臺，臺後石壁鐫黄太史七佛偈與陽明先生紀宸濠事，王敬美爲書「寶墨亭」。下亭登雲錦樓，面錦屏山而峙，下有洗墨池，右轉紫氛閣，覩西南兩石筍，廉利插天爲雙劍峰。雙劍之南，一員阜矗立爲香爐峰，每過雨返照，紫烟縷縷，從香爐出也。鶴鳴之右，水奔灑成千百縷而短，曰馬尾水；雙劍之左，懸掛千百丈如匹練而長，曰瀑布泉。二流合山峽石扇碙訇中爲青玉峽，出峽練飛而紺滙爲龍潭。前有小石坎爲浴仙池，從潭引水過石溜，鑿爲泓曰龍井，亭其上爲漱玉，今廢，立小石塔當之。而亭其南崖，石欄倚碧，飛沫時上人衣袂，最勝也。李白云「銀河倒掛三石梁」，今無之矣。

出寺北走慶雲峰，下爲萬杉寺，惟餘「龍虎慶嵐」四大字在邃壑，一杉不存。復行東北廿里，循五老峰坡陀南下，一山而四環之，唐李渤馴白鹿讀書其中，枕溪石窞處爲白鹿洞。昇元中，建廬山國學。晦翁爲請書賜額，拓而大之，與嵩陽、石鼓、岳麓並。禮聖殿居中，左右列書屋百楹，以廩餼諸來學者。石鐫「風雩釣臺枕流漱石」字，晦翁手跡居多。洞前水自淩雲來，泙湃下石峽，東爲洗心橋，亭於其上爲獨對，又亭獨封之上爲聞泉。重山若抱，古松千樹，丙夜天籟叫號，如波濤起松間，拉水聲度嶺去，往往令人起，訝牀頭風雨鳴也。面山亭爲高美，高美西下爲大意，又過濯纓橋，西有釣臺石，稍北亭爲朋來。朋來一亭則創在山之巔，登亭睎五峰巉削，横列天表，時有白雲衣之，真如五老人軒然連袂傴立，下窺重湖，李青蓮愛其勝，卜築焉。五老南下有獅子峰，其東北有九叠屏，屏下有三叠水，以日落遠未能至，宿洞中。次日大雨，翰卿循山麓北行，余乃筍輿問天池路。復西南回，二十里至栖賢橋，三峽澗出焉。兩崖峭壁，水墮下百仞，聲撼山谷。再上十里而過楞伽院。又十里山陡絶無路，下輿而步，策短笻，搊以兩人，猶十步五墮，失足塹齒，凛凛不自持。大石亭以上，雨翻盆下，益無着趾處，頗似太華諸險，然嵐石奇怪不如。又過小石亭至含鄱口，乃匍匐上大漢陽峰。

匡廬無主山，以高下各自雄長，大漢陽最高，五老次之。登漢陽四望，乃知此山拔地無倚，自高梁迤邐而來，東南北三面據江湖之會，其西則大陸群山所奔奏也。南望鄱湖，烟水蒼茫，輕鷗片片，落星一點，明鏡之翳也。北望九江，盡乎溢浦，風帆上下，千里瞬息。順流而東，則石鐘、大小孤山之所錯而踞也。其時雨脚初斷，仰見青天，懶雲歸山，雄風出壑，快哉，披襟不忍去者久之。已下嶺而北路稍夷，然大石千百，闌卧如群羊，恨無王方平叱之去。十里而至擲筆庵，又五里而入天池寺。寺前二池，世稱帝釋天尊手楂也。西有聚仙亭，以祀周顛、天眼、赤脚、徐道人。又西片石危立，瞰無底谷，一老松偃蓋卧，前爲文殊臺。漏下月明，有大光自空來，一化爲百，如亂螢落臺前，是爲「佛燈」；臺前有白石，霽後日射之，五色隱起，是爲「佛光石」；上有石浮圖，是爲「佛舍利塔」。塔南下有捨身崖，崖有獅子岩，岩下爲錦澗，隔澗爲鐵船峰，覽畢夜分禪榻宿。

次日行東北里許，石阜卓立，爲白鹿升仙臺，臺有高皇帝傳周顛碑。又東北數百武，石竅成洞，洞上石縫參差如指，爲佛手岩。岩北蒼崖巀嵲，下臨不測，一徑縈紆，廣不盈咫，望之如畫圖然。路窮處爲訪仙亭，亭下二石突起爲鐘鼓山，後隸「竹林寺」三字。寺隱名存，風雨中時有鐘梵聲，周顛蓋於此示幻云。又數里爲大林寺，寺有兩寶樹，昔西域僧自其土攜種之，鳥雀不栖，其一爲兩龍挾風雷拔去，今尚卧路側也。乃循披霞亭下甘露亭，爲竹林後門。又過躡雲亭至錦繡亭，鳥道百盤，始抵山麓。復行二十里入東林寺，晉遠公所開山也。山門外水爲虎溪，有三笑亭，其壖猶鬼壘故址也。門内左右爲康樂所鑿蓮池，其右尚存。遠造寺時，木自池中溢出，爲神運殿池，今故在殿下。遠公影堂後爲冰壺泉，覽十八賢像，想其素心，盡洗腸中積垢。獨淵明醉石與栗里、柴桑、康王谷、陸羽泉在錦澗橋西，未至也。又北過太平宫，翰卿始從石塘來會。山中短松瘦竹，五月披裘，三月桃始華，氣候大都後一月。至烟雲雨霧，膚寸觸石，一日無慮十數變，則瓌奇之至也矣。傳稱此山咏真之天，周迴千七百里，今登漢陽峰一目盡之，未然也。白玉經謂二百餘里，似爲近之。然禹貢山川不登秩祀，自匡君始，至遠公、李博士而著，固知地以人顯，自古記之。時歲在己丑仲夏朔日。

## 楚江識行

楚本澤國，環亘六千里，洞庭、左蠡、江、漢皆楚也，今爲豫章、鄂渚諸郡。古今所艷稱，江樓澤宫、奇島巨浸多，余入粤所必繇，如買舟信江而抵洪都，閣則有滕王，湖則有鄱陽。滕王爲唐元嬰，嘗都督洪州，工書畫音律，善蛺蝶，時乘青雀舫選芳洲渚，今帝子風流速矣。閣其舊址於章江門外，高五十尺，四周步櫚，咸複陸閣道，垂以簾櫳，下刻三王詞與韓昌黎記。章、貢二水自西南來，蜿蜒右角，去東北入湖，憑欄浩淼無際。鄱陽一名彭蠡，又名揚瀾左蠡，居南、饒、九江四郡之中，春水方漲，掛帆截泂，瞬息百里，茫無津涯，足配洞庭。霜降水落，則長堤曲岸，縱横秋草而已。中有徐孺子亭，蘇雲卿隱居，東則康山功臣祠。高皇與僞漢百戰之地也。東北爲古敷淺源，水與豫章鐵柱井盈涸相上下。湖北窮處，落星一島，翳於鏡中，是爲星子縣。書院則有白鹿。宋四大書院，楚居其三。白鹿則踞匡廬之支，對平岫，臨碧流，松杉千本，夜半隨風作濤謖謖。

出鄱湖晨坐，大意亭、五老翠色未收，往往若俯視與溪上人語者。洞在禮聖殿後，石壁刻晦翁墨跡爲多，此山水之最秀者也。出湖口，水則有江，島則有大孤、小孤。大江出蜀三峽，合漢、沔七澤九江之水而下，怒濤射日翻空，至湖口復會湖水，二山浮水面，直截狂流，與鞋山相望爲砥柱。近縣又有石鐘寺，弄月最佳。過潯陽至黄岡，磯則有赤壁，亦名赤鼻。蘇子云東望夏口，西望武昌，非孟德之困於周郎者乎。或云此蘇公所賦，非孫、曹戰處也。嶢榭出高櫓下，三面臨水，平洲淺渚，多蘋蓼亂流，浴鷗飛鷺，晴日爲勝。溯遊至鄂渚，水則有漢，磯則有黄鶴。阿閣翬飛，乃臨城頭，周立十二楹，拓架作菱花狀，雕欄畫棟，麗譙無競巧於此者。坐對晴川，丹朱在目，鸚鵡洲浮其上，漢水自西來敷千里注其下，曠望視滕王過之。又溯而上巴陵，磯則有城陵，湖則有洞庭，樓則有岳陽，島則有君山。城陵乃江、湖交處，風檣千樹，烟火萬家，岳之巨鎮也。夏漲則江濁，而湖高以清；秋落則江清，而湖低以濁。湖盤三郡，淵渚皛溔，齊旱潦而視彭蠡爲深。登岳陽樓望之，浮白天際，杳不見四山有無，日月若晨昏出没其中者。時而長風鼓浪，可高於屋；風平浪恬，則君山浮黛如螺髻然。故三樓望遠，又以岳陽爲甲觀。山上祠湘君、夫人，傍有酒香亭、柳毅井。時暴風巔余舟，飆半掠水，怒與毛翰卿曰：「此錢塘武夫爲暴耶？余安得袖青蛇劍，坐洞庭君珊瑚牀上，手執君山竹如意，叱而殲之。」翰卿摇手曰：「咄嗟，毋益其暴也。」日午乃渡，過三十六灣，則湘流之曲也，瞻衡岳近矣。

長沙書院則有岳麓，衡陽則石鼓。夫白鹿秀而間結約，岳麓隩而動鬱。蒸惟石鼓，當蒸、湘之合，通九疑地穴，石崖斬削，居爽塏而視莽蒼，故三澤宫又以石鼓爲高第，舞雩沂水，致足樂焉。自此沿瀟水，則登九疑。余乃循湘流而入桂林。王生曰楚在春秋時擯爲外夷，今聲名文物，乃甲大江之北，然而洞庭、彭蠡、長江、巨漢非有加也，以昔若彼，以今若此，豈天運地脉，亦待人事而齊哉。

## 吊襄文

襄陽當漢之下委，居江之上游，西南叠嶂，東北環流，用武則英雄戰爭，冶遊而舟車輻輳。矧也地靈，夙多耆舊，遺蹤百世，天地悠悠，夫非問奇弔古者之所抉目而窮搜也耶？余也歲在困敦，律中南吕，艤棹江陵，攬轡荆西，攜尊藉草，首憩習池，青山後倚，碧沼前規，亭臺丹堊，物是人非。余仰天擊缶，欲招山公魂起，而拍手銅鞮，喜馬上之醉翁者，誰家兒耶？今非其時矣！連岡左轉，是爲峴首，桓楹豐碑，化爲烏有。青蓮居士不云乎：「晉朝羊公一片石，龜頭剥落生莓苔。淚亦不能爲之墮，心亦不能爲之哀。」白之懷與漢水俱長矣。余三復朗吟，仍下拜於公像而去。去之郡城，遂行大堤，白水滿江，平沙如砥，月明芳草，王孫路迷，誰家女郎，蹋歌連袂，蓋余蔭喬木，誦錯薪，而知江、漢之好遊也，自昔記之矣。郡東北隅爲夫人城，雄圖烈烈，丈夫之英；哲婦城城，哲夫而傾。余登陴而望，有深慨焉。

樊城以西，有水淵然，凝碧百仞，爲萬山潭，勒石沉之，陵谷倘遷，區區之功，何異觸蠻。余覩沉碑墮淚，而因嘆二子度量之相越也。西北高岡，是爲隆中，考槃在澗，山谷巃嵸，有士高卧，管、樂自雄，三顧後出，爲世人龍。余嘗行南陽道中，假宿草廬，時惟風雷之夕，林木震撼，乃夜半披衣，詑卧龍欲起也。陳晦伯謂非宛南陽，乃襄陽之墟者是。鹿門山裏，龐公隱處，冰鑑同清，賢者避世，惟孟夫子，亦稱天遊，江村月色，晚渡歸舟。余慨然想見三君子遺世之風，雖執鞭所忻慕焉。緬懷杜陵，子美故宅，落魄不歸，天涯作客，白酒牛炙，藁葬耒陽，大雅千年，朽骨爲香。余昔行浣花草堂，拜其遺像而躊躇者久之。睠兹故鄉悲斯人之流落無成，而稷、高空許也。世之以詩人目公者，淺之乎。其識公矣，嗟士君子，尚友古人，得遺言於敗簡，恨不識其面貌，問其子孫，況余之履斯地也。婆娑乎斷碑殘碣，眄睞其故趾荒墳，俛仰今昔，有不爲之泣下霑襟者乎？雖然咸與其人俱往矣，事異時遷，古今旦暮，惟此山川依然如故，即峴山之泣，非襄陽之舊事乎？羊叔子曰：「自有宇宙，便有兹山。」由來賢達勝士登此者何限，而皆湮滅無聞，然則余之可紀者數公耳，又多乎哉。嗚呼！九原可作，吾誰與歸，後余而來遊者，與余之視數公又何如？

# 五岳遊草卷七

## 滇粤遊上（記六首）

### 桂海志續

昔宋范成大帥粤，愛其土之山川，及移蜀猶不忘，憶而作桂海虞衡志，稱其勝甲於天下。余以萬曆戊子典蜀試，攬勝紀遊，樂焉忘死。已自蜀改粤，時猶恍惚行巫山、錦水中也，亦爲刻入蜀三記於郡齋，是何與范先生易地而同思耶。其後范鎮蜀，未知志蜀山川否？余乃爲粤遊志，首獨秀山、次疊綵、次寶積、次七星岩、次省春、次灕山、次隱山六洞、次龍隱、次伏波、次白龍、次虞山、又次堯山，而終以訾家洲。

獨秀山居郡城之中，圓數百步，高千尺。石山鐵色，上下亭亭如削，四無坡阜，亦不與群山接。上有離欄畫閣，翠幕彤亭，下漸月池，臨朱邸，則靖江宮府也。余以己丑九日赴王宴而入，登高俯視，如坐危桅之顛，四野碧篸，一目俱盡。其下有讀書岩、五咏堂，宋始安太守顔延之居也。城中之勝此爲最。

疊綵山舊在八桂堂後。八桂堂今不知何地矣，惟郡城直北重門夾山，東行石文横布，五色相錯，故圖經以疊綵名之。唐元常侍晦記堪讀。一洞屈曲穿山之背，南北兩向如提連環，土人又名爲風洞。洞左小山曰千越，右小支戟立曰四望。余以赴張大將軍飲，初至南望，日輪當午，獨秀在前，綉闉朱甍，映帶城郭。比酒闌北眺，堯山積翠，又與灕水俱來。及東循而坐四望亭，則夕陽返照，間以殘霞，石山飛動，片片如上人衣上。亭榭人繪，溪山地繪，雲物天繪，何直疊石稱綵焉已耶？既樂而忘歸，遂卜其夜。

寶積山與寶華連，夾北城之西，續以雉堞，下開華景洞，容二十餘榻。前有横塘百畝，盈冬不涸，朝陽夕霞，浮綺在面，故元常侍亭之曰岩光。石屋前張，比省春、龍隱，上則鐵壁無際，祠諸葛武侯於巔，洞面東與風洞對峙，祖帳折柳，雲集於兹矣。余亦與藩臬大夫餞張閫帥，得首覽焉，乃莅官之次日。

七星岩峙江東里許，列岫如北斗，山半有洞名栖霞。時惟中秋，與臬副李君約入洞，而後至省春岩。李君畏不敢入，余乃徑入。入洞，石倒掛峻嶒，手捫壁走闇中百餘武，已復大明，猶然上洞也。下洞更在其下，下數十級，更益宏朗，如堂皇。仰首見鯉魚躍洞頂，正視之，忘其非真也。已過三天門，每過則石楹垂立，僅度單人，第乏扃鐍耳。過已，則又黝然深黑，目力不能窮，高或十尋，闊或百尺。束炬照之，傍列萬形，命黄冠一一指之：爲象則捲鼻卧，爲獅則抱毬而弄，爲駱駝則長頸而鞍背，爲湘山佛則合掌立，爲布袋和尚則側坐開口而胡盧，半爲石乳，萬古滴瀝自成，巧於雕刻，如水精狀。半乃真石，想其初亦乳結也，誰爲爲此，真造物之奇哉。其他如床如几，如曬網，如弈棋，如魚如鳥，如佛手足，顧此失彼，不得盡矚，亦不得而盡名之。風凜凜出峆岈間，雖傍烟炬尚寒慄，行稍遠則鳴鉦鼓噪，恐有怪物逼也。又多歧路恐迷行，則時相呼集。或云通九疑山。龍潭一，水冽而深黑不得底，久立魄悸。業已可七八里，忽復璚濤雪浪，中立一圓阜丈許，俗稱「海水浴金山」也，怪矣。近遊者又得一岐里許，名「禪房」，半壁坐一菩薩像，黑石隱隱可七寸，房中暖氣更融融也。從此又東行見白圓光，乃有一洞口，出山之背，下慶林觀。粤中多蛇虺，獨洞中不栖，故得酣遊焉。亦若鬼神呵護之。洞有玄風、彈丸，爲左右翼，余未暇去。

省春岩在七星山之右，如檐覆，前有石乳承溜，又如枯槎倒掛，長七尺餘。桂林四際溪山，不留寸土，惟此平田廣穡，一望豁如，故令長行春省耕於此。山勢面東，夕陽不入洞，前甃以瑶臺，圍以石檻。右有小洞二三，穿山而過，架以層樓，更衣燕息，此延賓之善地也。余以過栖霞洞，留飲於此。

灕山據灕江之濱，横障江流，與伏波、鬭鷄峙。前有水月洞，後有古雲崖軒，宋方信孺故居也。羽士起數椽，祀方與范致能，故以九月廿日約余爲泛舟之役。虞衡志云水月洞在灕山之麓，其半枕江，刓刻大洞門，透徹山背，頂高數十丈，其形正圓，望之端整如大月輪。江别派流貫洞中，踞石弄水，如坐捲蓬大橋下。大月輪之中又一小規，穿山而南出，暑月坐規中，風颼颼起洞口，真不减北窗羲皇也。其下可以觀魚，亦可濯足，乘舟過之，如象掀鼻，俗亦稱象鼻岩。是日欲遂遊南溪龍洞，日下舂不果。

隱山出城西里許，當夾山之南，唐李公渤始浚西湖中之浮山也。湖今斥爲桑田，山峙於陸。山北高南下，峰不露奇，惟中藏六洞爲佳。余以九月望約張羽王至。初從東入朝陽洞謁佛宇，山轉處溢一清池，躡級上之，其半稍平，坐石刻老子像，又從左穿洞心，懸汲而出井口。其洞爲北牖，團標四楹，正扼風嗌。又轉爲白雀洞，穿石硤而下，爲夕陽洞，爲嘉蓮洞，旋而南爲南華洞。自北牖至南華，大小隨趣，石穹窿處列十席，小則具趺跏，水漫流可厲弗可舟也。唐吴武陵記隱山，刻意描畫，至稱石室東岩水，虬螭所宅，濬三丈，載舟千石，石渠深七十尺，渠上爲梁，曲折繞三百步，日月所不能燭，又動陟飛梯三四十級，今皆無之。武陵至今僅千年，何陵谷古今之異如此？因與羽王嘆息而别。

龍隱岩踞江之東，近七星山之麓，然能不依附七星而自爲洞天，以枕江流。洞門高侔闕，石上裂一龍形，夭矯如生，鱗鬣皆具，其長竟洞。夏水溢，刺舟竟入洞中，陰風凄清，如坐冰壺。宋諸公多遊此，刓石殆遍，爲闤闠物也。余時以九日獨行，水落石出，緣麓過磧，趺坐大岩之上，滴玉泉琤然，墮石穴作聲。

伏波山追城外，屹立千丈，趾没於江流之西。洞乃東向，維舟始入，别無他道。洞前懸石如柱，去地一綫不合，俗名伏波試劍石。初陽起射，光照岩室，後漸潭水，潭清晃入，岩影倒掛，千尺之内躍金。余至在水落時，石齒齒足玩，水漲溢無奇也。張羽王謂伏波軍行未出此道，邳離新息，俱下湟水而西，元豐間遊者題爲洑波，蓋取麓遏瀾迴之義，近之。

白龍洞，繇鬬鷄山口別有派，曰南溪。拏小舟問津而入，四壁峭懸，蒼翠時落人衣袂。溯流南去，高山麗空，其半有洞，躡衣而上洞口，有物倒懸如龍首，故名白龍。入度右磴，石室硿礲，洞前朱欄小閣，倚欄平疇緑繞，碧流涓涓出藻荇間，注橋而下，即李公所鑿新泉也。余以遊省春後十日，與韋閫帥至。山有二洞九室，白龍當巽維，其西北曰玄岩，岩之上曰丹室。白龍之右曰石室，皆渤所名，總之俱讓白龍。

虞山起城東北隅，灕波左繞，皇潭後承之，亦名皇澤灣。山下有韶音洞，洞前平原，舜祠在焉。古松數十，虬枝若蓋。余以六月朔至，問所謂韶音者而不得，已乃薰風南來，吹落松間蓬蓬然，捲濤撼空向東北而去。余曰：「是矣。」及俯灕波激石砰湃訇訇，則又疑此爲近之，南巡之遊其附會與？

堯山，城東北二十里，連岡磅礴，奄數邑界。桂山百里皆石，而惟此積土以成，更益爲奇。韋閫帥以九日約余與臬副李君登高其上。山上有天子田，佛宇五層，舊白鹿禪師故庵地也。天將陰雨，先有白雲起山中。登其巔，則萬石叠於西南，灕江來自東北，良足快也。堯祠乃在山下，不知所自始。

訾家洲在灕江中，土人稱爲浮洲，雖巨浸排山，此洲不没，子厚之記具之。亦借水月洞爲勝，而柳記不及也。今已鞠爲茂草。余以九月望下蒼梧，舟過此。

王生曰：「桂林無山而不雁宕，無石而不太湖，無水而不嚴陵、武夷，兹特就人所已物色者而志之。」余言詵不能窮矣，柳之立魚，融之仙岩，亦皆得其一隅，而陽朔江行，抑又過之。譚粵勝者每云：藉令巨靈六甲可移於吴、楚間，不知遊屨何如？噫！何渠知其不終而爲吴、楚耶？

## 遊七星岩記

粤東西蓋有兩七星岩云。桂林七星洞行十餘里，景在内。瑞整理者按：當爲「端」之誤。州七星洞行止百餘武，然負山臨水，所在成趣，其景在内外之間。歲己丑九月之望，赴黄化之約，相與過虹橋之渚，泛瀝湖之棹，登臨天之閣，弄寶陀之月，酌流霞之島，走蓬、壺之徑，浮杯峰之玉，摇仙掌之風，拂寶光之岩，騎青羊之石，招閬風之闕，憑栖霞之亭，坐水月之宫，尋芳藉草，無非佳致。拔其尤者，爲勝有三：一曰石室，是山所得名也。南闢一門，石徑迤逶而入，流水瀺灂，潦或成池，龍井在東，秉燭可入，西轉梯磴而上，乃有石觀音云。纓縷紳珮，揚袘戌削，似立而過海者，蓋懸崖石乳所垂，造物之幻也。風當硆岈入，吹人欲舞，乃從石罅北出岩背，過岩秀亭，拏舟而下。二曰蛟龍窟，在流霞島東。先從小洞穿岩，而至渡海筏處，一石崖飛覆水上，乃呼窾木結爲方舟，與彭士化、徐君羽各仰卧其間，篙入之，空如堂皇。起步小洞，坐石床隱方几，不知此外更有人世也。洞口懸一石，持篙仰擊之作鐘聲。盤桓水上久不出。三曰玉壺亭，瀝湖數百頃，瀲徹可鑑，奇峰四疊。臨之，化之從水底甃石而上。架湖心一亭，坐石分雲，乘風泛月。翩翩乎仙哉。亭成問名於余，玉壺余所命也，乃即席留咏而去。及余庚寅春夏兩過之，而漲發斷橋，石室、龍窟咸浸不可入。主人依然，惟有登城悵望而已。或云山靈怕忌人多取，余笑而頷之。

# 泛舟昆明池歷太華諸峰記

余以辛卯春入滇。滇迤東西花事之勝，甲於中原，而春山茶尤勝。其在昆明者，城中園亡論，外則稱太華蘭若焉。余時隨監郡諸大夫入省，以上巳日道出碧鷄關。關去會城三十里而遥，蓋跂指之矣，乃問途爲太華之遊。循關右箐斗折而南，五里至高嶢，舊有楊太史用修海莊，已廢，而入於貴倨者，高臺曲池，層樓翬榭，前用五色杜鵑棚之，題構方新也。至此遂俯昆明池，余視步無餘皇，乃買漁舟一葉，令騶人踦跂臯陸，獨挾一二黄頭郎泛焉。池一望五百里，瀦西南隅，俗號滇海。滇去海遠，水頃畝即稱海。下高嶢，輕洲淺渚，蒲葦颯沓長過人，又稱草海。海長廿餘里，草中津港以千數，往來繫罣罷而漁，余蕩槳其中，不復知非山陰道上也。草窮且掛席出水，海水不及余東海一汧澳，而風力差足畏。滇中鎮日咸西南風，春風較狂，掠余颿墮水中，乃回棹泊焉。易筍輿而登，漸霽，盤桓上數里，及太華山門。蕊宫琳宇，熒煌金碧，倚山隆起，擬於紫霄碧雲之間。余右陟飛磴，歷龍藏，東下黔寧祠，覽其世像，出文陛前，兩墀山茶八本，高三丈，萬花霞明，飛丹如茵，列繡如幄，倦欲坐其下，神惾惾復王，疑入石家錦步障也。廊右繞出縹緲樓觀海，危檣一粟，水勢黏天，顔以「一碧萬頃」然哉。夕陽西下，太華踞其東，倒影半浸。已，素月復流光於上，山影爲藻荇據之，更勝也。

是夕宿僧榻，漏下，月色入户，宿鳥驚栖聒人耳，余旅思轉深矣。質明，緣碕岸磧歷而南，遠見山頂室廬嵌空，一如罨畫，輿者云羅漢寺也，以有石像比丘而名。稍近之，一村落居河之麋，漁者織宿楚以家，傍置官署焉，寺尚在數千步絶壁上，仰視之如欲墮者。盤辟而升，計四五曲，入寺問南北庵，寺後樹金馬碧鷄碣，摩碣乃入南庵。丘亭香宇，咸嶄岩檜覆之，承以瑶臺，趾半懸外，北入南出，過一刹廟，復間一亭臺。廟爲雷神，爲龍伯，爲大士，爲玉虚師相，雜以釋道。亭爲迴瀾，爲望海，又有趙羽士之塔。文殊之岩，咸傍海岸，時而驚濤拍空，飛沫可濺佛身也。路迴則轉北庵，躡級而上，過朝天橋，謁老君廟，入真武宫，最上升玉皇閣，如鵲巢燕寢，懸度飄摇，雷祠、龍井跆藉足下，益又勝也。二庵者，南疏朗，北幽峭。南庵横截山麓而過，金鋪緑房，足稱近水樓臺；北庵摶扶摇以上，層層各十丈，轉山椒斗大崖，則憩一宇焉，人側身而度鳥道爾。然北庵雖高，僅見草海，白蘋紅蓼，楚楚有致；若南庵面東南，水海風帆，雪浪日月出没其中，故大觀也。下山邑令掉盧舟以迓，稍具舲艇，欲放中流，以五兩尚顛，復穿荻浦披魚梁，鳴榔擊汰而歸。睨西山頂上丹堊之麗，適當李招道得意筆也。時水淺舟膠，不及過近華村。

余行滇中，惟金、瀾二江横絡，其他多積窪成海，如洱海、通海、楊林海，是不一海焉，非獨滇也。惟滇流如倒囊，腹廣而頸隘，且逆西北流，故稱滇云。昔漢武帝欲取昆明，乃習戰長安，鑿池以象之，至劫灰出於人世。麻姑云：東海當復揚塵也。信如斯言，則此真滇池者不知幾更劫灰矣。

## 遊雲南九鼎山記

雲南者，漢時五色雲現於邑北，是邑所得名也。邑有九鼎山，出郭北廿里，山起九峻，若禹鑄九鼎而列也。九鼎故有寺，開山僧驟聞天樂下隨，而覓古佛於洞中，循之而創也。時惟重九，余與吴、張兩憲丈，自昆明還馳而登之。出其闉都，飛泉爭道，龍蛇走也。平疇禾黍，黄雲繞也。天風吹人，羽衣舞也。涉澗納麓，升自岫頂，鼓吹闐聵，忽聽隔隴清磬一聲，梵唄喃喃，耳觀開也。已，乃攬此一之亭，萬瓦參差，樹影中乍見乍没也。坐超然之臺，蕊宫琳宇，懸搆膝冉，若蜂房鳥窠，纍纍然，重纍而綴也。烟雲過絶壁，若畫王右丞山水，間以大李樓臺，簇簇然而羃以重綃也。罡風響鈴鐸，而下青蘋之末，忽復擁秋聲大呼，若舉千百刹宇動摇，將擲之空中也。乃促酒人出三爵澆之，以敵寒氣。澆已，行松濤之徑，老樹拏雲入千尺，翠色滴滴可餐也。躡憑雲之橋，椓杙岩阿虚閣，度重棧以過。軒然牟首，臨乎鳥道，足瑟縮以移也。入古佛之洞，石竇嵌空，琢五大士相，附以危樓，雕欄畫檻，旛旜錯繡，與朝日共麗也。謁毘盧之殿，阿閣三重，出西南竇，跨逼仄，摶羊角以上靈瑣抰振。余與張君席地作趺跏，刹那覺萬籟寂然與心境徹也。復循山北，摩龍首之塔，日輪正午，窰窔窔猶無底止也。入洞復坐，掇黄花佐酒，微赭，相攜而起。上三教之樓，爐烟裊空，袖之以出也。吴君脱舄南下，余與張君復趨而登華嚴之閣。危梯百級，螺旋而上，四盻無所不矚。憑欄少頃，噫氣灑淅，岔谷中起，山外莽蒼暝色，亦冉冉隨飛鳥而至。側耳聽下方鐘鼓，覺身在鈞天上也。既下，回首閣端，縹緲天際，怳然自失。已復過一刹，題搆新成，遥見前村返照，隱隱二三牧豎，捲蘆葉吹牛背歸也。復下棧閣奏松坪，時已月出高樹，牛、女之光燭地，戀戀不能去也。余三人者，撫良辰之不偶，念後會之未期，因緣勝名，各懷鄉土。吴君則舉凌雲、九峰，張君則舉湘江、九疑，余家赤城，亦思九盤觀海，悵然俛仰，各有拂袖遐舉之意，乃命余爲詩記之。吳君原豫名謙，家瀘水；張君養晦名文耀，家沅陵；余天台王士性恒叔也。歲重光單閼，則萬曆十九稔也。

## 點蒼山記

點蒼山，南詔所封爲中岳鎮也。山十九峰，如弛弓内向，面出日而函洱海於下；前後立國咸於山麓陂陀之間，西南之所稱最勝也。余行部其地，與瀘川原豫吳君數杖屨焉。幽遐怪僻，無所不蒐，剔然猶懼其未罄也。則以暇日而請於吳君曰：「夫心志不凝者，雖耳食何益矣；情境不徹者，縱窾言奚稽矣。余讀榆城志，蓋爽然自失，然未能一一置余蹤也。君之居是，三年所矣，亦可得而悉兹山之勝乎？」原豫曰：「可。」余曰：「試言之。」原豫曰：「語云天下名山僧占爲多，我嘗與子覽崇聖之都矣。是蒙氏之所創也，其地龍象如山，浮圖千尺，蒸嘗伏臘，士女闐駢，金碧熒煌，草樹葱蒨，境之弘敞莫是過者。又嘗祖子於蕩山之寺矣，是竺法蘭之所餘也。其時高秋風雨，磴蹬流霞，巘崿明滅，海天一色，瑶臺瑒石，佛像飛來，境之幽邃莫是過者。又嘗桓盤於玉局之林矣，其左八卦有臺，是武侯之畫也。其前王舍有塔，是阿育王之跡也。且也青城墨妙，太乙馮河，奇樹輪囷，山圍水抱，境之秀拔莫是過者。又嘗睞眄於中和之亭矣，峙者伏翼而迴翔，流者凝碧而停潴，登高望遠，瞻言百里，抑有渡頭漁火，流螢夜飛，村烟晝炊，白雲爲侶，境之怡曠莫是過者。凡皆吾之所習也。」余曰：「三千蘭若，什一猶存，於志識之，美則美矣，勝猶未也。」

原豫曰：「赤文之島，鐵雨之崖，世傳羅刹爲祟，大士放之，今其湯泉雪窟，二至嘗往來也。又有海底珊瑚，水面炬火，浮光躍金，良宵共覩。亦有鐘聲百里，樓名五華，巨塔中裂，旬日自合，是皆靈墟古跡，鬼神之秘，騷人墨客之所抉目而窮搜者也。子亦尋而討之乎？」余曰：「問奇弔古，選勝者不遺，然而未盡也。」原豫曰：「十九峰頭，峰峰出泉，泉泉赴壑，飛沫下坂，如走龍蛇，無寸土不渥。及其引之城中，自窮巷以徹通衢，沿門舉步，流水繞扉，昔者石家金谷，艷稱水碓，兼舉魚池，若蒼山之下，烟火萬竈，惠賴於茲泉者溥矣，不獨舟楫也。子亦遡流而從之乎？」余曰：「此水泉灌溉之利，非不勝，非必勝也。」原豫曰：「紫城桃李，春風若錦，中岩佛跡，草木皆香，蓋異卉奇花，四時無不有矣。抑或琢石爲屏，白質黑章，山水樓臺，萬象包藏，太平原醒酒，禹貢怪石，此亦造化之尤物也。子豈撫弄而歆玩之乎？」余曰：「有是哉，雅俗具賞矣，猶未也。」原豫曰：「蒼山之麓，是稱榆河，半月抱珥，群虹飲波，黿鼉之梁，蛟龍之宅，海闊天空，萬頃一碧，若夫春風狂駛，鼓浪如屋，漁窟丹青，斗牛夜燭，亦有洪濤不没，惟大鸛洲島嶼星布，驟而見者，疑蓬、壺、閬風之儔。吾嘗與子張布帆，酹兕觥，觀漁者，此亦山海譎蕩之偉矚也。子能再從斯遊乎？」余曰：「夫浮家泛宅，攬勝烟波，則余志也。顧水嬴山詘，請竟言之。」原豫曰：「蒼山勝覽，昔人所志，吾得其四焉：溪甸十步，此雨彼晴，雨喜栽禾，晴歡刈麥，是曰『甸溪晴雨』。馬龍峰缺，返照一綫，投光而浴，時見雙鴛，是曰『鴛浦夕陽』。下關之峽，有月出水，山月已沉，水月故在，是曰『曉峽月珠』。夏秋白雲，山腰一抹，不流不捲，樹杪出没，是曰『夏山雲帶』。凡皆茲山晦明，雲物變態之巧也。子見之不目駭而心悸乎？」余曰：「近之矣。顧幻形作態，造物尤有勝於此者。」原豫曰：「秋冬霖霖，村甸同雲，半山以下，盡皆積雪，璚樓玉宇，其態萬狀，往往初暘起灼，雪影射人，又時而天風吹花，落於海水，雖人居雪嶺之下乎，而風氣常燠不寒；卉木植雪嶂之中乎，而葩蕊常帶玉屑以開；朱夏行五六月之間乎，而陰崖皓魄，皚皚猶有存者。昔人云：飛來碧落千年雪，點破蒼山六月寒。又云：玉碗滿盛三伏雪，炎方人在水晶宮。又云：鏤銀屏風十九曲，人家五月開西窗。又云：陰崖猶餘太古雪，白石一化三千秋。又云：千年老雪消不盡，龍湫六月生陰寒。此皆可謂善咏矣，吾子以爲奚若？」余曰：「得之矣，此宇内之絶景也。余居天台，嘗中秋嚼華頂雪，結廬就之。余遊恒岳，亦九日見五臺雪，形於夢寐。余登峨眉，又盛夏望西域雪山，爲之發狂大叫。然皆在萬山之巔，亦或萬里之遠，若朱明有雪，家家開西窗見雪，人人得六月餉雪，雖有奇觀，弗逾之矣。余生病渴，安得菟裘老是焉，撲嚼之以當仙人掌上露哉。然是山之溪繞磯島，其名皆可得聞乎？」於是原豫又數之曰：「峰頭十八溪，自南而北，則有斜陽峰爲南溪一，馬耳峰爲葶藶溪二，佛頂峰爲莫殘溪三，聖應峰爲青碧溪四，馬龍峰爲龍溪五，玉局峰爲緑玉溪六，龍泉峰爲中溪七，中峰爲桃溪八，觀音峰爲梅溪九，應樂峰爲隱仙溪十，雪人峰爲雙鴛溪十一，蘭峰爲白石溪十二，三陽峰爲靈泉溪十三，鶴雲峰爲錦溪十四，白雲峰爲芒涌溪十五，蓮花峰爲陽溪十六，五臺峰爲萬花溪十七，蒼峎峰爲霞移溪十八，雲弄峰十九。洱海三島曰：金梭、赤文、玉几；四洲曰：青莎、大貫、鴛鴦、馬簾；九曲曰蓮花、大鸛、蟠磯、鳳翼、蘿蒔、牛角、波坨、高岩、大場。」余起而謝曰：「核哉斯言。」乃珥筆而記之。

# 遊鷄足山記

鷄足山峙賓川境内，山面南，卓立萬山之上，前紆三距，後伸一支，若鷄足然者。佛弟子大迦葉奉金縷衣入定，待彌勒處也。四周多童岡荒阜，不近薈蔚，獨是山松杉鬱盤，雲霞所留，且饒名花錦卉，祇園寶刹，都房静室，亡論製廣狹，無所不潔修庭除，良亦娑婆浄土云。余以行部瀾滄，渡金沙江，緣山百里，繇東南支入。始入爲石鍾寺，寺東數百步有黑龍潭，水涓涓從葑田中流出。始寺僧請謂鼓吹逼，恐風雨立辦。余姑試之，故令傳騶撞鉦撼山谷，竟白日爲朗，世俗之神其説者類若是。石鍾西爲西竺庵，西竺後爲龍華寺，寺與庵咸有傑閣翬起。龍華後爲大覺，則長安僧無心所開山也。無心以送慈宫大藏至，遂留錫茲山。過大覺則行穿萬松，松稍篩日影作態，蔭映可人，又一里爲寂光寺，經稱佛居常寂光土，故以名寺。西百步爲水月庵，斗室三楹，僧用周坐圜中，始泥門半月，余倚甕牖擊磬，聲起而問之曰：「用即周三界，不用置何處？試問你坐關，亦還關坐你。」遂去而之聖峰寺，覓無心結趺跏論宗門旨，分禪榻宿焉。時余兒立轂從，年十三，與無心語徹夜，恍若有所覯記者，遂請終身持齋素，亦一奇也。晨起無心請轉關中語，余乃自爲答曰：「竟無關坐我，我亦無關坐，要用即不是，不用仍這個。」騎驢去覓驢，覓着無處騎。」

繇聖峰上，即走山中支，扳迦葉殿謁尊者像。山自此純石叠綴，輿者行磵道中，步步喘息，前後人膺趾遞相承以上。過兜率庵、袈裟石，而後至銅佛殿。殿西出側徑，可平達華首門，東乃走險上猢猻梯。余雅習險，竟從梯上。梯無路，僅僅崖石礌垂，俯深箐絶處，架木桄長一丈接之，猶非梯也。梯乃石齒齮齕，其芒上出廉利侔劍戟，承足石芒內，囓其半，半踵懸外，惟瞰深箐，故可上而不可下，上亦牽挽蟲縮而升。里許方至土主廟，則山之巔也。入廟西北指，則雲間見麗江雪山。余從峨嵋望大雪山，在印度萬餘里，然旭日刺雪光，猶仿佛上余衣袂。此去麗水不千里，乃黯無色。或云此白石積成，意近之。西指則點蒼十九峰，雄據不肯爲鷄足下。洱海蕩潏其前，東南巒麓參差，如風中濤，咸在杖底，偉哉觀乎，亦足雄南中遊矣。循後距則舍利塔倚廟背，迅雷雨擊圮之，豈帝釋勑六丁取舍利去耶？北一里爲文殊閣，又二里經束身峽，流石没足，拄杖不能留。過石棋盤至伏虎澗，又半里上禮佛臺。下出一洞，風鳴鳴闌峆岈入，寒甚捨之去。乃東跨逼仄，三里而度曹溪。曹溪亦稱漕溪也，水紺碧一泓，日供僧可三千餘衆。又東二里嘗八功德水，迦葉所卓錫處也。

又東二里而謁華首門。門踞山半，石規十丈如半月，而檐外飛雲。迦葉入此安禪。余與無心屈指龍華，尚餘八百八十萬年，因題石上云：「曾記曹溪鉢，朝傳夕棄命。如絲若爲雞足衣，獨守空山八萬期。爲報佛恩傳佛印，法以明心衣示信。誰解三生同一瞬，趙州大棒提在手。虛空粉碎君知否，棄鉢留衣總何有。」還入銅佛殿而下，十里轉西南支，入華嚴寺。僧月輪方升座轉法華。余問：「爾天上月乎？水中月乎？指頭月乎？」月輪云：「人心不比月，比月有圓缺。」余頷之。然余謂法華故如來最後授記，作佛心印，即聲聞人不得聞，底若一翻小止觀，令得各持欛柄以入。復偈謂之曰：「諦視指頭月，謾持法華説，饒是婆心切，應剩鳩摩舌。」遂五里下圓信庵，宿八角亭中。

用周乃以偈來答，余亦頷之。月輪又追至庵，與譚龍華事竟夕。次日，復下接待寺，度洗心橋，而抵賓川。自華嚴下山，松陰空翠，掩雲日者又十餘里，軼大覺路，輿行其下，不覺神思之欲飛也。山中寺皆前樓後閣，龍象蹲中，僧廬左右列。其僧雖未稱了事，亦皆持齋苦行，不犯戒律，前所稱三僧，又其首出者云。或云迦葉定雞足山在西域，此山似之，故説者借以標勝，則余所不敢知。余之遊以辛卯臘望後三日。余滇西滄水使者王士性也。

# 五岳遊草卷八

## 岳遊下（詩十五首）

### 登岱四首

靈符作鎮握天孫，積氣蒼茫縱吐吞。日出三山離渤海，河流萬里接崑崙。霞明金闕中峰起，土蝕玄崖半碣存。解道東南天咫尺，誰從匹練覓吴門。

仙人挾博泰山隅，授我真形五岳圖。大谷風生岩壑動，平原勢壓海天孤。驪珠未曉光先吐，顥氣纔臨雨欲俱。遥指齊州烟九點，不知身世在虚無。

斷碑空鎖舊宫扉，七十餘君事總非。匣裏已無金策在，封中豈有白雲飛？青連齊魯嵐烟净，蜃作樓臺海日暉。俛仰置身輕一羽，天風颯颯引征衣。

東方列騎擁千群，共道登壇挹紫氛。夾道兩崖行逼漢，摩空片石卧分雲。秦松漢柏占人代，貝闕琳宫炯斗文。奔走萬靈何日了，泰山封罷碧霞君。

## 登岱宗觀海行送鄒爾瞻南遊

泰岱山頭一片石，影落滄溟浸空碧。鳥道捫星十八盤，峭壁回飈四萬尺。鷄鳴赤日升扶桑，日觀峰高海水黄。徂徠、梁父倒地伏，咫尺顥氣摩穹蒼。金書玉匣秋烟裏，七十二君呼不起。長劍峨冠跨赤螭，梁園之客石城子。振衣絶頂鬚眉開，吴、越、周、秦何壯哉。把酒問天天不語，罡風颯颯天門回。乘風獨㗖去東極，化作蜃市成樓臺。老蛟奔走驪龍怒，珠光吐射三峰摧。夫君揮手招八表，明月轉向青天來。蓬、瀛明滅不可覿，恍惚似欲揚塵埃。五松亭亭還舊壘，白雲封中年代改。欲剗懸崖紀姓名，恐妬山靈泣真宰。君不見秦碑昔已斷，漢策今安在？莫憑廖廓駕黿鼉，但指陽島即東海。

## 登太華絶頂四首

西來秋色滿長安，拔地三峰秀可餐。秦、晉河山千里迴，殽、函風雨二陵寒。劈開地肺留仙掌，剗入雲根護玉棺。欲吸金莖學輕舉，此身先在碧霞端。

鐵鏁垂蘿掛石痕，振衣直欲上天門。削成峭壁三峰出，曲抱洪河一綫奔。縹緲罡風連上界，蜿蜒秦嶺走中原。

憑君咫尺瞻霄漢，好把雙星手自捫。

已躡丹梯萬仞横，共傳蟬鳥此無聲。蒼龍棧絶西風惡，太乙池空曉月生。嶄石飛泉歸洞壑，懶雲送雨下山坪。

搔首問天天不言，踏翻玉女洗頭盆。百盤鳥道魂應墮，五岳名山勢獨尊。嘘吸不須論帝座，等閑已自壓崑崙。

夢中憶得曾遊處，天上芙蓉十二城。

怪來訝得乾坤小，足底陽生是海門。

## 太華山

巨靈抉氣母，太素盪元精。突兀百里内，遥見三峰明。屹立五千仞，面面如削成。飛蹬着陰崖，風雨晝夜鳴。黄河渺天末，秦川掌上平。振衣最高頂，恍惚到層城。白帝集群真，駕鶴吹紫笙。遺我九節杖，邀我遊太清。咄嗟漢武帝，履險求長生。柰何快一言，甘失衛叔卿。

## 贈華山玄穌道者二首

兀坐了無事，似聞人語噱。白雲吾舊主，青山爾今適。夢裏雲山覺後知，我爲希夷君是誰？

夢覺俱陳跡，道適還非適。白雲亦何心，青山只片石。君去我來能幾時，白雲悠悠無盡期。

## 與劉元承登華山入自桃林洞因宿玉女峰冒雨上三峰絶頂

桃源有路憶天台，曾是劉郎舊到來。欲躡青冥瞻帝座，遥探玉女上雲臺。雙龍風雨崖邊合，一華芙蓉掌上開。愧我身非霄漢客。誰從飛舄向蓬萊。

## 賦得祝融峰

祝融峰高入紫冥，卧看南極老人星。天柱芙蓉造雙膝，齊州九點烟熒熒。瀟、湘如絲渺天末，欲盡不盡過洞庭。山頭隱避行日月，山下倏忽殷雷霆。元氣淋漓泣真宰，混茫便若摇滄溟。須臾三十六峰出，白雲歸去群山青。午夜星辰大如斗，天風兩腋吹泠泠。雲海盪胸發大叫，手提斗酒呼山靈。岣嶁鳥跡今安在，麓床灌莽啼鼯猩。乘風欲覓魏夫人，洞門深鎖雙烟軨。尋真吊古兩不見，獨立孤峰倚翠屏。

# 大河南北諸遊下（詩九首）

## 涿鹿望華陽臺

燕丹懷慷慨，誓欲掃秦氛。惜哉時不遇，枉殺樊將軍。當其叩關來，孤鳥飛念群，置酒華陽臺，酣歌日未曛。美人侍清夜，怒馬氣若雲。憐交重離別，豈圖生死分。丈夫會報仇，刎頸何足云。圖窮壯士敗，掩袂不堪聞。

## 叢臺 故趙武靈王所築

莽蕩邯鄲道，荒臺日暮雲。雄風披舊烈，匹馬走秦軍。築此欲西望，叢林蔽夕曛。自從平原來，此意寂不聞。上士躡珠履，下士乘朱轓。粉黛列華屋，歌鐘日夜喧。譚天與說劍，爭附趙王孫。柰何邯鄲圍，袖手無一言。毛生處空囊，薛公倚市門。登臺但拍手，何人一報恩。高臺浸荊棘，賓客去不存。千秋臺上月，爲爾一招魂。

## 邯鄲道 道有吕翁黄粱夢祠

邯鄲全盛日，佳麗軼三川。古道仍還昔，芳蹤不復前。三千恣豪舉，二八競嬋娟。青樓臨廣陌，寶瑟椌朱弦。走狗復鬪鷄，袨服何翩翩。砂礫委黄金，遊俠多少年。獨餘厮養婦，憔悴得人憐。攬勝今何在，荒城卧野烟。浮華昨日事，陵谷遞相遷。解道盧生夢，黄粱在枕邊。

## 銅雀臺

走馬鄴城道，置酒臨高臺。嬋娟既環列，賓客亦多才。授簡滿四坐，歌舞爭喧豗。冰井照峨眉，清光兩徘徊。雄心託毫素，霸氣横尊罍。白日千秋晚，金棺一夕灰。猶然顧西陵，哽咽兒女哀。古瓦磨作硯，層臺變蒿萊。況復臺中人，榮華安在哉？

## 蘇門山

太行何迢迢，連岡饒翠積。蜿蜒落蘇門，一鑑抱几席。混沌發靈竅，清輝浮素液。石池函珠璣，百道漾空碧。上有天遊子，長嘯倚泉石。逌然見鸞鳳，高舉遠矰繳。土窟莽依然，知是先生宅。高風邈千載，寂歷雲山白。

## 金谷園

豈不惜明珠，爲是傾城獨。能得掌中妍，何妨輕十斛。圍以錦步障，貯之黄金谷。翔風退後陳，清聲掩絲竹。黄泉倘未試，白日猶嫌速。世事一朝空，香閨散餘馥。不念陌上彈，誰憐抱柱哭。君今爲妾死，妾死固應耳。虞姬原上草，千秋蘭與芷。

## 北邙

洛陽城裏人，北邙泉下客。昨日歌舞場，今朝已陳跡。蜉蝣良足憫，大椿亦何益。修短同此丘，賢聖更不易。死者自冥冥，生者尚藉藉。高明鮮畏忌，裘馬任充斥。試問黄泉人，還應悔疇昔。

## 函谷關

驅車洛城西，行行入函谷。雄圖控百二，攢峰擁如簇。左挾洪河流，右枕秦山腹。一綫界分陝，建瓴落高屋。嬴兵怒臨關，六國競竄伏。乘關吐霸氣，海内盡馳服。柰何三户興，不救二世戮。漢家亟徙都，更重關内族。樓船恥外臣，爲移北邙麓。指點訪遺蹤，歷歷猶在目。古來都會地，興廢代反覆。念此亦常事，所乏關尹卜。紫氣杳然收，人龍去不復。

## 新豐

因念枌榆里，爲築新豐城。大風歌過沛，遊子氣縱横。人言家四海，我乃異生平。老人望鄉井，思我故父兄。烟火徙比鄰，雞犬了不驚。美酒斗十千，社客歡相迎。屠酤與蹴踘，任意隨所營。落日歸荒徑，春風諳舊荆。區區多仲意，猶自不忘情。

## 驪山

繡嶺俯山巔，温泉注山麓。中有華清宫，明珠耀人目。翠華臨幸處，鐫鏤窮土木。魚龍石上飛，鳧雁水中宿。虢國未承恩，阿環自休沐。離宫動千百，遂作秦車覆。東去有高陵，秦皇在時築。掘地錮黄泉，鑿隧出深谷。日月照長夜，流影懸璧玉。漁陽與灞上，生死共戮辱。夜臺尚不扃，離宫更誰屬？牧羊何人兒，鶴髮他年曲。

## 馬嵬坡 坡前白石如菽，名「楊妃粉」，可已目翳，人競拾之。

看花沉香亭，賜浴温泉津。誓言對牛、女，世作連理身。萬里柰倉皇，六軍齊怒瞋。玉環遂墜地，紅粉却成塵。曾憶華清遊，姻連虢與秦。馬蹄拾珠翠，羯鼓借陽春。睡起海棠足，馳來荔子新。胡兒還入直，妃子至均茵。不信良緣盡，看將禍本陳。胭脂已散綵，羅襪尚生春。千載墳前土，還迷行路人。

## 陳思俞招飲太白樓

從君一識濟陽城，把酒相看意氣生。渤海雄風披大陸，徂徠落日夢長庚。春郊十里青帘影，夜月千山白玉京。共道登臨咸我輩，誰憑仙客駕長鯨。

## 易水篇 送李山人君實

君不見黄金古臺環玉壘，東流易水奔滄海。白衣賓客隨灰塵，山水蒼茫人代改。君家住在易水頭，我亦曾爲易水遊。雪花十月大如手，冰堅水深咽不流。是時狂呼入燕市，北風動地浮雲駛。慷慨將身欲許人，悠悠肝膽向誰是。白眼相看問酒人，千金買醉不辭貧。胡姬坐上胭脂濕，紀叟壚頭琥珀新。酩酊百壺還酬客，陸離三尺自藏身。風塵瞥見高陽侣，放佛猶驚燕市春。六博爭雄氣如虎，酒酣拂拭芙蓉吐。我浩歌，君起舞。舞影長，歌聲苦。激羽流商和者誰，與君一夜成今古。

## 雲中謡 送徐民部往大同

東出長安門，西走昌平道。雲中古城旌旆遥，萬里風塵迷白草。邊方八月飛雪來，雁群不斷鳴聲哀。北風摵摵黄蘆折，邊人捲向月中吹。紫髯碧眼聲繚繞，霜天吹徹邊城曉。琵琶不解嫁嬋娟，苜蓿常持款騕褭。胡、越爲家瀚海清，總然無事莫休兵。平涼黠虜唐驕子，雁門太守漢長城。使君駐節雲中陌，下馬還看古疆場。北望三城思悄然，憑君何自論奇畫。平原無險任綿延，焦家坪口層冰堅。已信名王能款塞，更聞中國重修邊。

## 晚過申伯臺

天南地北此孤原，淮水千秋古碣存。遠樹烟霞迷晚翠，近城燈火接黄昏。桐花半落風前路，燕子雙歸雨後村。悵望崧高何處是，幾回芳草憶王孫。

## 秋日登玩花臺故息夫人臨粧處也

徙倚荒臺問昔粧，西風吹雨過林塘。美人影落胭脂盡，故壘名垂草木香。帆帶暮鴻淮水近，天連遠塞楚山蒼。停杯不語花愁重，猶似當年意獨傷。

## 冬日真陽道中

悲風黄葉落，哀思何翩翩。振衣起中庭，明月墮我前。馬虢凍欲裂，野火燒不燃。僮僕忍朝饑，歷磴多苦顛。行行過廛市，莫莫經凹川。驅車日未息，失路何當旋。

## 早發羅山

暮宿淮水濆，早發羅山陽。山翁理晨炊，起斫陌上桑。鷄鳴古墻頭，啞啞聲不揚。日出露未晞，老馬走且僵。沾沾竊升斗，客行殊未央。顧影望霄漢，沉思令人傷。

## 夜宿繁臺高適李白杜甫所登嘯處也或云師曠吹臺又爲梁孝王平臺

欲問當年雁鶩池，平臺狐兔已多時。氣酣日落無人上，地迥雲深有鶴知。長阜經旬横北渚，大河一去遶東陲。百懷總付高秋裏，風雨空庭濕桂枝。

## 過夷門

策馬夷門中，不見里中客。腰下雙吴鈎，秋風吐花白。

## 秋雨泌陽道中

一雨衝輿過，山風兩腋輕。林深翠欲滴，灘沿漲還平。雁影當空落，鐘聲出谷清。青天屹不動，新月爲誰明。

## 與尤子輝宿賢隱寺

步入虛堂翠欲微，松濤萬壑撼岩扉。平蕪過雨新於沐，絶巘孤雲去若飛。稚子牽蘿攜酒至，山僧戴月荷鋤歸。陶然一醉知何往，天地吾廬此息機。

山間風雨坐來收，境入禪房草樹幽。欲識浮生歸净土，緣知吾道在滄洲。烟林漠漠前溪暮，石髓泠泠古洞秋。相對夜床無一語，翛然月色下西樓。

## 秋夜再泊朱仙鎮

颯颯秋風點客衣，暮烟一道野燐飛。怒濤起處河流急，疑是將軍血戰歸。

## 雪後憶劉子玄紫芝樓

劉郎愛入天台路，萬樹桃花百尺梁。雪霽樓開青嶂裏，月明犬吠白雲傍。擊壺不問生涯晚，抱膝誰論歲月長。屋下紫芝今幾許，吏情真自負滄浪。

## 憶遊中泉寄劉司徒

春還草色滿江關，鳩杖軺車此日閑。攬鏡未妨添白髮，出門但得近青山。月明洲渚空瑶島，風静簾櫳挹翠鬟。

樓閣中天良夜永，共傳福地在人間。

五月夫渠繞澗芳，鵁鶄兩兩傍仙航。滄波欲覓玄真子，華髮先歸緑野堂。檻拂泉聲新雨霽，樓開樹色遠山蒼。江花江草年年事，坐客無勞典驌驦。

清泉碧石夏雲涼，白葛烏紗興欲狂。谷口飛花泥馬足，波心斜月上魚梁。棹回烟嶼孤帆近，夢倚晴霄五岳長。爲道山公無一事，可能重醉習池傍。

## 北邙寒食郊行見醮丘隴者

白楊蕭蕭晚風急，陌頭細雨花枝濕。人人抱甕上新墳，牛羊下隴鳶烏集。楮灰滿空飛作雲，隴底長眠杳不聞。今年持觴滴爾土，去年相將爾爲主。有酒不飲少年場，黄公壚頭空斷腸。不見海東塵，君還過北邙。

## 秋日過申陽北門一僧拳鬚持鉢立異而訪之僧倏然去偶持梁諸子詩有孔燾等四城門倡和因續之

### 東城門 病

百骸緣假設，疾病易相隨。嚴霜飄素秋，草木日夜萎。丁寧顧妻子，悔悟方自茲。水落洲渚見，嘆息此何遲。

**南城門** 老

百年如轉轂，六龍無停奔。皚皚頭上霜，日夕近泉門。僵蠶不出繭，敗葉歸其根。造物固非我，誰爲駐精魂。

**西城門** 死

白日曜晴景，萬靈被光輝。一夕遊岱宗，十載辭朝晞。孰是鬼伯促，草腐流螢飛。犯形終必毁，神理自無違。

**北城門** 沙門

貝葉幾千卷，西來祇樹園。乾坤視啓閉，生死何足論。醯鷄不離瓿，未識天地尊。誰問維摩疾，重開不二門。

# 五岳遊草卷九

## 吴遊下（詩三十六首），天台、剡川、越王臺咸越山川，緣遊吴而作，故繫之吴。

### 夜下剡川

浮生輕一葉，遊蹤固無定。朝發天姥岑，暮投石門徑。四山收暝色，野火落漁磴。回飈亂浮雲，一雨生晚聽。散髮倒玉壺，沉醉殊未罄。何自醒餘酲，泠然有清磬。攬衣杖前策，淬此五岳興。不甘作卧遊，吾具差濟勝。

### 越王臺

飛樓跨千尺，百雉明朝霞。殷殷走馬岡，知是越王家。扁舟人已遠，五湖烟雨賒。遂令霸圖寢，孤城白日斜。翠巘通秦望，清溪隘若耶。山水獨巋然，誰爲憶豪華。不見當時女，春風自浣紗。

## 西湖

十載西湖别，桃花憶故蹊。相逢一攜手，草色正萋萋。藉草尋芳徑，飛花逐馬蹄。春風三月暮，緑暗畫橋西。放鶴來孤嶼，浮槎出大堤。水雲三萬斛，人在鏡中迷。一雨催歸棹，湖光日暮低。山公猶未醉，解聽白銅鞮。

## 嘉禾烟雨樓

理棹入南湖，孤帆向空没。高樓起浮嶼，差可望溟渤。吴山百餘里，天際渺一髮。何當名斯樓，烟雨莽超忽。我行暝烟收，因之弄明月。菰蘆拍岸長，叢林間清樾。倒影逐流光，深夜驚栖鶻。臨湖扉半掩，萬籟静不發。對此神逾清，徘徊興靡竭。

## 虎丘

生時淬寶劍，死後錮重泉。金銀列池沼，水犀甲三千。雄圖悵何在，白虎卧冢前。冢上插浮圖，攀撩捫青天。高標礙日月，鳥道埋雲烟。突兀造化手，迅飈巢其巔。俯身上上頭，一氣下茫然。平林莽如織，燈火萬家連。遥指姑蘇臺，麋鹿遊當年。誰令石室空，秣馬去不還。興亡等灰滅，荒冢使人憐。

## 慧山第二泉

昔人閑抱甕，逍遥慧山前。自飲中泠水，云此第二泉。青山隔世代，白日響潺湲。石抱太古色，流窮無盡年。泠泠總紺碧，沆瀣落九天。恍惚藐姑射，神濩潴瓊田。澆我萬斛塵，天風兩腋旋。嗟嗟此處士，高韻古今傳。

## 金　山

金山一拳石，杳然天宇涵。朱甍連萬瓦，梵宇俯澄潭。海月開夕霽，天風散朝嵐。長江咫尺地，天與隔東南。水府淼莫測，驪頷誰許探。若爲拾金人，驟至啓石函。卜築嵌空竇，猶然坐瞿曇。回首挹浮圖，貝葉聲諵諵。真境不再得，何時早投簪。回光坐水觀，彌勒好同龕。

## 牛首山

王氣趨鍾陵，群山多内奔。牛首不受制，崒崒自南屯。三山擲雲表，雙闕象天門。怪石怒層巒，儼若虎豹蹲。松杉夾飛磴，下有百尺根。行行躡其巔，白雲封朝昏。浮圖振鳴鐸，倒影懸朱旛。懿此選佛場，辟支象可捫。時有五色光，云是舍利存。老僧分半榻，掃石焚芸蓀。四望坐積水，明月照遠村。青翠沁詩脾，倏然遠世諠。擾擾斗室者，何如虱處褌。

## 燕子磯

燕子磯頭月，天涵一鏡空。維舟迷故渚，影落冰壺中。疾風吹浪起，清夜雨濛濛。偶來越疏林，颯颯如斷蓬。穹崖隱洞穴，劈畫疑神功。亦似海蜃結，飛來住空同。釃酒臨大江，宛然對隋宮。一片揚州樹，傷心故苑空。

## 采石

疊嶂若雲屯，蜃樓滿江臯。浮烟落天門，千里翻波濤。伊昔李青蓮，輕舟泛宫袍。扣舷欲無人，對月成吾曹。斗酒自淋漓，眼花興益豪。騎鯨去不返，海闊天宇高。茫茫此碧落，百代沈風、騷。酹君一杯酒，江水日滔滔。

## 謝家青山

昔在宣城守，青山屬謝君。青蓮有居士，投老欲爲群。太守五畝宅，居士三尺墳。精靈自來往，賢達垂令聞。歲久冢宅改，田父紛耕耘。斷碑卧荒草，彷彿留空文。悠悠千載間，誰與續清芬。欲語無人會，青山有白雲。

## 白岳東天門

東南有名岳，沿流探其勝。丹崖挹曉氛，紫霞落飛磴。海天一望平，松濤逗清聽。行行上天門，一竇開石徑。忽然見樓臺，金碧相緯經。樓高不知暑，雲歸常晝暝。縹緲樓中人，焚香擊清磬。喃喃讀黄、老，適與雅意稱。

## 羅漢洞

大壑渾無底，青山到處逢。連岡抱曲澗，片片削芙蓉。月冷時窺虎，雲深尚蟄龍。洞門落回飈，隔浦聞清鐘。東炬達藍渡，百里藏仙蹤。欲問桃花津，仙源杳無縱。惟餘澗下水，遲日照溶溶。

## 太素宫

玄天分紫氣，貝闕禮金容。後枕玉屏山，前擁香爐峰。長風吹不散，時有白雲封。杖策最高頂，揮手招仙蹤。烟軨若西墮，導引雙飛龍。顧影忽復失，天路邈難從。去去欲何之，留此巢雲松。

## 五老峰

真宰無終秘，靈山開左掖。石池函玉髓，顛崖倚千尺。寒雨晝常飛，明星夜可摘。仙鹿不再至，空洞掛絶壁。何來五老人，蜕骨化兹石。我愛坐其麓，把酒酹空碧。天風下瑶臺，吹我雙鳧舄。遥向黄山去，一片浮雲白。

## 釣　臺

推篷開曉霽，烟雲四顧收。長江抱叠嶂，懸崖俯中流。山奇水亦絶，萬木垂清幽。伊昔嚴先生，於焉披羊裘。垂綸有深意，世事非吾求。青天釣明月，滄波隨白鷗。不知有天子，焉論公與侯。嶷然漢九鼎，詎謂一絲留。千秋方謝鄰，清風兩悠悠。

## 歸天台

一萬八千丈，白日行爲斜。群山若塍埒，孤標隱谽谺。彷彿天中垂，一朵青蓮華。四望周千里，莽蒼瀛海涯。山高風亦烈，草木春無花。四時祇烟雲，晨夕呈天葩。東南無復勝，咫尺有吾家。還來卧此山，煮石餐艶霞。

## 西湖放鶴亭

放鶴亭前月上時，逋仙深怪鶴歸遲。鶴歸夢斷梅花白，影落寒塘君未知。

## 立春江行見金山雪霽

千里流澌一望平，芙蓉插漢曉鐘清。長江日抱龍蛇影，大壑天空鳥雀聲。白雪乍消楊子渡，春風已過石頭城。向平未遂名山願，肯把屠蘇讓後生。

## 賦得大江行送圭叔之南水部郎，時中叔守浮光，余亦請告將歸海上。

大江西來六千里，驚濤射日長風駛。金山倒擁海門開，玉堞平臨浪花起。結綺涵虚事已空，皇州春色逐征蓬。六朝事業寒烟裏，一統河山化日中。漢家習戰昆明水，舳艫横蔽江之涘。旌旗晝拂石城飛，鯨鯢夕泛滄溟徙。共看巨艦駕黄龍，亦有輕舠貢白雉。江上千艘爲君使，尚書之郎古虞氏。君才本是濟川舟，握籌五月下揚州。何遜暫教爲水部，青山緑水恣行遊。采石磯空明月夜，雨花臺迥晚風秋。轉憶和歌燕市曲，祇今離别楚江頭。吴、越山川梁苑客，萋萋芳草隔汀洲。龍江關南海天碧，龍江關北淮雲愁。一水盈盈雙鯉杳，大江上下日悠悠。

## 金陵懷古

龍盤虎踞石頭横，百二雄圖控帝城。自識東南多王氣，謾論西北總神京。長江天作三吴塹，衰草烟迷六代營。

歷盡廢興還白下，海門斜日暮潮生。

江左偏安昔未收，披襟此日羡皇州。九衢閣道瞻華蓋，千里江濤擁上遊。神策旌旗新氣象，離宫月露舊風流。青山不管興亡恨，誰攬浮雲吊古丘。

## 白下與湯奉常義仍集家弟圭叔宅有作兼寄朱考功汝虞

燕子磯頭採白蘋，軒裳麋鹿偶相親。蓬萊咫尺三珠樹，天地蘧廬一酒人。拂塵青山供客恨，披襟白眼傲風塵。長江不盡滔滔意，總付長安麯蘖春。

## 王將軍園亭在駐蹕山

罷獵南山日欲曛，灞陵誰識舊將軍。卜居猶帶風雲色，投老應隨鹿豕群。鑿石巢空懸鳥道，披烟種玉長龍文。匣中剩得青萍在，夜雨啾啾耳畔聞。

## 再宿王將軍石室

萬緑絪緼宿野烟，江南五月半晴天。雙雙燕子逢人語，引得新雛掠水邊。

種竹移花欲滿庭，高齋雨過萬山青。怪來無事銷長日，起向松根斸茯苓。

翠巘岧蕘户不扃，竹林深處有孤亭。午風吹夢人初醒，一卷牀頭相鶴經。

高樓隱隱白雲間，半落寒流半枕山。樓上輕盈聞笑語，微風吹動緑雲鬟。

## 除夕舟泊吴閶門寄懷王承父伯仲

十載風塵憶路難，無端裘馬又長安。青山眼底無招隱，白首江干有伐檀。麋鹿荒臺春色近，烟霞短棹客衣單。與誰共作河梁別，虎阜鸎湖酒欲闌。

## 春日過吴門留别周公瑕王百穀張伯起幼于諸君

折梅此地又逢君，解纜相看日欲曛。歲酒釀來澆客憤，德星聚處動天文。五湖春色烟中滿，半夜鐘聲夢裏分。行盡江南芳草緑，王孫幾度憶離群。

## 錫山人日别陳稺登余故因其父光州君而交稺登

十載神遊倘夙緣，五湖棹倚僅經年。重來吴市逢人日，共枕龍山第二泉。尊向紀、群開北海，劍分淮、汝隔中天。相思幾度浮光草，淚落春風玉樹前。

## 陳從訓茅平仲二山人飲余京口舟中語次有懷張助父緑波樓

江上相逢意若何，停雲縹緲暮愁多。匣中雙劒稱神物，河畔三星動客槎。北固青還春草長，廣陵白擁夜濤過。臨流共作天中想，千里高樓起緑波。

## 賦得紫霄崖

紫霄崖頭天欲傾，半空晴雨翳雲坪。古洞谽谺絶壁横，陰崖鬼斧劖玉屏。下有十二芙蓉城，飛泉千尺下深泓。夜半牀頭風雨鳴，起向山中騎鹿行。偃伏獅象走鼯鼪，瓊樓貝闕紛相迎。東方華華綵霞生，忽聽吹入步虚聲。恍爾群真朝上清，寶幢絳節翠霓旌。五老三姑集玉京，羽人之子調碧笙。玄鶴朝唳猿夜驚，千山月色如晝明。溪流屈曲花盈盈，榔梅篩影夢未成。安得便爾遺世情，留煮白石餐青精。俯身千仞一羽輕，咄嗟置身一羽輕，柰何海外尋蓬、瀛。

## 贈黄説仲遊雲間

三山浮海外，五岳矗天表。焰蛙足涓滴，遊道一何眇。黄生意氣凌秋空，大江南北多行蹤。詩魔酒德技兩絶，青山緑水思無窮。即今百錢掛杖後，芒鞋又向雲間走。我遊五岳兩未周，向平婚嫁徒掩口。逝鞭巨石駕黿鼉，眼底蓬、瀛亦何有？腰懸寶劍多龍文，特以贈君君不聞。請君爲我循東岳，折簡先馳滄海君。

## 廣陵曲

維揚大業多陳跡，木蘭庭上燈花夕。六宫齊唱柳枝詞，天子緣思廣陵陌。廣陵巨麗足芳年，解道征遼亦偶然。夾堤楊柳三千曲，近水樓臺十萬廛。回廊複道雲間度，繡棁金鋪月下縣。瑣窗射日聯珠箔，寶幄迎風落翠鈿。千門萬户春光滿，白日誤入迷神仙。嵩塢花香迎鳳輦，崆峒黛色照冰筵。御女樓前車思巧，司花掌上舞衣翩。魂夢到來渾作祟，嫦娥不枕詎成眠。寵深可柰蕭娘妬，望斷迷樓柱上篇。無復見君徒自盡，不留儂住也須還。憶在東京西苑裏，院院笙歌沸人耳。月明閶闔開宫門，夜靜蓬萊浮海水。揭來畫舫鬭嬋娟，遮莫春風醉桃李。無端一曲望江南，龍舟更向維揚市。朱旂羽葆雜如雲，錦纜牙檣疾於駛。宫中血染去時輪，道傍鬼哭誰家子？矮民頸刃一朝寒，司馬伏兵中夜起。惡梅好李豈忘情，滄海桑田故應爾。水殿樓船事已非，黄昏古道客行稀。誰堪再説迷樓事，一望荒臺淚滿衣。

## 泊瓜州一夕大風望廣陵城不至

白日忽西匿，玄雲誰與期。晨昏倏變易，百年故如斯。憶昨發天台，層冰滿江湄。今來渡揚子，春風柳如絲。狂風一夜起，驚濤拍千里。金、焦擁拳石，長江淼無涘。江頭春色逐揚州，揚子江波日夜流。誰能騎鶴還來此，銷盡年華總白頭。

# 越遊下（詩共四十首）

## 泊鄞江

錦纜牙檣江上舟，採菱歌斷雨初收。白雲半掩林皋色，紅葉全驚海國秋。霜落魚龍游淺渚，月明鷗鷺起芳洲。客懷澹蕩隨流水，不共蘆花相對愁。

## 登雪竇寺寺有伏虎禪師坐藤龕制毒龍於隱潭中

丹楓霜染舊珠林，夢斷青山問古今。落日階除留虎跡，高秋風雨聽龍吟。烟籠古碣中峰近，石掛飛泉大壑深。一自龕藤人去後，幾回山月照禪心。

## 余公子招飲湖莊賦謝

香風簾捲大堤長，公子南樓興欲狂。青草兩崖秋水闊，碧天千頃夜雲涼。芳洲好與題鸚鵡，寶幄無勞典鸘鷞。

最是主人能愛客，清尊共倒菊花傍。

## 九日候濤山望海

鴻雁江湖處處心，高臺此日一登臨。天迴南斗星辰近，水落寒濤渤海深。把酒暫逃蘭社會，憑樓試作越鄉吟。長風吹入蛟門島，蜃氣蒼茫涌萬尋。

## 禹　穴

明德誰埋宛委銘，斷鼇立極跨滄溟。指揮岳瀆鴻蒙割，旋轉乾坤巨壑停。玉帛嵇山來萬國，金書滄水護群靈。聖神事業天同遠，暮雨空陵石作扃。

## 過樵夫亭樵夫死革除難

鼎湖龍去未應還，敢謂烏號尚可攀。抱石有心甘楚澤，采薇無路覓商山。一言大義明霄漢，萬死餘生直草菅。姓字不傳塵跡在，至今俎豆出人間。

## 兩登巾山雨憩景高亭

夢裏懷人若有神，斷碑荒草一時新。孤亭地擁雙峰起，絶壑天開萬井春。棹倚浪花來曲岸，檻迴烟樹落平津。江風江雨應無限，爲灑徐卿壁上塵。

## 桃源行

君不見劉、阮相將出洞天，洞門轉眄埋蒼烟。花開花落誰爲主，寥落壺天幾歲年。我亦天台採芝客，來往青山訪陳跡。萬樹夭桃隔綵霞，彷彿仙娥落空碧。記得津迷採藥郎，桃花流水偶相望。隱隱胡麻來石髓，雙雙玉女下天香。雲鬟翠黛流蘇帳，伉儷不殊人世狀。仙家雞犬日月賒，七日滄桑何漭蕩。塵心忽自憶人間，一别仙源遂不還。白石蒼苔翳舊路，瓊樓玉宇掩重關。孤鬼爲家莽荆棘，烟霧茫茫招不得。鑿石誅茆發隱淪，我與山川生氣色。古陌無津不記春，敢希邂逅望仙塵。但將指點漁郎道，弗使桃花解笑人。

## 上華頂

群山培塿列兒孫，萬八峰頭此獨尊。咫尺一嘘通帝座，東南半壁擁天門。仙家雞犬雲間宿，人世烟霞杖底捫。

玉室金庭何處是，等閑拔地有崑崙。

## 宿石梁

獨跨幽崖劃鬼工，何來神物蜕崆峒。轉疑白日填烏鵲，忽謾青天駕彩虹。飛瀑倒垂雙澗合，驚濤怒起萬山空。西樓月色終宵在，風雨無端滿梵宫。

## 遊仙岩謁文信國諸公像

雞鳴犬吠白雲中，共指三山有路通。縹緲層樓疑海氣，谽谺一竅倚天風。長安日落孤航杳，故國魂招大澤空。天爲群公留勝概，登高極目恨無窮。

## 蓋竹歌送王西之先生解綬還赤城。

君不見宇内洞天三十六，玄都仙伯紛相逐。乾坤溟涬初判時，巨靈攫取私南服。玉京委羽不足奇，亦有蓋竹台南巋。香爐峰高玄鶴舞，天門路狹罡風吹。洞天日月無終始，誰其治者商丘子。忽逢大塊飛劫灰，謫向人間作仙史。乞得天孫雲錦章，來時挾之下大荒。寶光不滅俗緣淺，一入長安鬢已蒼。黄金臺下春風改，滄桑幾變仙長在。

五斗何煩役世塵，扁舟却自還東海。鄉里小兒誇錦衣，誰爲我貴知者稀。胡麻可飯水可飲，白雲洞裏遲君歸。我聞此洞多素書，葛洪謂是神仙居。他年若返雲中駕，七夕相招幸待余。

### 元夕宿精進寺

淡雲疏雨晚風晴，吹入人間不夜城。僧寺獨餘松際月，洞簫聲裏萬山明。
閉目攢眉夢裏禪，蒼松翠竹自悠然。眼前空有天台路，誰記靈山識普賢。
小橋流水隔溪東，日暮疏鐘度嶺風。入定不驚泉底石，談經時起鉢中龍。
半壁懸崖海上村，烟埋古佛繡苔痕。僧持貝葉歸何處，虎守齋壇鶴守門。

### 黄上仲讀書委羽洞

自挾青藜下洞天，鶴歸仙去幾多年。津迷谷口無驚犬，石掛苔痕有暝烟。海氣遠從瑶島上，霞標高與赤城連。王孫歲暮歸來晚，爲我長吟桂樹篇。

### 登金鰲山宋高宗、文信國俱航海至此。

巨鰲不戴蓬、瀛去，獨向江門枕濁流。曲磴眠雲芳草濕，洪濤浴日曙光浮。山城埤堄黄沙磧，水國蒹葭白露秋。

極目西風傷往事，誰家君相屢維舟。

## 華頂太白堂觴别王承父山人是天台萬八千丈處時朗陵劉孟玉在坐

天台十月行人絶，萬八峰頭早飛雪。寒江水落木葉波，烟樹山山互明滅。雪花忽散晴峰迴，滄海蓬萊掌上開。方平拄杖正絶倒，崑崙先生騎鶴來。來時正與劉郎值，雙娥洞口遥相伺。萬樹桃花迷舊溪，祇今尋源不復記。崑崙有路通天台，石梁橋畔掃蒼苔。四山暝色收屐齒，雙澗鳴泉落酒杯。酒酣耳熱余欲起，笑指莽蒼胡乃爾。祇有天台兩片雲，來往青山作知己。故起高齋傍太白，與雲分作石上客。深山麋鹿耐爲群，永夜星辰坐堪摘。君來約我在新秋，風雨長江苦滯留。十載神遊徒夢境，一朝勝覽足玄蒐。我今辭君還去去，留此青山爲君署。他年牢卧此山頭，山靈有約仍邀女。

## 惡溪道上聽猿聲

惡溪不可涉，流水亦何心。石觸雲根出，灘迴屢窟深。繁霜沙際白，落月渡頭陰。轉憶巴巫道，青猿兩岸吟。

## 行至花濤雨宿旅店中因憶王承父劉孟玉已在天台山最高處

乍雨和烟暝，青山對面遥。荒村無吠犬，落日有歸樵。荷鍤來金嶺，吹笙過石橋。一枝霄漢隔，還與借焦鷯。

## 桃源道上别甘使君應溥

二月天桃花滿都，天雞呷喔臨長衢。洞門海日照方樹，錦江緑水明城隅。東皇忽報風雨妬，一春花事隨泥塗。君侯此日飭歸騎，滿堂惜别搴征帷。咄嗟王郎眼雙白，起舞花前倒玉巵。甘使君，我欲爲君歌此辭。大塊茫茫孰控持，雌黄好醜任爾爲。豐城紫氣埋獄底，神物會合隨所之。甘使君，與君折取雙花枝。花間蝶夢曾醒否，古今旦暮亦何有。眼底浮華幾變更，赤膽如拳向誰剖？腰懸三尺光陸離，直取長鯨佐君酒。甘使君，把酒勸君君莫辭。衆人皆醉胡爾醒，明日陰晴君自知。

## 入歡喦懷顧處士歡故居

混跡學樵漁，逃名不著書。誰添高士傳，我憶昔人居。華表無歸鶴，清溪有故墟。千秋橋上月，留影照蘧廬。

## 咏明岩壽鄧翁七十。

寒崖負石向明開，上有仙人馬跡來。口吸洪泉飛百尺，手持瑶草下三臺。匣中赤簡魚貪蠹，洞裏青精鳥浪猜。君憶何年曾駐此，與君一捧紫霞杯。

## 七月三日過盤山睠焉有結廬之思

盤龍頂上挹流霞，水抱沙迴石磴賒。竹葉滿山秋色净，槐陰墮地夕陽斜。行依絶壑饒雲氣，醉倚高峰眺月華。不爲乾坤憐勝概，更從何地覓吾家？

## 過石門

大壑懸崖起蟄龍，石門橫斷海天蹤。日高潭影空中落，雨過苔痕石上封。峭壁重重開錦繡，連山片片插芙蓉。塵心洗向溪頭净，側耳西風聽梵鐘。

## 宿靈岩寺

偶隨麋鹿度河橋，欲上丹梯石徑遥。一柱撼空盤地軸，四山排闥列霞標。嵐烟半作前溪雨，曙色平分大海潮。幾向岩阿裁薜荔，好憑玉女自吹簫。

## 舟次海口

蒹葭秋水木蘭橈，挾客來觀海上潮。萬里蒼茫空碧落，三山縹緲接青霄。西風木落驚帆影，南極星明射斗杓。

目斷扶桑天外盡，何煩鞭石駕危橋。

## 七夕宿江心寺

巨鰲忽斷雙龍起，屹立寒濤薄太清。滄海無津烟嶼遠，青天不動暮潮平。星槎此夕通銀漢，月色千山滿玉京。燈火城南纔咫尺，恍疑身世隔蓬、瀛。

## 同潘明府去華何山人貞父登玉甑峰是夕宿洞中觀海上出日洞一名玉虹

玉渚流虹雲氣杳，金莖飛雪露光寒。峰頭怪石多人立，直上乘風跨紫鸞。
灝氣淋灕接素秋，露冷月白水光浮。烟銷渤海三千島，石擁瑶天十二樓。
翠岫黄雲卧野蒿，石城樓閣倚天高。長風破浪來秋色，白日行空駕海濤。
洞口垂蘿不記春，檐前飛瀑下平津。石門流水漁郎遠，贏得青山好避秦。

## 雁山雜咏八首

### 老僧岩

苔衣深没脛，一定不知年。從君問息機，茫茫無始前。

**石梁洞**

跨壑渾無地，凌虚别有天。誰能身似鶴，縱步入蒼烟。

**靈峰洞**

金莖落沆瀣，叠嶂蹲虎豹。何物阿羅漢，鑿開渾沌竅。

**龍鼻滴**

神物愛名山，息此暫嘘氣。那爲造物妬，一蜕飛不去。

**玉女峰**

名花饒寶髻，青衿動天風。空山誰是伴，瀟灑自爲容。

**剪刀峰**

天孫重私巧，剪綵落雲標。粧成錦世界，遺此雙剪刀。

**天柱峰**

崒嵂矗霄漢，萬仞惟一楹。孤高豈徒然，天不東南傾。

**瀑布泉**

列騎隨飛輦，長虹下急湍。微風洒襟裾，六月鬢毛寒。

# 五岳遊草卷十

## 蜀遊下（詩二十三首）

### 五丈原

漢相北出師，魏軍受巾幗。本畏頓兹原，諉言安市陌。屯田雜渭濱，兵農兩安宅。圖謀已萬全，恢復無遺策。將星忽無光，化作營前石。死者已旋旆，生者尚奪魄。天意不祐漢，忠良腕空扼。興劉與帝魏，往事俱陳跡。寂寞登古原，黯黯土花碧。

### 連雲棧

壯上登散關，南行出褒谷。連雲八百里，顛崖架高木。鑿石布山阿，搽杙倚岩腹。閣道間偏橋，詰屈如轉轂。

馬蹄飽崚嶒，輿卒競擁簇。黑白俯二江，狂流撼飛瀑。猿狙隨我啼，虎豹夾道伏。寒谷少人烟，十里兩茅屋。誰爲鑿此險，世代共馳逐。行過陳倉山，山僧指其麓。秦兹開蜀道，漢兹逐秦鹿。石牛今不歸，故道尚可覆。雄關與敗壘，零落隨草木。感此欲凄然，夜入松林宿。

## 谷口

盤谷亘千里，南北連褒、斜。龍江噴珠玉，鳥道錯谽谺。怪石扆青嶂，飛閣饒紫霞。行過七盤盡，隱約見三巴。秋色正西來，種種收天葩。釣臺尚巋然，平陸餘桑麻。問之云鄭谷，舊是子真家。躬耕谷口田，潛德擬龍蛇。移得渭川石，不數青門瓜。遺蹤悵何在，室遠人已遐。清聲留百代，山水借芳華。

## 五丁峽

連山跨隴、蜀，地險絶躋攀。秦人刻石牛，糞金山谷間，欲誘五丁來，鑿石夷險艱。驅牛未至國，引盜已臨關。遂滅蠶叢祀，空餘五丁山。兩崖高巀嶪，一水去潺湲。鏟石塞路遠，斧痕尚斑斑。黄金與壯士，一去都不還。剩得千秋客，鞭馳若等閑。

## 琴　臺

臨邛有佳客，旅遇卓王孫。一曲鳳求凰，其女中夜奔。已忍當壚恥，寧辭鼻犢褌。知音寡儔侣，誓莫負君恩。奈何怨白頭，爲人賦長門。歡情不耐久，榮華故難存。人琴兩寂寞，無計起芳魂。窮猿啼故壘，落日照荒墩。

## 支機石

昔有乘槎客，窮源星海頭。一朝動天文，直上天漢流。宫闕耀金碧，機杼鳴琳璆。纖纖素娥舉，縷縷瑞烟浮。遺我支機石，寒光迸難留。歸問嚴君平，客星犯女、牛。梧桐墮一葉，白苧凉千秋。其事若恍惚，譚之足冥搜。爲問亭中石，何人復天遊？

## 浣花草堂

萬里橋西路，百花潭水流。落花隨去水，潭影日悠悠。憶昔僑居客，思歸江、漢頭。笳悲白帝急，木落錦城幽。病骨緣詩瘦，奚囊足旅愁。春秋三史在，風雅百年留。楚、蜀俱陳跡，乾坤祇浪遊。伶俜頭早白，揺落興先秋。老去詩千首，吟成土一抔。貞元人繼死，大雅欲誰收。

## 君平賣卜處

大道日雕喪，世路如轉轂。至人葆靈耀，不與世競逐。行潔道自超，跡混身免戮。吁嗟嚴先生，昔賣成都卜。百錢即垂簾，一飲止滿腹。不逃韓康名，高蹈在岩谷。不守揚雄玄，囁嚅在天禄。工羞柳下同，拙笑首陽獨。置身隱見間，玩世且雌伏。千秋過鄽市，遺韻猶在目。

## 薛濤井

爲染薛濤箋，來看薛濤井。新函楮葉精，古甃寒泉冷。轆轤架銀牀，百尺垂素綆。鮫綃出纖手，美人落清影。拂拭試冰紈，琅玕秀可餐。揮麈人如玉，徵歌氣若蘭。月明關塞曲，羌笛竹郎冠。萬里女校書，迷離顧所歡。嬋娟今寂寞，泪落滿欄干。

## 巫　山

朝雲不歸山，暮雨不返壑。連翩十二峰，蒼翠莽參錯。山川自朝暮，秋空澹如漠。奈何勞夢思，鍾情寄寥廓。洛浦環珮杳，湘筠淚痕落。楚客競修辭，在所恣諧謔。遂令姑射山，妄作妖女託。我來思美人，搴芳羞杜若。雲雨不堪疑，青冥迥猶昨。

## 黄陵廟

壁立重霄迴，斜連斗極高。山迴石倒出，拍岸盡驚濤。石上一丈夫，驅牛擁旌旄。云是古黄龍，佐禹成勳勞。丹書返滄水，石影留神皋。彷彿無支祈，揚靈在淮濠。雨色灘聲舊，林猿落日嗥。維舟一酹酒，巨壑日滔滔。

## 白帝城

白鹽落城頭，赤甲踞江左。瞿唐列象馬，長江掛雙鏁。白帝舊時城，連山垂欲墮。誰爲爲此者，輒自忘么麽。人傳白帝後，我聞赤帝先。神劍斬妖蛇，鬼母哭道邊。炎精未欲燼，躍馬待何年。還與赤帝嗣，託孤此山巔。興亡不一姓，古堞尚依然。登臺藉荒草，麋鹿近人眠。

## 灧　澦

一柱當坤軸，盤根逆逝波。夾崖啼虎豹，轉轂鬭黿鼉。萬古江流在，孤標奈爾何。雪消春漲惡，雨急夏濤多。濁浪動排空，觸石增嵯峨。連山七百里，一夜捲銀河。灧澦已如馬，瞿唐莫浪過。誰堪重回首，天上泛輕槎。腸斷青猿淚，三聲鬢欲皤。

## 江樓八景爲甘征甫公題。

### 鷺沙月白

皓月籠輕渚，蒹葭一望秋。道人心似水，群鳥逐行舟。

### 漁磴風清

返照入荒郊，晚風何處笛。輕舟罷釣歸，相向柳陰側。

### 螭石迴瀾

三星飛墮水，怒激起盤渦。五月瞿塘口，魚龍不敢過。

### 虹橋返照

長虹卧碧波，夕夕看天繪。人歸倒影中，鳥出斜陽外。

### 萠楠圍翠

六月班荆坐，深林無暑來。掛巾時復墮，爲有午風吹。

### 雙桂交香

空街緑玉樹，對影光離離。月落寒塘曲，露凝香滿枝。

## 竹徑瑯玕

三逕烟霞伴，流陰冷晝屏。蕭蕭風雨夜，積翠滿空庭。

## 花禽抱玉

寶幄闌干裏，天香引玉雛。春風任榮落，得食自相呼。

## 江樓歌

若有人兮江之干，抱危石兮俯長湍。麟鳳郊遊兮，鴻鵠斂翰。牽蘿帶荔兮，碩人之寬。南山有薇兮，北山有蕨。倚江樓而日暮兮，神縹緲其飛越。云誰之思兮美人，隔千里兮共明月。明月皎兮如沐，悵幽人兮其獨。時颯颯兮風松，又蕭蕭兮雨竹。風雨倏兮何常，四時春兮如簇。登兹樓以歸來兮，何詹尹之可卜。

## 余得調去蜀入粤叔明程先生亦自蜀來共話山川凄然興感賦此短章

我憶三巴道，君來萬里橋。青山共知己，白眼睨重霄。暮雨陽臺杳，秋風錦水遥。相逢重回首，記取木蘭橈。

# 楚遊下（詩十二首）

## 夢遊楚中因繹爲楚歌

六千大楚壓江濱，吞吐風雲幾萬春。鸚鵡磯頭誅傲吏，汨羅渡口放忠臣。
黄鶴高樓幾度過，一聲鐵笛傍漁歌。夕陽倒處波心動，明月來時樹影多。
湖湘千里洞庭開，一髮君山天際來。駕鶴仙人蓬島去，牧羊神女涇陽回。
舟過夷陵第七灘，棹歌聲在白雲端。巴心明月猿啼遠，石首清風郢調單。

## 寄題九疑山酬李十二使君以圖示

洞庭南來幾千里，九點蒼山凝暮紫。云是重華古帝陵，夕陽明滅渾相似。玉輦何年去不還，湘娥淚盡篺衣斑。白雲一片蒼梧遠，木落湘江杳珮環。山鬼跳前狨嘯後，暝烟歷亂浮雲走。金支翠輿不復御，九山黛色無尋處。苦竹叢頭叫鷓鴣，帝子不知春已去。風雨寒崖薦緑蘋，千年陳跡總留君。披圖若聽山靈語，製錦於今有美人。

## 過洞庭

楚天牢落楚江秋，楓葉蘆花伴客愁。三十六灣涼夜月，雁聲速度岳陽樓。
天際孤帆載白雲，一空烟水半江分。九嶷日落瑶華遠，哭斷瀟湘不見君。
紫籜蕭蕭染淚痕，鷓鴣聲裏幾黄昏。龍堆草色春心暮，望斷誰招帝子魂。
洞簫吹月起江波，響徹君山繞黛螺。白苧滿船秋露濕，不堪清怨月明多。
七澤三湘逗客槎，酒香亭畔結漁簑。若爲旅思逢歸雁，一夜鄉心到薜蘿。

## 與劉元承入蜀至荆門執别

謾誇此日一登龍，碣石談天意轉濃。劍氣摩空神欲合，使星向蜀客初逢。雲連棧閣三千里，雨暗陽臺十二峰。日暮河梁重回首，滿江秋水插芙蓉。

客心何自最關情，潦倒烟霞物外盟。玉井峰頭蓮欲吐，峨眉頂上雪初晴。杖藜知我風塵厭，樽酒還君意氣生。惜别不禁千里目，天涯草色照雙旌。

## 滇粵遊下（詩十四首）

### 桂嶺守歲效李長吉體

街鼓逢逢催曉急，家家椒柏春風集。傾盤剪勝百事新，昨夜神荼燼中泣。朝行紫海暮歸疾，母道經年兒半日。兒女催人攜老至，百年轉盻須臾事。蒼梧夢斷紫筠斑，石墮湘流去不還。無計聖賢能守此，年年草色自江關。坐來兼憶麻姑别，東海飛塵白如雪。

### 謁柳柳州祠墓

天寶、貞元人已死，千年大業竟誰是？手提大冶鑄乾坤，後來共説河東氏。並轡中原有幾人，愈也角立河之濱。百川却障狂瀾折，風雨延津會有神。解道河清苦難俟，瞥驚白日風塵起。去國投荒十二年，驅鱷開雲八千里。魅魍蛟螭作比鄰，强開闇曶就陽春。耐可呼天作知己，詎知天意難具論。刻物肖形神理在，尺管疇令握真宰。爾曹自取造化忌，夭死炎荒託蓬壘。侯死較先韓較後，羅池之碑及韓手。敖氏春秋鬼不饑，桐鄉丘壟人應守。潯水南流即舊津，黄蕉丹荔伏猶新。手披蔓草荒祠下，余亦東西落魄人。

## 吊劉參車賁墓

劉參軍，獨鶚啾啾百鳥群，長鋏倚天氣吐雲。巫咸不下霄漢遠，淚斷杞國人無聞。欲扶霾曀上天門，虎豹狺狺坐九閽。玉女投壺笑方劇，衆星爭月光猶繁。且招龍、比遊地下，萬里投荒奄墮馬。湘流東去鵬南來，長沙吊原君泣賈。生慚借劍阻尚方，死願裹屍棄中野。雄虺封狐任九頭，魂招不來粤山赭。劉參軍，青山瘴癘多風雨，化碧啼鵑一抔土。土偶何知便是君，請看生氣靡靈氛。

## 蒼梧道中攬鏡獨歎蓋余風塵荏苒一十五載矣

曾無大藥駐朱顔，華髮星星鏡裏還。修竹拂痕悲玉輦，西風捲蘀下烏蠻。三湘水繞龍蛇窟，五嶺塵迷虎豹關。萬里勞生猶未厭，遥從馬首覓青山。

## 栖霞洞

伏波山前桂樹林，伏波山下灕江深。八桂掃天不見影，七星墮地成瑶岑。倒植雲根覆地肺，暫然有洞窺江心。上列星樞懸法象，下刳石脉倚崟嶔。東炬照天行白日，噫氣淅瀝吹衣襟。龍門千尺玄鯉躍，天闕三疊赬霞沉。寒岩六月不知暑，處處鐘乳如懸針。湘靈合掌布袋笑，獅象駱駝爭獻琛。金山瓊海勢蕩潏，萬古石髓堆至今。更有怪石亂相蹲，禪牀不動禪房陰。岩縫突出巨靈手，杖底似聞鐘梵音。幽壑風生虎豹踞，寒潭水洌蛟龍吟。飛走萬靈無不有，首垂鼯鼠緣蚴蟉。蒼蘿高掛日月昏，顛崖中斷風雷吼。乍見明星出海樹，驚起栖鶻號鬼母。何年六甲操神符，手弄雙蛇開户牖。豈是媧皇煉石處，石裂天傾逗江口。區區三十六洞天，索遍道書藏二酉。誰爲遺此落人間，夜夜流霞光射斗。

## 黄化之約遊端州七星岩

天罡落地化爲石，招摇夜浸寒潭碧。蛟龍抱珠窟底眠，驚起風雷撼廣澤。劃然鬼斧下天門，剗碎群峰向空擲。硿礱巧幻天琢成，洞中剩有神仙跡。石鐘聲度嶺頭雲，玉壺冰結水中紋。鵁鶄屬玉飛不下，欸乃漁舟隔岸聞。夕陽返照暝烟上，天籟宵沉浄紫氛。連山四垂波影倒，羽觴飛映晴川抱。舟行天上人鏡中，依稀欲走山陰道。醉疑身是樞星精，我欲與君挹取斗柄吞長鯨。踏得岡巒作平地，手掬星光還太清。

## 還自粤途中即事

絡緯秋風枕簟新，天涯莽蕩一羈臣。青萍自拂誰知己，白首相逢盡路人。嶺徼瘴隨風雨惡，蠻家路逐犬羊鄰。

生還此日逢明主，咫尺桃源去問津。

三湘石出洞庭波，聚散浮雲奈爾何。落日舟中無薏苡，秋風瀨下近牂牁。蠻烟共怕逢青草，旅夢翻驚在綠蘿。爲問溪頭舊相識，白鷗孰與向時多。

## 昆明池泛舟夜宿太華山縹緲樓

高秋風雨欲西來，秀拔三峰掌上開。半浸混茫分野色，平臨紫翠落城隈。洪濤漲處無烟嶼，青海翻時有劫灰。共道風光天外盡，誰看咫尺在蓬萊。

登山臨水爲誰留，葦白蘋青起暮愁。萬頃濤聲行木末，千尋岳色倚池頭。石鯨不見秋風動，金馬來追夜月遊。何限乾坤蕭瑟意，依然縹緲一飛樓。

## 點蒼山雪歌

點蒼山高高躡空，連峰十九如掛弓。峰峰流泉落澗底，下浸榆葉函山東。高山積雪照人眼，六月吹墮隨罡風。寒光飛翠迸馬首，太陰顥氣摩蒼穹。我聞點蒼有奇石，胡自山蒼石還白。豈是陰崖太古雪，化作瑶華點空碧。玉宇璚樓亘終古，影落榆河驚水府。驪龍弄珠蛟起舞，吐炬燃天作風雨。洪濤不没大鶴洲，暫然大地如欲浮。四時變態更譎幻，深山巨澤良悠悠。我欲乘風御列缺，排雲直踏中峰裂。珊瑚出水月未高，倦來且嚼山頭雪。

## 行定西嶺即事

風塵莽白日，奔走無歡顔。青山抹馬首，步步皆重關。石滑驅車苦，磴懸留足艱。巨坂欲造天，得往畏艮還。又懼墮叢箐，冥行披草菅。路逢三兩人，衣服盡斑斕。瘴癘眇天末，虎豹雜人間。轉憶清溪頭，溪流正潺湲。何時棄簪紱，尋取白鷗閑。

## 與劉憲使質之浴安寧温泉因讀楊用修先生詩有驪山硫黄之憎輒用繹之

入關憶傍華清近，浥得長湯洗塵坌。謾憎捉鼻謝硫黄，且艷留香膩脂粉。安寧亦有螳螂川，碧玉捧出温陵泉。瑶光七尺辨毛髮，寶鑑不動晴空懸。乍驚沆瀣落金掌，更疑神瀵瀦璚田。文園有生抱渴久，風塵躍入澆百斗。俯身忽覺坐清涼，習習冷風起兩肘。浣花溪頭流錦紋，赤城道畔遺青韭。恍惚神奇事有無，祇此灌頂成醍醐。爲僻荒陬守清境，但逢好事皆吾徒。不學驪山照眉黛，金錢祇博洗兒娱。

## 九日同吴原豫張養晦二憲丈登九鼎山

君不見，巴西吴使君，君家九峰號凌雲，三峨隱隱天際分。又不見，沅陵張仲子，君家九疑隔湘水，白雲盡入蒼梧裏。就中九鼎亦巑岏，五雲自昔稱奇觀。竭來選勝正陽九，北風吹雁天宇寬。白衣望斷黄花老，落落長松翠色寒。疏櫺朗月照清夜，大壑噫氣摶林端。燕壘蜂房嵌空碧，清磬一聲天咫尺。秋旻欲化無羽翼，仰頭好把雙星摘。君爲我浩飲，我爲君朗吟。烏帽籠頭吹不落，杖底青山知我心。醉睨點蒼山上雪，手撲飛花和酒咽。

### 無心上人開山於鷄足之翠微余來循黑龍潭度虎跳澗禮華首門攝衣相隨書以識别

誰將去住寂無心，獨鶴孤雲向遠岑。塹下繩牀看虎跡，偶持瑶鉢聽龍吟。竭來轉得蓮華藏，到處開成寶樹林。我欲從人訪真諦，更期何地覓知音。

### 月輪自京師護大藏歸鷄足説法

爲馱白馬上長安，飛錫西歸路不難。幾點曇花吹法雨，一輪明月照蒲團。誰家拾得摩尼寶，此地傳餘竺法蘭。屈指龍華當日事，青山無盡夕陽殘。

### 迦葉殿謁尊者像因過放光寺嘗入功德水

禮罷靈山兩足尊，妙明千劫半龕存。定中付法衣猶在，坐上拈花笑不言。寶刹有光留色相，石泉無竇見根源。

溪雲山月年年事，何日龍華闢此門。

## 將入滇寄子行

綵筆曾干意氣豪，當年吞吐薄秋濤。擊壺爾豈忘千里，攬鏡於今見二毛。骯髒未能消白日，婆娑應已厭青袍。點蒼有雪聞堪餌，寄取重緡海上鰲。

## 史侍御庭徵招飲龍池

樓船載酒集芳堤，燈火城南咫尺迷。一曲中流沉碧漢，五雲叠嶂護青溪。人行鏡裏嵐光净，月到波心樹影齊。爲語山公猶未醉，兒童休唱白銅鞮。

## 再至龍池時史侍御餘皇成因憶余白鷗莊中扣舷問月必有朋輩在而余則相去萬里矣

山公重到習家池，錦纜牙檣落酒巵。大澤蛟龍曾化處，高秋風雨欲晴時。尊前玉倚連山暎，岸上花明一棹移。我亦東門有瓜圃，蟾光共照木蘭枝。

## 攜兒自滇遊還途中即事寄子行因憶吴惟良陳良卿陳大應鄧子昌俱已化去

納納乾坤去不留，客懷空自付高秋。曲鈎不作封侯計，雄劍難消壯士憂。避世好栽荷芰服，呼兒且典鷫鸘裘。故園相識都澌盡，誰念畸人共白頭。

# 廣志繹

# 點校説明

一、本書以國家圖書館所藏康熙本廣志繹進行點校，該本康熙十五年（一六七六年）由楊體元刊刻成書。目前所知此本有三處入藏，另兩種分藏於上海辭書出版社與福建省圖書館。國圖本與上海辭書本形制完全一樣，内容基本上没有差别，但上海辭書本只有馮夢楨序與王士性自序，而國圖本還多出曹溶與楊體元序二首。但國圖本也有小疵，即書末缺了三葉，致使附刻的雜志部分缺了三節半。國圖本與上海辭書本廣志繹所附雜志部分，原是獨立的著作廣遊志，點校本仍其舊附，國圖本所缺最後三葉，以上海辭書本補上。藏於福建省圖書館者歷來以爲有殘缺，最近點校者特地去福州查閲，發現這是一種未附刻雜志的版本，本身首尾完具。其目録上只有六卷之目，不像國圖本與上海辭書本目録上在六卷之後還列有附刻雜志一行字，所以這是另一種廣志繹全本。至於其内容則與上海辭書本完全一樣，顯見楊體元刻此書時，一附刻雜志，另一則無，各自行世。

二、清代以滿族入主中國，對「夷」「虜」「韃」「胡」甚至「匈奴」之「奴」這一類字十分反感，文章中若含有此等字眼，上版時須改爲「彝」、「魯」（或「鹵」）、「達」，改不了的「胡」、「奴」等字就空格或置一墨釘。國圖本基本上已經没有忌諱字了，但上海辭書本仍有改而未盡者。如國圖本所有「夷」字全部改成「彝」（除了作爲人名的顧夷外），但辭書本在馮夢禎序中還殘留一個「夷」字。再者，「胡」字在國圖本已經作了處理，如卷三言阿房宫之西門，「名却胡門，冀以吸胡人隱刃」云云，該兩「胡」字國圖本皆空格，而辭書本照寫不誤。可見辭書本印在前，而國圖本印在後。此次點校皆將避諱字復原爲本字。

三、康熙本廣志繹的發現乃近年之事，此前世人所知廣志繹僅有收入台州叢書的本子（以下簡稱台州本），中華書局一九八一年曾據以標點出版。康熙本與台州本相較，並無實質性的差别，但在文字方面康熙本長於台州本處不少，兹舉三類實例説明之。

第一類：今存世之台州本漫漶之處不少，有些字無法辨認，如卷一有「荆山以北，高□燥固，水脉入地數十丈，無所浸潤」。卷二有「今使余嘗一水，此水美惡則立辨之，明至□處，口已忘之矣，安能並海内而記其次」。此二處漫漶之字，康熙本分别爲「曠」與「他」，使意思完足。這樣的情況在頭兩卷中已有五處。

第二類：台州本一些重要或關鍵的脱訛處都可藉康熙本得到改正。如台州本卷一有「又自塞外入水二，曰大渡河、曰麗江；自太湖千里延袤入者二，曰洞庭、曰彭蠡……」，此處「太湖」二字不可解，而康熙本「太」作「大」，則文義可通。又如卷二有「黄河源流泰山之北，至直沽入海……」一句，其中「源」字顯然不妥，康熙本作「原」，於義乃安。

第三類：有些字於台州本並無誤，但康熙本比之却更優長。如台州本卷一關於海潮一段有云：「海潮，有云從日，有云因月，有云隨星。從日者，唐盧肇之説也；因月者，元邱處機之説也；隨星者，宋蘇子瞻之説也。」康熙本後面兩個「説」字，分别爲「論」與「言」，顯然稍長。雖然這一差異不影響文章意思，但於修辭而言，自以後者爲佳。又如馮夢楨序有句云：「躍馬中原，攬轡關河，可謂天下之志，此當不在史遷杜詩下。」康熙本「史遷」作「遷史」，也顯出其長處。

康熙本長於台州本是有道理的，因爲據楊體元刻廣志繹序所述，康熙本最接近於原鈔本。而宋世犖刻台州叢書時，去康熙已遠，其時楊刻康熙本已經「流傳絶少」，宋氏祇能以自鈔本和另一鈔本互校而後付梓。這兩個鈔本大概都是輾轉傳鈔多次，自然離原本要遠一點。

此外，康熙本廣志繹所附雜志也有長於康熙卅一年馮甦所刻五岳遊草最後兩卷雜志的地方。五岳遊草十一卷地脈一節中有如下文字：「黄帝始起涿鹿，堯都平陽，舜都蒲阪，禹都安邑，其後盡發於塞外，玁狁、冒頓、突厥諸國之王，最後遼、金至元而亦入主中國，故曰北龍次之。」文中之「諸國」二字，康熙本廣志繹作「彝狄」，顯然是保存了原本的面貌。再如勝概一節，馮本有云：「太岱、匡盧，在日仲之間。」「日仲」不可解，康熙本廣志繹作「伯仲」，則文義暢通。

然康熙本亦非盡善盡美，也有短處。如卷一講天下賦税不均時，舉有一例云：「若在共邑，則同一西南充也，而負郭十里，田以步計，賦以田起，二十里外，則田以絙量，不步矣……」，此處「西南兗」顯然衍一「西」字，南兗乃四川縣名。台州本無「西」字正確。又同卷另一段：「河源自北紀之首，循雍州北紀，達華陰而與地絡相會……」，觀前後文，第二個「北紀」應是「北徼」之訛，台州本正作「北徼」。

四、無論康熙本還是台州叢書本都有大量異體字，兩本對勘毫無意義，爲方便排版與閲讀皆徑改以通行之繁體字，不另出校勘記。

五、由於廣志繹材料豐富，見解高超，故大爲清初學人所重，顧炎武即將其大部分内容抄入肇域志中，分列於各省之下，而題以方輿崖略（方輿崖略實爲廣志繹卷一之名）。曹溶又將廣志繹割裂開來，以其河南、貴州、山西、陝西及湖廣五部分各當五本書，分別冠以豫書、黔書、晉録、秦録及楚書的名目收入他所輯的學海類編中去（且僅前兩種署王士性之名，後三種分別托以假名）。因此肇域志與學海類編的有關部分也可以用來作校勘的參考，但本書只是將這些部分中與康熙本有差異的地方列在校勘記中，並不以之來校改康熙本，以便保持康熙本的原貌。

六、本書校勘標點之後，請張偉然與倪文君二人各校過一遍，又承王勖訂正多處，但錯誤之處必然還有，敬希大雅教正。

# 序

香山楊子解天台之組至禾，手王太僕恒叔先生廣志繹六卷示余，將命之梓。余曰，是薈萃諸家，標新領異，有所寓焉而成是書也。古今志地者多矣，博通者考沿革，遊覽者志巖壑，體道者愉悦性情之間，而探經世之大略，攬形勝、審要害以爲行師立國之本圖，志量不同，而有資於地一也。顧括地諸志，卷帙數百，窮年不能竟其業，而又雜採傳記，未嘗親履其境，不無彼此牴牾。以酈善長之精博，猶以震澤南從漸江入海，靈丘之爲雲、爲齊，西平之爲汝南、爲臨淮，混而一之，其他又何譏焉？太僕車轍滿天下，所未歷者七閩及殊方異域耳。所至搜考遺佚，風會物産一一詳覈。又父子兄弟累代卿貳，自襄裕公以來，敭歷中外，耳目濡染，已非一日，偶有綴述，自出尋常畦徑之表。是編也，在五岳遊記、廣遊志之後，楗關謝客，追繹舊聞而成之。若自托於鄱陽隨筆、相臺桯史之次，而邊徼阨塞、河淮侵奪、郡邑同異、賦税輕重、一切軍國大政悉數而不能終者，即在品騭山水、銓叙草木蟲魚之内，以待有心者之採擇，夫豈稗官説家之所能比絜耶？香山知所愛重而公諸世，亦非俗吏之用心也。是其性情術略懸合於太僕者深矣。

康熙十五年歲次丙辰中秋日，檇李曹溶題。〔一〕

# 刻廣志繹序

昔人謂，性好讀書，清福已具。歐陽子亦曰，物必聚於所好。故好書者往往得遇奇書，微獨福也。蓋前人著之而或傳或不傳者，後人得而讀之而且傳之，自有性情感召，不偶然矣。四明楊齊莊先生博雅醇粹，藏書萬卷。一日示予一書，爲廣志繹凡若干卷。曰，此赤城王恒叔先生所著未傳之書也。先生高才曠致，平生好遊，有五岳遊草，有廣遊志，皆宦轍所至，耳目所睹記，其書已傳，世多有之。後居南鴻臚，追繹舊聞，復爲廣志繹。書成，郵寄屠赤水先生，序未竟而先生捐舘矣。此書遂流落，四明楊齊莊先生得之，藏且有年。甲申秋，予攝篆奉川，屬以付梓。時南北用兵，天下雲擾，僅録二册，一自藏，一付王氏諸孫。丙戌兵變，竄徙草間，録本失去，每深惋惜，忽忽不自得。雖所蓄金石琴硯、〔二〕書畫鼎彝、愛玩珍重者，一時散亡，都不復念，獨念此書不置也。甲午遊四明，遇同學李懷岵家藏是書，予輒喜過望，如見故人，請假録之，無論出處必攜，反覆校閲，即寒暑晦明、寢食憂喜無間也，若與恒叔先生同時商榷焉。遍質之博雅君子，如曹秋岳夫子、沈大匡先生、沈次柔、顧寧人、項東井諸同學，咸謂是書該而核，簡而暢，奇而有本，逸而不誣。其志險易要害、漕河海運、天官地理、五方風俗、九徼情形，以及草木鳥獸、藥餌方物、飲食制度、早晚燥濕、高卑遠近，各因時地異宜，悉如指掌。使經綸天下者得其大利大害，見諸石畫，可以佐太平。即其緒論，亦足供王、謝鹿主，〔三〕有裨風雅，不似齊諧志怪，虞初小説，百家雜俎，誕而不經，玉巵無當也。念是書當兵火之餘，得而失，失而復得，相去凡三十年於兹，而今日得壽諸剞劂以傳，不可謂非性情感召，不偶然也。夫誦詩讀書，古人謂之尚友，或亦予與恒叔先生有夙契哉。乙卯冬偶過天台，訪廣遊志不可得，得五岳遊草而卒業焉。内雜志一卷，有志繹所未備者，附梓於後，以傳先生未傳之書，併以副齊莊先生付託之意云。

時康熙丙辰菊月，析津楊體元題。

# 王恒叔廣志繹序

司馬子長曠世逸才，然必周行萬里，網羅見聞，然後著爲史記。杜子美詩人冠冕，遭亂流離，三巴、吴、楚，遊踪頗闊，故曰，不開萬卷，不行萬里，不能讀杜詩，良然。豈非名山大川足以滌人胸懷、發人才性，而五方謡俗、方言物産、仙踪靈跡、怪怪奇奇，其於新耳目、廓拘蔽，良有助焉。余友天台王恒叔才既高華，而宦轍幾遍天下，視子長、杜陵所到，不啻遠過之。諸名山自五岳外，探陟最廣，賦咏亦多。無論名山，即一岩洞之異，無勿搜也。一草木物産之奇，無勿晰也。他若堪輿所述，象胥所隸，輶軒所咨，千名百種，無不羅而致之几席之下，筆札之間。如五岳遊記、廣遊志其大者。既改南鴻臚，閑曹無事，杜門却掃，追繹舊聞，復爲廣志繹六卷以示余，一、方輿崖略，二、兩都，三、江北諸省，四、江南，五、西南，六、四夷輯。噫！備矣。恒叔自言，他人所述，每每藉耳爲口，緣虚飾實，余言則否，皆身所見聞也。余病餘寡營，因得卒業。意獨喜其叙山川離合，南北脉絡，如指諸掌，即景純所述，青囊所紀，勿核於此。至譚河漕、馬政、屯田、鹽筴、南北控禦方略，具有石畫，不爲巵言，躍馬中原，攬轡關河，可謂有天下之志，此當不在遷史杜詩下。〔四〕它則以資揮麈於稗官，足解人頤又其餘耳。

萬曆丁酉初冬日，檇李馮夢禎序。

# 自叙

余已遍海内五岳，與其所轄之名山大川而遊，得文與詩若干篇記之矣。所不盡於記者，則爲廣遊志二卷，以附於説家者流。兹病而倦遊，追憶行踪，復有不盡於志者，則又爲廣志而繹之，前後共六卷。書成，自爲叙曰：夫六合無涯，萬期何息，作者以澤，量非一家，然而言人人殊。故談玄虚者，以三車九轉，而六藝之用衰；綜名實者，尚衡石鑄刑書，而結繩之則遠；攬風雅者，多花間草堂，而道德之旨溺；傳幽怪者，喜蛇神牛鬼，而布菽之軌殊。無惑乎枘鑿不相入，而事本末未易言也。余志否否，足板所到，奚囊所餘，星野山川之較，昆蟲草木之微，皇宬國策、里語方言之賾，意得則書，懶則止，榻前杖底，每每追維故實，索筆而隨之。非無類，非無非類；無深言，無非深言。稗氏之家，其且有取於斯乎？總以六卷次之，一、方輿崖略，二、兩都，三、江北諸省，四、江南，五、西南，六、四夷輯。夫夷也，而獨繫之以輯何？蓋天下未有信耳者而不遺目，亦未有信目者而不遺心，故每每藉耳爲口，假筆於書。余言否否，皆身所見聞也，不則寧闕如焉。敢自附於近代作者之習乎哉？故不得之身而得之人者，猥以輯云爾矣。

萬曆丁酉中秋日，天台山元白道人王士性恒叔識。〔五〕

## 校勘記

〔一〕康熙十五年歲次丙辰中秋日檇李曹溶題　台州本無此句。

〔二〕雖所蓄金石琴硯　台州本「硯」作「研」。

〔三〕王謝鹿主　此句不可解。宋世犖按：「鹿主」當合作「塵」。又疑其下脱一字。宋説合理，其所脱一字，疑爲「談」。

〔四〕此當不在遷史杜詩下　台州本「遷史」作「史遷」。

〔五〕萬曆丁酉中秋日天台山元白道人王士性恒叔識　台州本無此句。

# 目録

# 廣志繹卷之一

赤城 王太初先生著
秀州 曹秋岳先生定

北平 林百朋象鼎
　　 楊體元香山 較〔一〕

## 方輿崖略

方輿廣矣，非一耳目、一手足之用能悉之；崖略者，舉所及而識其大也。昔人有言「州有九遊其八」。余未入閩，庶其近之哉。

僧一行謂：「天下河山之象，存乎兩戒。北戒，自三危、積石，負終南地絡之陰，東及太華，逾河並雷首、底柱、王屋、太行，北抵常山之右，乃東循塞垣，至濊貊、朝鮮，是謂北紀，所以限戎狄也。南戒，自岷山、嶓冢，負地絡之陽，東及太華，連商山、熊耳、外方、桐柏，自上洛南逾江、漢，攜武當、荆山，至於衡陽，東循嶺徼，達東甌、閩中，是爲南紀，所以限蠻夷也。故星經謂：『北戒爲胡門，南戒爲越門。』」河源自北紀之首，循雍州北紀，〔二〕達華陰而與地絡相會，並行而東，至太行之曲，分而東流，與涇、渭、濟瀆相爲表裏，謂之北河。江源自南紀之首，循梁州南徼，達華陽而與地絡相會，並行而東，及荆山之陽，分而東流，與漢水、淮瀆相爲表裏，謂之南河。」觀此則南北山脉皆會於太華。

古今疆域，始大於漢，最闊於唐，復狹於宋，本朝過於宋而不及於唐。江南諸省，咸自漢武帝伐南越始通中國。而閩越、甌越、於越以次歸附，西粤則其西路進兵之地也。唐全有漢地，分天下爲十道、十五採訪使。南北萬里，東西萬七千里。州府三百五十八，縣一千五百五十一，又有通四夷羈縻路，一曰營州，入安東；二曰登州，海行入高麗、渤海道；三曰夏州，塞外通大同、雲貴道；〔三〕四曰中受降城，入回鶻道；五曰安西，入西域道；六曰安南，通天竺道；七曰廣州，通海夷道。故東至安東，西至安西，共府、州八百五十六。宋北失燕、雲、山前山後十五城於遼；西北失銀、夏、靈、鹽四城，甘、凉、鄯、廓七城於元昊；西失松、疊十一城於羌；西南失滇雲全省於段氏。本朝北棄千里之東勝，南棄二千里之交趾，東北棄五百里之朶顔三衛，西北棄嘉峪以西二千里之哈密。若元人兼有沙漠，六朝偏安江左，其廣狹又不在此内。

江南佳麗不及千年。孫吴立國建康，六代繁華，雖古今無比，然亦建康一隅而止，吴、越風氣未盡開也。蓋萑葦澤國，漢武始易暗闇貿而光明之，爲時未幾。觀孫吴治四十三州，〔四〕十重鎮，並未及閩、越，特附於宣州焉已。〔五〕晉分天下十九州，吴、越、閩、豫，〔六〕通隸揚州。唐分十二道，〔七〕一江南東道，遂包昇、潤、浙、閩；一江南西道，遂包宣、歙、豫章、衡、鄂，豈非地曠人稀之故耶？至殘唐錢氏立國，吴越五王繼世，兩浙始繁。王審知、李璟分據，八閩始盛。然後宋分天下爲二十三路，江南始居其八焉，曰兩浙，曰福建，曰江南東，曰江南西，曰荆湖北，曰荆湖南，曰廣南東，曰廣南西，而川中四路不與焉。趙宋至今僅六七百年，正當全盛之日，未知何日轉而黔、粤也。

天下賦税，有土地饒瘠不甚相遠者，不知當時徵派何以差殊。想國初草草未歸一也，其後遂沿襲之。如真定之轄五州二十七縣，姑蘇之轄一州七縣，毋論所轄，即其地廣已當蘇之五，而蘇州粮二百三萬八千石，而真定止十一萬七千石，然猶江南江北異也。若同一江北也，如河間之繁富，二州十六縣，登州之貧憊，一州七縣，相去星淵，而河間止粮六萬五千，登州乃粮二十三萬六千，然猶别省直異也。若在同省，漢中二州十四縣之殷庶，比臨洮二州三縣之冲疲，易知也，而漢中粮止三萬，臨洮至四十八萬，然猶各道異也。若在同道，順慶不大於保寧，其轄二州八縣均也，而順慶粮七萬二千，保寧止二萬，然猶兩郡異也。若在共邑，則同一西南充也，〔八〕而負廓十里，田以步計，賦以田起，二十里外，則田以絙量，不步矣，五十里外，田以約計，不絙矣。官賦無定數，私價亦無定期，何其懸也。惟是太平之時，民少壯老死，祖孫代易，耳目相安，以爲固然，雖有貧富輕重不等，不自覺耳。

東南饒魚鹽、秔稻之利，中州楚地饒漁，西南饒金銀礦、寶石、文貝、琥珀、硃砂、水銀，南饒犀、象、椒、蘇、外國諸幣帛，北饒牛、羊、馬、羸、羢氊，西南川、貴、黔、粤饒楩柟大木。江南饒薪，取火於木，江北饒煤，取火於土。西北山高，陸行而無舟楫，東南澤廣，舟行而鮮車馬。海南人食魚蝦，北人厭其腥；塞北人食乳酪，南人惡其羶；河北人食胡葱、蒜、薤，江南畏其辛辣，而身自不覺。此皆水土積習，不能强同。

潼關，陝西咽喉也，稱直隸潼關，而考覈屬屯馬直指。潁州，南直轄也，而潁川以隸河南。〔九〕晃州以西，貴州地也，而清浪、偏橋以隸湖廣，黄平以隸四川。五開，楚轄也，而黎平以隸貴州。此皆犬牙相制，祖宗建立自有深意。

江西建昌縣不立於建昌府而立於南康，南康縣不立於南康府而立於南安。又，吉安有永豐，廣信又有永豐。至於安仁、崇仁、安義、崇義、南昌、新昌、都昌、瑞昌、廣昌、建昌、會昌、萬年、萬載、萬安之類，立縣之初，山川鄉鎮儘可採用，何必重疊乃爾。南直太平縣亦不立於太平府，而立於寧國。福建建寧縣亦不立於建寧府，而立於邵武。至於天下稱「太平」「永寧」者，南直太平府，廣西又太平府、太平縣，台州府、寧國府、平陽府又皆有太平縣；雲南永寧府，貴州永寧州，吉安府、河南府、隆慶州又皆有永寧縣，銓選考課者，最不便之。

天下府庫莫盛於川中。余以戊子典試於川，詢之藩司，庫儲八百萬，即成都、重慶等府，俱不下二十萬，順慶亦十萬也。蓋川中俱無起運之粮，而專備西南用兵故。浙中天下首省，余丁亥北上，滕師少松爲余言：「癸酉督學浙中，藩司儲八十萬，後爲方伯，止四十萬，今爲中丞，藩司言，今不及二十萬矣。」十年之間，積儲一空如此。及余己丑參藩廣右，顧臬使問自浙粮儲來，詢之，則云浙藩今已不及十萬藏也。廣右亦止老庫儲銀十五萬不啓，餘止每歲以入爲出耳。余甲午參藩山東，藩司亦不及二十萬之儲。庚辰入滇，〔一〇〕滇藩亦不滿十萬，與浙同，每歲取礦課五六萬用之。今太倉所蓄，亦止老庫四百萬餘，有事則取諸太僕寺。余乙未貳卿太僕時，亦止老庫四百萬，每歲馬價用不足，則取之草料。蓋十年間東倭西哱，所用於二帑者，過二百餘萬故也。國初府庫充溢，三寶鄭太監下西洋，齎銀七百餘萬，費十載，尚剩百萬餘歸。蓋乘元人所藏，而元時不備邊，故其充溢至此。可見今閭閻疲憊，去於邊費爲多。

江北山川夷曠，聲名文物所發洩者不甚偏勝；江南山川盤鬱，其融結偏厚處則科第爲多，如浙之餘姚、慈溪，閩之泉州，楚之黄州，蜀之内江、富順，粤之全州、馬平，每甲於他郡邑。然文人學士又不拘於科第處，嘗不擇地而生。即如國初，劉伯温以青田，宋景濂以浦江，方遜志以寧海，王子充以義烏，雖在江南，皆非望邑。其後李獻吉以北地，何大復以信陽，孫太初以靈武，李于鱗以歷下，盧次楩以濮陽，皆在江北，然世廟以來，則江南彬彬乎盛矣。

天下馬頭，物所出所聚處。蘇、杭之幣，淮陰之粮，維揚之鹽，臨清、濟寧之貨，徐州之車贏，京師城隍、燈市之骨董，無錫之米，建陽之書，浮梁之瓷，寧、台之鮝，香山之番舶，廣陵之姬，温州之漆器。

中國兩大水，惟江、河横絡背腹。[一二]河受山、陜、河南、半南直四省之水，江亦受川、湖、江西、半南直四省之水。河來塞外，經五千里方入中國，甚遠。而江近，發源岷山乃至入海處。河委於一淮而足，而江尾闊至數十里，何也？蓋江、河所受之水，中以荆山爲界。荆山以北高曠燥涸，水脉入地數十丈，無所浸潤。又大水入河止汾、渭、洛三流耳，涑、淮、沂、泗皆不甚大，又止夏月，則雨溢水漲，故其流迅駛，而他月則入漕，故河尾狹。荆山以南，水泉斥鹵，平於地面，時常涌泛不竭。又自塞外入水二，曰大渡河，曰麗江，自大湖千里延衺入者二，[一三]曰洞庭，曰彭蠡，自諸澤藪入者不計，曰七澤，曰巢湖，曰淮揚，諸湖之類，其來甚多。而雪消春漲，江首至没灩澦，高二十丈。江南四時有雨，霪潦不休，故其流迂緩而江尾闊。江惟緩而闊，又江南泥土黏，故江不移。河惟迅而狹，又河北沙土疏，故河善決。若淮近日明讓爲河委，濟自新室暗入於河中，雖均稱四瀆，實非江、河比也。

黄河九曲，楊用修謂其説出河圖緯象。其謂：「河導崑崙山，名地首，上爲權勢星，一曲也；東流千里，至規其山，名地契，上爲距樓星，二曲也；邠南千里至積石山，名地肩，上爲別符星，三曲也；邠南千里，入隴首間，抵龍門首，名地根，上爲營室星，四曲也；南流千里抵龍首，至卷重山，名地咽，上爲卷舌星，五曲也；東流貫砥柱，觸閼流山，名地喉，上爲樞星，以運七政，六曲也；西距卷重山千里東至洛會，名地神，上馬紀星，七曲也；東流至大伾山，名地肱，上爲輔星，八曲也；東流過洚水，千里至大陸，名地腹，上爲虚星，九曲也。」元學士潘昂霄河源志：「黄河九折，胡地有二折，蓋乞里馬出、必赤里也」，〔一三〕禹貢：「導河自積石。」以此參考之，河圖緯象〔一四〕及河源志與禹貢，一一皆合。用修博雅，當有據。

海潮，有云從日，有云因月，有云隨星。從日者，唐盧肇之説也；因月者，元丘處機之論也；〔一五〕隨星者，宋蘇子瞻之言也。〔一六〕肇謂：「日是太陽，水是純陰，日西入地時，陰避太陽東海潮上；日出時，水乃西流，東海潮下。」丘長春駁之謂：「肇之所言，晝夜方是一潮，知肇不曾海上行也。余行海上，分明月初出，則潮初上；月卓午，則潮滿；月西轉，則潮漸退；月没，則潮退盡。北方月出，則潮復上；斗北月中，則潮滿；月東轉，則潮漸退；月没，則潮退盡。又嘗較核東萊與膠西，陸地相去二百里許，水行迂曲則千里，潮信不同。萊北潮上，則膠西潮下，膠西潮上，則萊北潮下。北海、南海約去萬里，據大體，北海潮上，則江、淮以北皆潮滿；南海潮上，江、淮以北皆潮下方是，如何登、萊、即墨盈縮不同？」蘇子瞻則謂：「閩、浙之潮，皆有定候。惟瓊海潮半月東流，半月西流，潮之大小隨長短星，不係月之盛衰。」是三君子之言皆以理測，而不知天地造化，有不可專測以理者。果如三子之言，則浙江錢塘之潮又將何因？日乎？月乎？星乎？凡潮皆暗長，獨錢塘白浪如堵墻，百里一抹，前水後水，高下參差五六丈或十丈，轟雷掣電而來，以爲素車白馬。胥之怒者，偶然一人所見耳。或又謂龕、赭二山束之，亦未也。束之能喧豗奮擊至二百里之外耶？或又謂龕、赭相對處，暗有礓砂石檻截於水底，縱横激之。如是則宜日月如一也，何以有大小之潮之異？而潮至吴山相望處，何以散而復聚？或者又謂海鰍出入。鰍游何以時刻必信如此？矧鰍壽有限，安能與天地相持？是一鰍耶？衆鰍耶？余過安寧間所謂「聖水三潮」者，覓之乃在温泉之傍，大樹之下，一穴如斗，每日申、子、辰三時，水自溢出，餘時則乾。此自造物詭幻，〔一七〕靈氣使然，難以常理論。丘長春所云「聖功道力不可思議」者，是或一道也。

天下惟閩、浙人殺物命最多。寧、台、温、福、興、泉、漳等處傍海，食魚蝦蛤蠣，即尺罾拳笱，尚不可以類計，況罟網之大者乎？中原北塞，雖日夕畋獵，然麞豕兔鹿之類，咸以數數。唐朝每聖誕，敕僧放生池放生，著爲令。其放魚蝦而不放雞犬者，蓋内典六道雞犬等爲定殺業，魚蝦等爲不定殺業故也。然海人則自謂：「此造化食我。」

九邊延袤幾八千里，墩臺關口，聯以重墻，亦猶長城之遺而諱其名耳。今自山海關起而東西分疏之。關，京師左輔，而内外之限也。關以東，遼陽邊路。出關，經高嶺驛，又沙河、東關、曹家莊、連山、杏山、小凌河、十三山至廣寧城板橋，又沙嶺牛家莊至海州自在城及鞍山至遼陽鎮，又瀋陽、懿路、嚚州、三萬衛而至開原，經十九驛，一千五百里。開至廣寧六百里，廣至開原八百五十里。内開原，至遼陽四百五十里，城固無憂，遼陽至山海，常有零虜。然山海至開原皆平野無山，征虜前將軍鎮之。是關魏國所設。關以西，薊、宣、大、延、寧、甘邊路。薊州大邊，起山海關遷安驛，過北水關、旱門關，經長谷營，牛頭崖營至榆林驛，又經石門營至撫寧蘆峰驛，又經燕河營，桃林營至永平灤河驛，又經劉家營、徐流營、建昌營至遷安七家嶺驛，又經五重營、太平營、青山駐操營至古城驛，又經灤陽營、漢兒營、三屯營至灤陽驛，又經松棚營、興州前屯衛至豐潤義豐驛，又遵化縣衛驛，又經沙波營、大安營、興州左屯衛至玉田陽樊驛，又至石門鎮驛，又經黃崖口營而至薊州漁陽驛。共關口七十七，寨堡四十一，驛十一。本州之西，邊墻分爲三重：〔一八〕○外一重，薊州城經黑谷關至甎朵子關，共十九營寨；中一重，薊州城經峰臺谷寨至南谷寨，對外重，髻山寨。共十五關寨；内三重，薊州城經彰作里關、平谷縣、興州中屯衛、三河縣驛、興州後屯衛至香河縣，營州前屯衛，共十三營寨。以上邊墻三重，至此又合爲一。○外重甎朵子關起，接爲桃兒衡寨，經古北口、湖河川三寨、石匣營至石匣驛，又經潮河營、白馬營至密雲中衛驛，又經石塘營至順義營州左屯衛至懷柔縣，至黃花鎮撞道口，共關口營寨五十四處所。以上薊鎮大邊。自山海至此，其關口營寨，皆倚山補築，邊墻參差不齊，難以里計，惟以驛直數之，凡十六驛，得九百六十里。宣、大二邊，起居庸坌道口、榆林驛，共百里至懷來城，又經土木驛、雞鳴驛，共一百六十里至宣府，又經萬全左右衛、陳家堡、宣、大界上，通白羊口，共二百四十里至陽和城，又一百里至大同鎮，南至雁門六百里。又西經大同左衛、威遠衛，南至寧武六百里。又西經平虜老營，共四百七十里而至偏關，又百五十里至娘娘灘與陝西黄甫川。以上宣、大路，在二重邊墻之内，鎮朔將軍駐宣府，征西將軍駐大同。延綏大邊，起黄甫川，經清水營、鎮羌堡二百四十五里而至神木，又經柏林、雙山，二百三十五里而至榆林鎮，又經響水等堡，〔一九〕四百十里至靖邊營，又經寧塞等營，百六十里至新安邊營，又經新興、三山等堡，二百里至饒陽水堡，又九十里至寧夏定邊營。以上延綏大邊，一千三百里，與固原内邊形勢相接。成化間修築榆林等城，二十餘堡，俱在二邊之外，蓋重邊設險以守内地也。鎮西將軍鎮之。寧夏大邊，起定邊營，經花馬池、安定堡、紅山堡渡河，共三百五十里至寧夏鎮，又西經廣武營、中衛、靖虜，平灘六百餘里而至蘭州。以上寧夏大邊，約千里。〔二〇〕定邊至河在河套内，寧鎮城至中衛，在黄河外，靖虜至蘭州，在黄河内，征西將軍鎮之。甘肅莊涼大邊，起蘭州金城關，經沙井、苦水、紅城子、大通山四驛，共二百七十里而至莊浪，又自莊浪在城驛西去，經武勝、岔口、鎮羌、黑松、古浪、靖邊、大河七驛，共三百六十里而至涼州，涼州北去三岔、黑山二驛共百九十里至鎮番衛止。又涼州西去，經懷遠、沙河、真景三驛，一百五十里而至永昌，又自永昌西去，經水泉、石峽、新河三驛，共百九十里而至山丹，又自山丹西去，經東樂、古城二驛，共百二十里而至甘州鎮，又自甘州西去，經西城、沙河、撫夷、黑泉、深溝、鹽池、河清、臨水八驛，共四百二十里而至肅州，又西七十里至嘉峪關。以上甘肅莊涼大邊，計一千五百里。唐陽關又在七百里之外，左番右韃，漢所稱斷匈奴右臂者是也，〔二一〕止綫路通中國爾。平羌將軍鎮之。關以西内邊，居庸、紫荆、倒馬，謂内三關，亦有重墻，自北而南。其外一重，起居庸，經青龍橋、東口、西口、河合口共二十口，四百里而至紫荆沿河口，又過東西小龍門、獨石大谷、紫荆關、盤石驛、忙兒溝口、外百五十里乃山西蔚州。浮圖峪口、廣昌縣插箭嶺口，共五十口，七百餘里而至倒馬關、狼牙口而止。其内二重，起撞道口，經石湖谷、虎谷，共十口，一百二十里而至居庸關，又自居庸西去，經小嶺、西水、柏谷、石羊共三十四口，一百五十里至紫荆關、沿河口，又經房山黄山店、淶水乾河口，共十二口，五百二十里至紫荆關，又自紫荆、盤石口、瓦窑、白石、倒馬關，共二十四口，四百八十里而至狼牙口而止。内外兩墻又合爲一，近靈丘縣百里。又起西法、卷溝口，經牛糞口、内九十里至阜平。落路口，倒馬關至此百里。共四十七口，三百餘里而至龍泉、上關，外至五臺百八十里。〔二二〕經下關、東至阜平五十里，北至倒馬百七十里。北黑山口、白羊口、靈壽縣。清風口、内至真定。〔二三〕青草谷口、内至元氏。改里口、内至贊皇。後溝口止。此至龍泉關五百一十里，〔二四〕至倒馬關六百八十里。内三關邊城，大勢兩重，就山填築，亦有三重。其雁門、寧武、偏頭爲外三關，脉自雁門亂山横迆，爲北京、山西之界，亦倚山湊築，大道爲關，小道爲口，有人馬並通者，有止通人者，緩急險要不同。固原邊，起饒陽西至徐斌水、半个城界三百里，乃總制舊邊。今新邊近廣武，包梁家泉諸水，土堅易守，直抵河岸，俱可耕種，止河凍乃守舊邊。寧夏路，在邊墻東北之外，路外又有花馬池，墻隔套虜。西寧邊，起莊浪，西南去，經大通河口、老鴉城、碾伯三驛，三百里至西寧衛。其衛西抵番，南至積石，此充國屯河、湟故地也。

分野家言，全無依據。如以周、秦、韓、趙、魏、齊、魯、宋、衛、燕、楚、吳、越平分二十八宿，蓋在周末戰國時國號，意分野言起於斯時故也。後世疆域分合不齊，乃沿襲陳言，不知變通。如朝鮮，古封建爲中國之地，以其後淪於夷狄，〔二五〕故不及之。夫地有此土，則天有此辰，人自不及之耳，彼國土豈本不對天星乎？又如唐交河郡轄五縣，去長安九千里，本朝滇雲十四五郡，去京師萬里，安得不自分野以應天星？而徒曰「附於井、鬼」「附於參、井」，則以其地在前在後，不當言分野者之時，故不及之。後人耳食，真爲可笑。

前代都關中，則邊備在蕭關、玉門急，而漁陽、遼左爲緩。本朝都燕，則邊備在薊門、宣府急，而甘、固、莊、涼爲緩。本朝土木後，也先駐牧，〔二六〕吉囊、俺答駐牧，皆在松、慶、豐、勝左右，則宣、大急。今互市定，則宣、大爲緩。邊備無定，第在隨時爲張弛，視虜爲盛衰。惟山東腹內向稱安靜之地，近乃有朝鮮之變，若倭得志朝鮮，則國家又於登、萊增一大邊也。譚東事者，止言遼陽剥膚，而無一語及登、萊。不知遼陽雖逼，然舊邊地，遼宿重兵，一時不能得志。且陸行千里，寇至聲息時日得聞，更有山海關之限。登、萊與朝鮮，止隔二百里之水，風帆倏忽，烽燧四時，非秋防、非春汛，其難守比諸邊爲甚。惟近爲平壤屯田之疏者得之，夫疏謂：「屯田平壤，是因粮於敵之議也。原爲省餉，非專爲蔽山左，然實暗伐敵謀。平壤與登、萊正對，我師屯平壤則正蔽登、萊，烽燧毋能相及矣。」

各邊年例，當時倡議互市自王少保，而少保自宣、大，故議宣、大極多，而三邊獨少。今陝西諸邊年例不足用，而宣、大歲歲節省。宣、大邊既無備禦之事，止以節省爲邊功，計資遷轉，皆少保所遺。

薊門與陜西邊，上類報災異中，非某城樓鴟吻出火，則某墩臺槍刀上有火光，無歲無之。想殺死人血燐所化，遇重霄陰翳則聚而成光，晴則散，不然何内地之無，而獨於邊也。

海内五岳，余足跡已遍。今所傳五岳真形者，云出自上元夫人，皆山川流峙之象，以余所見，殊不相蒙，豈神仙輩淩虚倒景，從太空中俯瞰之，其象與余輩仰視上方一隅者差殊也？至於海外五岳靈山，道經志之，其云：「東，廣乘之岳在東海中，上有碧霞之闕，瓊樹之林，紫雀翠鸞，碧藕白橘；南，長離之岳在南海中，上有朱宫絳闕，赤室丹房，紫草紅芝，霞膏金醴；西，麗農之岳，在西海中，上有白華之闕，三素之城，玉泉之宫，瑶林瑞獸；北，廣野之岳在北海弱水中，上有瓊樓寶閣，金液龍芝；中，崑崙之岳在八海間，上當天心，形如偃蓋，東曰樊桐，西曰玄圃，南曰磧石，北曰閬苑，上有瓊花之闕，光碧之堂，瑶池翠水，金井玉彭。」所恨海岳路殊，仙凡地膈，覓之則身不生翰，思之則口爲流涎。

## 校勘記

〔一〕赤城王太初先生著……北平楊體元香山較　台州本作「臨海王士性恒叔著」。

〔二〕循雍州北紀　台州本「紀」作「徼」。

〔三〕大同雲貴道　「貴」疑爲「中」之誤。

〔四〕孫吴治四十三州　「四十三」疑誤。孫吴所據僅揚、荆、交（後分廣）三州。王士性於地理沿革非其長，故以下諸處叙沿革皆有未當之處。

〔五〕特附於宣州焉已　此句不可曉。閩、越於孫吴時建爲臨海、建安二郡，並未附於宣州。

〔六〕吴越閩豫　「豫」下疑脱「章」字。

〔七〕唐分十二道　「二」疑衍。

〔八〕則同一西南充也　「西」字疑衍，台州本無此字。

〔九〕而潁川以隸河南　「川」原作「州」，以理改之。潁川指潁川衛，雖與潁州同治，但懸屬河南都司，參見明史兵志與地理志。

〔一〇〕庚辰入滇　「庚辰」誤，時王士性尚在確山任上，不可能入滇。據其五岳遊草，入滇在辛卯春。

〔一一〕惟江河横絡背腹　台州本「背腹」作「腹背」。

〔一二〕自大湖千里延袤入者二　台州本「大」作「太」。

〔一三〕必赤里也　「必」下原有「反」字，據河源志删。

〔一四〕河圖緯象　原作「象緯」，誤。

〔一五〕元丘處機之論也　台州本「論」作「説」。

〔一六〕宋蘇子瞻之言也　台州本「言」作「説」。

〔一七〕此自造物詭幻　台州本「物」作「化」。

〔一八〕邊墻分爲三重　台州本「三」作「二」。

〔一九〕又經嚮水等堡　台州本「嚮」作「響」。

〔二〇〕以上寧夏大邊約千里　原文「大邊」二字互倒，據前文改之。

〔二一〕漢所稱斷匈奴右臂者是也　原文「奴」字後空一格，據台州本補。

〔二二〕外至五臺百八十里　原無「里」字，據台州本補。

〔二三〕内至真定　「定」原作「全」，以理改之（真定縣正在前後文的靈壽縣與元氏縣之間）。

〔二四〕此至龍泉關五百一十里　台州本「此」作「北」。

〔二五〕以其後淪於夷狄　台州本「於」作「爲」。

〔二六〕也先駐牧　台州本「也」作「乜」。

# 廣志繹卷之二

赤城王太初先生著
秀州曹秋岳先生定
北平林百朋象鼎
楊體元香山
較〔一〕

## 兩都

兩都之制，始自周家，後世間效爲之。我朝以金陵開基，金臺定鼎，今金陵雖不以朝，然高皇所創，文皇所留，廟謨淵深，實暗符古人之意。余兩宦其地，山川謠俗，聞見頗多，兹特其尤較著者。直隸郡邑，各從南北而附。

燕有興王之理，邵子明以堪輿言也，但不盡吐露耳。燕地，太行峙西北，大海聚東南，氣勢大於晉中、晉左、〔二〕山右。河倚空向實，而燕坐實朝虚，黄花、古北諸關隘，峻險相連，龐厚百里。晉已發唐、虞、夏矣，王家安得不之燕也？舊燕在薊。今京師乃石晉所賜遼人，建爲元都者，〔三〕金、元因之，在今城西南。今京師，正唐漁陽、上谷之間，猶上谷，轄比薊規模更博大。天壽山自西山東折而來，龍翔鳳舞長陵一脉，真萬年寶藏之地也，包絡蟠亘，倍蓰鍾山。或云此即宋燕山竇氏故居，然今竇氏莊乃又在薊門城東，豈亦所謂别墅者耶？

太行首始河南，尾繞山海而出數千里。其至京師則名西山，舊稱第八陘。在燕厚數十百里，勢則連山巨坂，地軸天關，勝則春花夏果，秋雲冬雪，良偉觀也。居庸、紫荆、倒馬爲内三關，咸隸太行。大水如桑乾、清、濁漳咸穿太行東出。

長安宫闕之制，前代極侈麗。秦無論，即如漢世，即用秦長樂宫矣，又治未央。兩朝並建，東西對峙，帝后别居。然長樂亦非以狹小也，其垣墻亦周二十里。至未央，墻又加圍八里，殿高至三十五丈，是長安城中盡宫闕也。比武帝，又作建章宫於城外，高五十丈，下視未央，跨城爲閣道，飛輦以度。而甘泉、明光離宫又百餘。意當時積儲多，而秦、隴大木亦不難致。及至城郭反不立，而惟用繚垣。何緩於設險，而惟土木之圖也。我國家止建一朝，諸宫殿皆在朝殿之後，垣城之内，高亦至百尺而止，敦樸崇儉，實遠邁百代。

宫闕之制，紫金城固正中，而外垣則東狹西闊，西員東方。留都則已先爲之，而北都取法焉，不以方整爲規。此如宋太祖城汴京，故意刓方爲蓮花形。創造之君，其規模建置必有深意。

西苑在禁垣西，内有太液池，池内有瓊華島，島上有廣寒殿。喬松高檜，儼然蓬萊，緑荷開時，金碧輝蘸。永、宣朝，嘗敕侍從遊之，如三楊業皆有記，此禮數近不聞矣。苑東北萬歲山正直宫門後，隱映城闕，亦禁中勝景也，然不敢登。其麓以煤土堆叠之，此亦有深意。

京營，十二團營，于公謙所置也。仇鸞以勤王怙寵，入理戎政，乃改爲三大營：曰五軍，曰神機，曰神樞，總之曰戎政府。爲製印章，以王邦瑞爲副。鸞請張鶴齡故第改建府衙居之，小廨四周，居大同兵五百自衛，曰用以訓練京軍。鸞又以給事中、御史巡視不便，請革，從之。今臺省雖復，而營軍皆踉蹡兒戲，人馬徒費芻粟，實無用也。京師根本之地，誠不得不宿重兵，但存其名，無益於事。

南海子即古上林苑。中、大、小三海水四時不竭，禽、鹿、麞、兔、果蔬、草木之屬皆禁物也。據址，周一萬八千六百丈，尚不及百里，僅當漢之十一。雖有按鷹等臺，亦不爲甘泉校獵之用，乃本朝度越處。然非獨官家也，即史稱茂陵富民袁廣漢，築園於北山下，構石爲山，高十餘丈，養白鸚鵡、紫鴛鴦、犛牛、青兕，積沙爲洲嶼，激水爲波濤，致江鷗、海鶴，孕雛產鷇，延漫林池，奇草異樹，重閣修廊，移刻行不能遍。廣漢後罪没，鳥獸草木皆移入上林苑中。然袁園稱東西四里，南北五里，則亦周十八里。今極稱吴中佳麗，然縉紳中何得有此，况民間乎？

南城建於嘉靖癸亥，蓋雷司空禮因風災建議，懲於庚戌之故。近土、哱叛，有議於京四隅五十里外建四城，每城分京營軍萬人居之，犄角以護京師者，此爲土、哱，時議似迂，若就京師論，北虜南倭，平壤無險，城此甚爲得策，不過費十萬金錢而足也。

玉河源自玉泉山，流經大内，出都城東南，注大通河。一以入禁籞，一以濟漕儲，故官民不得擅引，著爲令。城内止袁錦衣家，分一股作池。舊傳袁指揮彬隨英皇北狩，上偶執水灌黄鼠，袁泣曰：「此非我百里外負來者耶？」英皇悔曰：「若還都，令爾家水用不盡。」故回鑾析玉河酬之，亦異數也。

金山出城三十里。宫人不得附天壽陵者，咸葬金山，故朱門覆墻，金鋪繡脊，從高望之，儼然一幅畫圖也。其南曰甕山，乃元耶律學士墓。耶律博雅，亡論夷狄，即中國亦季札、公孫僑之儔。

西湖在玉泉山下，泉水所滙。環湖十餘里，皆荷蒲菱芡，故沙禽水鳥盡從而出没焉。出湖以舴艋入玉河，兩岸樹陰掩映，遠望城闕在返照間。每駕幸西山，必由此回鑾。

長安，勳戚伯、恩澤侯、金吾、駙馬、玉帶，無歲無之。南人偶一封拜，則以爲祖宗福蔭之奇，而北方爾爾者。蓋京師大氣脉，官家得以餘勇賈人，然縉紳文學侍從，竟亦不如各省直之多者，〔四〕亦文武彼此盈虚消息之理。

緇宫佛閣，外省直縱佳麗，不及長安城什之一二。蓋皆中貴香火，工作輒效闕庭，故香山、碧雲，甲於天下。然每一興造，諸匠役食指動庇千萬頭，故能爲此者，亦刑餘之賢者也，不則近日貴璫，如保、如誠、如用，仍轉之内帑焉已。

石鼓十枚，乃周宣王田獵之碣，與小雅車攻大同小異。皆籀文，高可三尺，員而似鼓。初在陳倉野中，唐鄭餘慶遷至鳳翔孔廟，失其二。宋皇祐間，一得之於敗墻甃中，一得於人家，鑿之以爲臼。靖康末，金人取歸燕，今置於北成均廟門。

都城衆庶家，易興易敗。外省富室，多起於四民，自食其力。江南非無百十萬金之産者，亦多祖宗世業。惟都城人，或冒内府錢粮，抑領珠寶價值，抑又賃買中貴、公侯室居，而掘得地藏窖金，以故數十萬頃刻而成。然都人不能居積，則遂鮮衣怒馬，甲第瓊筵。又性喜結交縉紳，不恡津送，及麗於法，一敗塗地，無以自存。余通籍二十年，眼中數見其人。

都人好遊，婦女尤甚。每歲元旦則拜節，十六過橋走百病，燈光徹夜。元宵燈市，高樓珠翠，轂擊肩摩。清明踏青高梁橋，盤盒一望如圖畫。〔五〕三月東岳誕，則耍松林。每每三五爲群，解裙圍松樹團坐，藉草呼盧，雖車馬雜沓過，不顧。歸則高冠大袖，醉舞驢背，間有墜驢卧地不知非家者。至中秋後，遊踪方息。昔人謂，輦轂之下，萬姓走集，無怪乎醉人爲瑞也。所可恨者，向有戒壇之遊，中涓以妓捨僧，浮棚滿路，前僧未出，後僧倚候，平民偶一闖，群僧箠之且死。邇以法嚴禁之，十數年惡俗一清矣。

都人不善居室，富者一歲止計一歲之用。恣浪費，鮮工商胥吏之業，止作車夫、驢卒、煤户、班頭而已，一切工商胥吏肥潤職業，悉付外省客民。又嗜辛辣肥醲，其氣狂盛，多嗜鬭狠，常以酒敗，其天性然也。婦人善應對官府，男子則否。五城鞭喧鬧，有原被干証，俱婦人而無一男子者，即有，婦人藏其夫男，而身自當之。

燕、趙古稱多悲歌慷慨之士，即如太子丹一事，何一時俠烈者之多也。千古俠骨如荆軻，不惜己頭爲然諾如樊於期，以死明不言如田光先生，荆卿所待與俱如狗屠，矐目而築撲秦王如高漸離，報仇而護，窮交如燕丹。當時聖澤未遠皆一行偏才，以末世視之，種種亦何可及。至於荆軻易水歌與史稱「賓客皆白衣冠送」與「荆軻就車而去，終已不顧」二語，俱千古造化之筆。

盤山在薊城西北，逶迤沉邃，百果所出，山北數峰陡絶，絶頂有大石，揺之輒動。二龍潭據其上，下有潮井。傍京之地，山谷寵嵸有致者，近稱西山，遠稱盤山。

江南泥土，江北沙土。南土濕，北土燥。南宜稻，北宜黍、粟、麥、菽，天造地設，開闢已然，不可强也。徐尚璽貞明潞水客談〔六〕欲興京甸爲水田，彼見玉田、豐潤間，間有一二處水田者，遂概其大勢，不知此乃源頭水際，民已自稻之，何待開也。即如京師西湖畔，豈無水田，彼種稻更自香馥，他處豈盡然乎？余初見而疑之，猶以此書生閒談耳，不意後乃徑任而行之。無水之處，强民浚爲塘堰，民一畝費數十畝之工矣。及塘成而沙土不瀦水，雨過則溢，止則涸。北人習懶，不任督責，幾鼓衆成亂，幸被參而其事中止也。余又聞沈太守襄於直沽海口開田百頃，〔七〕數載入册升科矣，一夕海潮而没。固知天下事不可懦而無爲，尤不可好於有爲。事至前，不得已而應者，方爲牢矣。

黄金臺在京城東南，大小二古墩。然燕昭王築黄金臺於易水，以延天下士，則易水爲舊址，而各處效築者非一，京臺亦其名爾。

河間者，九河之間也。九河如徒駭、太史等，爾雅所載，舊志兼載其地，然與今書傳不甚合。酈道元、程氏皆謂九河淪於海，夫禹疏九河，正謂於海尚遠，河爲地患，故疏之也。若淪於海，是在海岸，何必疏？且開州有鯀堤，則九河必在大伾之東，瀛海左右，但年久湮塞，不可考。而馬頰諸河，今山東東昌、濟南間，多以此冠舊河之名。如云鬲津枯河，自齊河經禹城、平原、德州、德平、陵東北至海豐入海；鈎盤枯河，自德州經德平東北至陽信；覆鬴枯河，自慶雲經海豐南入海。又濟陽縣東北至齊河縣境有馬頰枯河，莘、苑之間，亦有馬頰河。

鄭州藥王廟以祠扁鵲，〔八〕而右祀三皇，配以岐伯、雷公、鬼臾區、俞跗等十人，兩廡則塑自扁鵲至丹溪百數餘人。丹堊鉅麗，土木精工無比。云此地有越人冢，又有藥王祖業莊，然衛輝亦道樹扁鵲墓石。

直沽海口爲北直諸水尾閭，其流之最遠者，有桑乾河，出自雁門之陰，從保安州入，下盧溝，會白河入海；滹沱河，出自雁門之陽繁峙縣，從靈壽入，下河間之易水入海；衛河出自衛輝，遠納潞州之清、濁漳，至臨清會運河，至交河北又會邢、真諸水入海。此皆源出山西，腹穿太行而來者。

碣石在永平、昌黎間，離海岸三十里。遠望一山如冢，山頂大石如柱。韋昭謂：「碣石舊在河口海濱，歷世既久，爲水所漸淪入海。」想此是也。楊用修謂：「此右碣石，又有左碣石，在高麗樂浪。」唐書云：「長城起於此山。」

真定龍興寺後大悲閣，有千手觀音像，高七十三尺，其閣高一百三十尺，拓梁九間，而爲五層。蓋真定之銅像，嘉定之石像，皆大像之選也。以上北都。

南都，春秋本吴地，無城邑可考。越滅吴，城長干。楚滅越改金陵。秦滅楚，改秣陵，遂鑿秦淮，時已有玄武湖。

漢改丹陽郡。吳改建業，立都城八門，作太初宮，東鑿清溪西運瀆，俱達秦淮，設朱雀航於大航門，猶今浮橋也。晉改爲建康，以宰相領揚州牧，築城於清溪東，臨淮水上，號東府城，別舊治爲西州城，以丹陽守爲尹，宮城仍吳之舊，新作建康宮、大司馬門。宋、齊、梁、陳因之。隋平陳，建康城邑俱廢，於石頭傍置蔣州，後又改爲丹陽郡，而揚州治縣移於江都。唐改爲昇州，南唐復爲都。宋滅南唐，復昇州，建國，〔九〕尋改建康府。後高宗駐蹕，以府地爲行宮，置留守。元即建康府治開省，故宮俱存。然則孫吳六朝宮城乃在漢府、珍珠河之間，武定橋爲朱雀航處。南唐、宋行宮在今內橋，直對鎮淮爲御街。本朝宮城，則填東方燕雀湖爲之，在舊城之外，惟聚寶、三山、石城三門仍舊，起通濟右轉至清涼，則皆新拓之，周九十三里，外垣倍焉。此南龍一統之始也。然城寥廓，有警不易守，鐘鼓樓以北，似可斂而縮之。

宮城填浮土而棄故墟，或疑其故。余謂以堪輿家推之，則留都之勝似爲左仙宮。境內山起攝山，右去則爲臨沂，而鍾山其拇指根也。覆舟而西，雞鳴、盧龍、直瀆、石城而至於冶城，皆當掃蕩之墟，流而不止，六代、唐、宋宮之，正當其覆敗處。左武岡、雲穴、青龍、石桅、天印、聚寶、天闕而止於三山，咸環抱而無穴場。皇祖與青田輩亦熟籌之，歷朝以來，都宮郡邑遷徙靡常，城隍墩塹，填塞代有，以故窪池渠沼，滿眼皆是，地脉盡洩，王氣難收，六朝奄忽，有自來矣，欲盡棄之，則室廬衢市，人情重遷，不若退卸稍東，挨鍾山而填燕雀。昔人謂：「池湖積水，四世不流。」又謂：「山高一丈，水深一尺。」故壅塞各土，承受完胎，免其騰漏，非無自也。但今入紅門而右，山麓西走，斜插偏枯，當時若更東去四五里間，直金門南下之處，鋪屑展席，餘氣隆起，正坐鍾山，四顧靜定，如船泊岸，留湖水舊城以爲下手，此其居中得正，又不啻百倍。

向余登清涼臺，入門見巨井，僧云：「此胭脂井也。」問臺城，則指前岡。今細考之，則知吴苑城據覆舟山之前，對宮門之後，而晉臺城即修吴苑爲之。華林園在臺城内，而臨春、結綺、望仙皆華林園中閣，胭脂井在閣前，始知僧言之非也。宋造華林園，在盛暑時，何尚之諫宜休息，帝曰：「小人常自曝背，不足爲勞。」六朝君善謔而不善理，多如此。

南京城中，巨室細家俱作竹籬門，蓋自六朝時有之。輿地志云：「自宮門至朱雀橋作夾路，築墻瓦覆，或作竹籬，使男女異行。」又宮苑記：「舊京南北兩岸設籬門五十六所，邑之郊門也。」

出西安門，長安街斜掠西南而去，蓋宮城繚垣之右原，如舞鳳之翼，不與東齊，故街如之。而三山等逵道，皆偏頗曲折，不甚方嚴，惟鎮淮、内橋尚存御街之舊，餘則四處方隅，時或眯目。

舊院有禮部篆籍，國初傳流至今。方、練諸屬入者，皆絶無存，獨黄公子澄有二、三人，李儀制三才覈而放之。院内俗不肯詣官，亦不易脱籍，今日某妓以事詣官，明日門前車馬無一至者，雖破家必浼人爲之居間。裘馬子弟娶一妓，各官司積蠹，共窘嚇之，非數百金亦不能脱。

大江入地丈餘。南中之濕，非地卑也，乃境内水脉高，常浮地面，平地略窪一二尺，輒積水成池，故五六月霪潦，得暑氣搏之，濕熱中人。四方至者，非疥則瘇，即土著者不免，惟樓居稍却一二。

玄武湖大十數里，中洲爲册庫，以藏版籍。樓開東西牖，隨日照之，得不蛀。初患鼠，賜督工老人毛姓者爲土地乃安。非督册臺省度支郎不得入其地。四山蘸翠，藕花滿湖，香氣襲人，月明之夕，遊賞爲最。

大報恩寺塔以藏康僧所取舍利，〔一〇〕龍神人獸，〔一一〕雕琢精工，世間無比。先是三寶太監鄭和西洋回，剩金錢百餘萬，乃敕侍郎黄立恭建之。琉璃九級，唇吻鴟尾，皆埏埴成，不施寸木，照耀雲日。内設篝燈百四十四，雨夜舍利光間出繞塔，人多見之。嘉靖末，雷火，宫殿俱燬。

秦始皇以望氣者之言，鑿鍾阜，斷長壠，以泄王氣，故名秦淮。其源一出句容之華山，一出溧水東盧山，合源於方山埭，西流入城，至淮青橋，乃與青溪合，〔一二〕緣南城而出水關。水上兩岸人家，懸椿拓梁爲河房、水閣，雕欄畫檻，南北掩映。夏水初闊，蘇、常遊山船百十隻，至中流，簫鼓士女，闐駢閣上舟中者，彼此更相覷爲景。蓋酒家烟月之趣，商女花樹之詞，良不減昔時所咏。

牛首山寺西廂門有一竅，塔影入焉，見佛桌帷上，乃是倒掛，欄楯鈴瓴，色相儼然，其傍樹影又直立，可異也。然塔本西方創，故多異。余台雙幘塔影乃落黄坭塘中，隔烟火三里，立塘畔，見影不見塔，近始爲塘畔人家填塞之。又觀桯史云：「泗州僧伽塔，一日影見於城中民家。」又輟耕録云：「松江城中有四塔，夏監運家在其東，而日出時，有一塔影長五寸，倒懸西壁上。」又夷堅續志云：「南雄延慶寺有三塔，影不以陰晴見，一倒影，二懸影向上。如見人家廳堂上，主科名；見房厠，則凶。」此皆理之不可曉者。

鳳陽，龍興之地，當時乃不建城郭。或謂堪輿家以此地皇陵所奠，於城郭不宜。或又謂聖祖念湯沐地民力困於戰爭之後，不暇及也。然觀漢高祖誅秦滅項，建都長安，亦不造城，而止作繚垣周三百里，至惠帝始城長安。

吕梁洪石齒廉利，嘉、隆間，黄河漲，石漸入水，止水上盤渦。余癸酉上春官時，猶及見之。至丁丑漲甚，則盤渦亦無矣。今河漸漲，堤漸高，行堤上人與行徐州城等。若黄河年年如此，則自開闢以來，今不且在半天乎？何不漲於昔而漲於今也，向思之，不得其故，及今行遍宇内，始窮山川源委而悉之。蓋此乃中龍過脉處也。泰山爲中龍之委，自荆山大幹生，至六、蓼，遂落平洋，牽連岡阜，至徐、邳過脉北去，而起泰山。黄河原流泰山之北，〔一三〕至直沽入海，此特泗水一派，浮流兩洪之上耳。隋時煬帝幸江都，引黄河入汴、泗，河始流斷龍脉，隔泰山而北之。然中龍脉王，伏地而行，河水流地上，畢竟不能斷絶其脉，而地脉之起伏有時，今此數十年，正當其起也，脉湓涌而起，故河身日擎捧而高，此豈鐵掃帚、滚江龍之所能刷而低之乎？爲此策者真兒戲見也。過數十年後，地脉既伏，沙泥自去，河身自陷下耳。或謂地脉何以知其起伏？曰：濟水昔行地上，王莽時伏地而行，遂至今不改，至趵突方穴而出，非耶？堪輿家指地墳而起者爲吉，正謂下有氣脉耳。此理向無人識，須與通天地人者一抵掌。

清江板閘之外，乃淮河之身，而黄河之委也。黄、淮合處，水南清北黄，嘉靖末年猶及見之。隆、萬來，黄高勢陡，遂闖入淮身之内，淮縮避黄，返浸泗、湖，水遂及祖陵明樓之下，而王公堤一綫障河不使南，淮民百萬，岌岌魚鱉。

余丁亥冬過淮，適值行河省臣常且至，因預與淮父老講求之，上遡泗陵，下泛海口，始悉顛末，謂非另造一支河不可。衆聞咋舌云：「黄河可造乎？」真落落難合也，余爲析其故。桃源三義廟，有老黄河故道，武宗南幸，欲兩岸牽挽龍舟，始塞泯之，今遺身猶隱隱存。若從此挑一河，與今河深闊齊，直至草灣，放淮水與之合，祖陵與淮城自無恙。欲浚海口者非也，海口二百里，從何濬。且海口比河低甚，非海口罪。因爲疏上之，而總河大臣與省臣謂余侵其事，百方阻不行。十年後余入太僕時，祖陵且壞，直指發其事，河臣削籍待罪，司空氏始悔余言之不用也。復遣省臣行視之，仍依余言，僅於入口處稍改，從上流黄霸口入，漁溝以東，與余前疏同，畢竟另造一黄河，費近百萬。河成，淮出矣，方報浚，而黄河一夕南徙，又決黄堌口一千二百餘丈，下睢寧，當事者又恐徐、邳流竭，爲運道梗，議浚議塞，漕、河兩大臣言人人殊，今尚築舍道傍也。

黄河之衝，止利捲埽而不利堤石。蓋河性遇疏軟則過，遇堅實則鬭，非不惜埽把之衝去也，計一埽足資一歲衝刷而止，明以一歲去此埽而護此堤也，來歲則再計耳。若堤以石，石不受水，水不讓石，其首激如山，遂穿入石下，土去而石遂崩矣。余見近督河者所作石堤往往如此，而常自護過，不肯以爲非。

淮、揚一帶，揚州、儀真、泰興、通州、如皋、海門，地勢高，湖水不浸。〔一四〕泰州、高郵、興化、寶應、鹽城五郡邑如釜底，湖之壑也，所幸一漕堤障之。此堤始自宋天禧，轉運使張綸因漢陳登故跡，就中築堤界水。堤以西滙而爲湖，以受天長、鳳陽諸水，繇瓜、儀以達於江，爲南北通衢；堤以東畫疆爲田，因田爲溝，五州縣共稱沃壤。起邵伯，北抵寶應，蓋三百四十里而遥。原未有閘也，隆慶來歲，水堤決，乃就堤建閘，實下五尺，空其上以度水之溢者，名減水閘，共三十六座。然一座闊五丈，則沿堤加三十六決口，是每次決水共一百八十丈而闊也，雖運濟而田爲壑矣。所賴以瀦，止射陽、廣洋諸湖出，止丁溪、白駒、廟灣、石 四口耳。近射陽已漲與田等，它水者可知。丁溪、白駒二場，建閘修渠，金錢以萬計，不兩年爲竈丁陰壞之。又鹽城民惑於堪輿之言，石 之閘啓閉亦虚，止廟灣一綫通海耳。近因淮溢陵寢，泗人告急，議者欲毁高堰，從海口道淮，以周橋之水從子嬰溝入，武墩之水從涇河入，高良澗之水從氾光湖入，尚幸主議者見其難而中止耳。若從其請，欲盡從廟灣一綫出，則高、寶五郡邑沮洳昏墊之民，永無平陸之期，畎畝賦税公私不將盡廢矣乎！五郡邑水田額粮亦不少，泰州五萬一千三百石，高郵二萬九千九百石，興化五萬六百石，寶應一萬二百七十石。

高家堰在氾光湖西北，乃漢揚州刺史陳登築。當時水利大興，宋轉運使張綸修之，平江伯陳瑄又修之，非今日始也。堰之地去寶應高可一丈八尺，高郵高可二丈二尺，而高、寶堤去興、泰田有高一丈者，有八九尺者，其去堰愈下，不啻三丈有奇，若堰開，則水激如箭，登時巨浸。故議泗溢而欲開堰者，不爲淮南計，未可也。或謂開堰則可導淮，繇瓜、儀入江。不知淮南地繇高、寶而東，則俱下，由邵伯而南，則又昂，漕河高於湖者六尺餘，鑿之通湖，流達瓜、儀，僅可轉漕耳。今高廟一帶四十里，兩岸如山峙，稍遇旱乾，常苦淺澀，且儲五塘水預接濟之。萬曆五年，大闢通江諸口矣，湖水減不盈咫，漕河舟楫三十里内幾不通。二十年又開金家灣、芒稻河矣，堤決如故，湖水東奔未少殺，此南北低昂之一驗也。或又謂，堰不開則淮不出，不知堰下洪澤、阜陵諸湖亦低，與高、寶同，仰受淮水如釜底，皆清口沙限之如門檻，然鬬清口則淮出矣，不然，二十一年高澗決七十餘丈，而泗城水減不過尺許，則泗溢不盡繇堰也。此見陳大理應芳水議中。

淮陽年少，武健鷙愎，椎埋作奸，往往有厄人胯下之風。鳳、潁習武好亂，意氣逼人，雄心易逞。白下則鮮衣冶容，流連光景，蓋六朝餘習猶有存者。大抵古今風俗不甚相遠。

維揚中鹽商，其鹽廠所積，有三代遺下者。然長蘆鹽竊之淮揚賣，而淮鹽又竊之江南賣。長蘆之竊，其弊竇在往來官舫；淮揚之竊，其作奸在孟瀆流徒。淮鹽歲課七十萬五千一百八十引，徵銀六十萬兩，可謂比他處獨多矣，而鄢茂卿督理時，〔一五〕欲以增額爲功，請加至百萬，徵不足，則括郡縣贖鍰及剥商人餘貲足之，商人多破産，怨嗟載道。及嘉靖末年，分宜敗，御史徐爌上其狀，司農覆議，始減照原額，從之。

揚州五塘：一曰陳公塘，延袤八十餘里，置自漢陳登；一曰句城塘，六十里，置自唐李襲譽；一曰小新塘，一百一十里；一曰上雷塘、下雷塘，各九十里，皆創自先朝。千餘年停蓄天長、六合、靈、虹、壽、泗五百餘里之水，水溢則蓄於塘，而諸湖不致泛濫，水涸則啓塘閘以濟運河。嘉靖間，奸民假獻仇鸞佃陳公塘，而塘堤漸決，鸞敗而嚴世蕃繼之，世蕃敗而維揚士民攘臂承佃，陳公塘遂廢。一塘廢，而諸塘繼之。夫五塘大於范光、邵伯、五湖數倍，〔一六〕水既不入塘，惟泛於湖，故湖堤易決，他日堤東興、鹽、高、泰五州縣之民，悉爲魚矣。所佃之税止七百餘金耳，視五州縣之民數百萬，粮二十餘萬，何啻倍蓰之，而竟不可復者，則以今之所佃，皆豪民、富商，及院道衙門積役，其勢足以動摇上官，故雖以家司寇督漕，吴太守理郡，皆鋭意復之，竟亦中止。

廣陵蓄姬妾家，俗稱「養瘦馬」，多謂取他人子女而鞠育之，然不啻己生也。天下不少美婦人，而必於廣陵者，其保姆教訓，嚴閨門，習禮法，上者善琴棋歌咏，最上者書畫，次者亦刺繡女工。至於趨侍嫡長，退讓儕輩，極其進退淺深，不失常度，不致憨戇起爭，費男子心神。故納侍者類於廣陵覓之。

揚子江南零水與建業石頭下水異，此出茶經水辯中。謂唐李季卿刺湖，遇陸處士，使操舟取南零水煮茶，陸揚以杓，曰：「江則江矣，非南零，似石頭下水也。」既傾至半，曰：「是矣。」使服曰：「某所取南零水，抵岸，蕩覆半，挹岸水增之耳。」李嘆駭，問海内諸水優劣。羽曰：「楚水第一，晉水最下。」李命筆，羽遂次第二十水。歐陽公又傳羽論水，以山水上，江水次，井水下。又云：「山水，乳泉石池漫流者上，混涌湍瀨勿食，令人有頸疾，江水取去人遠者，井取汲多者。」張又新小記又云：「劉伯芻謂，水之宜茶者七，皆出於羽。今次劉、陸水品：劉以揚子江第一，惠山石泉第二，虎丘石井第三，丹陽寺井第四，揚州大明寺井第五，松江第六，淮水第七，與羽皆相反。羽以廬山康王谷第一，惠山泉第二，蕲州蘭溪石下水第三，峽州扇子峽蝦蟇口第四，虎丘第五，廬山招賢寺下方橋潭第六，揚子江南零第七，洪州西山瀑布第八，桐柏淮源第九，廬州龍池山頂第十，丹陽觀音寺井十一，揚州大明寺井十二，漢江金州中零十三，歸州玉虚洞香溪十四，商州武關西路水十五，松江十六，天台千丈瀑布十七，郴州圓泉十八，嚴陵灘十九，雪水二十。如蝦蟇口、西山瀑、天台瀑，羽皆戒人弗食。」今使余嘗一水，此水美惡則立辨之，明至他處，口已遺忘矣，安能並海内而記其次第。品藻之如余輩，真所謂鮮能知味也。若留都城内井，則皆穢惡不堪食，又多鹻，余嘗取秦淮水礬澄之。

茅山初名句曲，道書第八洞天第一福地。後因三茅君得道，於此上昇，各占一峰，故又稱三茅山。金陵志：「茅山與蜀岷、峨相首尾，蔣山實其脉之盡者。」固然。然茅山不得與岷、峨首尾也，爲岷、峨尾者，乃天目耳。句曲亦從天目發龍。

太湖三萬六千頃，山環七十二峰，中有洞庭兩山，亦名包山，下有洞穴，潛行水底，九疑、衡岳，無所不通，號爲地肺，道書第九洞天。禹貢謂之震澤，周官、爾雅謂之具區。其别名曰五湖。以其派通五道。虞翻謂：東通長洲松江，南通安吉霅溪，西通宜興荆溪，北通晉陵滆湖，西南通嘉興韭溪者是也。張勃吴録謂：其周行五百里，故以爲名。義興記謂：太湖、射湖、貴湖、陽湖、洮湖爲五湖。韋昭謂：胥湖、蠡湖、洮湖、滆湖、太湖爲五湖。水經謂：長塘湖、射貴湖、上湖、滆湖、太湖爲五湖。圖經謂：貢湖、遊湖、胥湖、梅梁湖、金鼎湖爲五湖。史記正義謂：菱湖、遊湖、漠湖、黄湖、胥湖皆太湖東岸五灣，爲五湖。皆出臆度。

三江以吴松江爲主，在吴江東，源出太湖，又名松陵江，又名松江，又名笠澤，經崑山入海。顧夷吴地記云：「松江東北行七十里，得三江口，東北入海爲婁江，東南入海爲東江，並松江爲三江。」言經三江入海，非入震澤也。此與唐仲初吴都賦同，乃以吴三江言。其他如以松江、錢塘、浦陽爲三江者，韋昭之注也。以歷丹陽、毗陵入今大江者爲北江，首受蕪湖東至陽羨者爲中江，分外石城過宛陵入具區者爲南江，此黄鄮山之論也。以出岷山至楚邦名南江，至潯陽爲九道名中江，至南徐州名北江，入海，此徐鉉之注也。岷山，大江所出，峽山，南江所出，崌山，北江所出，三江皆發源外蜀，而注震澤，禹貢紀其源而及其委，此山海經之注也。此皆以天下言。大都三江既入，當以吴地記爲正，蓋此皆太湖水也。或者其初蕩溢，至江口分而入海，乃遂底定，亦疏九河之意，何必牽强以至蜀都？（一七）

三江口在姑蘇下流，國語所謂越王擒之於三江之浦是也，故當以吴地記爲正。今吴松江本支雖間湮塞，河身故存，黄浦即東江之别名，劉河乃婁江之舊跡。劉河則自入海，黄浦入處則與吴淞共口矣。吴松南至錢塘内，海鹽、平湖、金山、華亭、上海共一捍海堤，並無涓滴自入江海。自吴松北至京口，則七浦、楊林諸河徑入海，白茆、福山、孟瀆、九曲等河徑入江，共二十餘河。前代滄桑不能盡考，乃近日所導，則萬曆辛巳，行水使者闢治江中淤塞四十里，復吴淞江之舊，又決去吴淞灘漲數十處，使太湖積水直流吴淞。又濬松之山涇等港，秀州、官鹽鐵、蒲滙、六磊等塘，洩澱泖之水於黄浦，浚蘇之吴塘、顧浦、戚、虞涇、南北横瀝等處，洩崑、嘉、太倉諸水於劉河，復浚白鶴溪、荆城港、西汎、裏河，洩長蕩、荆溪諸水入外運河，其他白茆、七浦自入江、海，又於夏駕、漫水江口，並建一閘。蓋吴中，唐以前未有水患，始自吴江長堤之築。國初夏忠靖專力夏駕、新洋，一時裨益，其後新洋湍悍深闊，而吴淞脉微，土人以此稱爲漫水港。大都水之利害，古今異宜，數十年後，三吴又不知作何講求耳。

姑蘇張士誠王宫之址，當時取三興土培築以成者，謂嘉興、長興、宜興也，止取興義輒輕用民力至此。本朝遂空其地，任民間自挖取之。

蘇、松賦重，其壤地不與嘉、湖殊也，而賦乃加其什之六。或謂没沈三萬時，〔一八〕簡得其莊佃起租之籍，而用以起賦。或又謂張王不降之故，欲屠其民，後因加賦而止，皆不可曉。畢竟吴中百貨所聚，其工商賈人之利又居農之什七，故雖賦重，不見民貧。然吴人所受糧役之累，竟亦不少，每每僉解糧頭，富室破家，貴介爲役。海宇均耳，東南民力良可憫也，今總吴中額賦：蘇州縣八，至二百二十六萬四千石；松縣三，至九十五萬九千石；〔一九〕嘉縣七，止六十一萬八千石；湖州縣六，止四十七萬石。常、鎮比嘉、湖雖過什之三，比蘇、松尚少什之六。

姑蘇人聰慧好古，亦善倣古法爲之，書畫之臨摹，鼎彝之冶淬，能令真贋不辨。又善操海内上下進退之權，蘇人以爲雅者，則四方隨而雅之；俗者，則隨而俗之。其賞識品第本精，故物莫能違。又如齋頭清玩、几案、牀榻，近皆以紫檀、花梨爲尚。尚古樸不尚雕鏤，即物有雕鏤，亦皆商、周、秦、漢之式，海内僻遠皆效尤之，此亦嘉、隆、萬三朝爲始盛。〔二〇〕至於寸竹片石，摩弄成物，動輒千文百緡，如陸子匡之玉，馬小官之扇，趙良璧之鍛，得者競賽，咸不論錢，幾成物妖，亦爲俗蠹。

虎丘天池茶今爲海内第一。余觀茶品固佳，然以人事勝。其採揉焙封法度，錙兩不爽，即吾台大盤，不在天池下，而爲作手不佳，真汁皆揉而去，故焙出色味不及彼。又多用紙封，而蘇人又謂紙收茶氣，咸盛以磁罐，其貴重之如此。余入滇，飲太華茶，亦天池亞。又啜蜀凌雲，清馥不減也。然鴻漸茶經乃云：「浙西以湖州上，常州次，宣州、杭州、睦州、歙州下，潤州、蘇州又下；浙東以越州上，明州、婺州次，台州下；劍南以彭州上，綿州、蜀州次，邛州次，雅州、瀘州下，眉州、漢州又下。」而不及嘉與滇，豈山川清淑之氣鍾之物者，故與時異耶？

吴中子弟嗜尚乖僻，耑欲立異上人，邇者一二怪民，遂因而釀亂，翩翩裘馬公子，爲所煽惑而入之，幾墮家聲。然有司不能拯解，緣以文致其詞，捕風捉影，網羅成獄，以實上官之舉，亦可憫也。

李太白晚依當塗令李陽冰，其族也。故宛陵山川，一丘一壑，猿狙之窟，黿鼉之宫，無所不到，賦咏亦多。及其嚮往謝公，屬意青山，生則流連，死而葬之，真見古人風度。騎鯨捉月之事，幻妄可笑，不知何事得來。〔一二〕

山居人尚氣，新都健訟，習使之然。其地本勤，人本儉，至鬬訟，則傾貲不惜。即官司笞鞭，一二杖參差，便以爲勝負，往往浼人居間。若巨家大獄，至推其族之一人出爲衆死，或抹額叫闕，或鎖喉赴臺，死則衆爲之祀春秋而養子孫。其人受椎不死，則傍有死之者矣。他方即好訟，謀不至是。鋪金買埒，傾産入闗，皆休、歙人所能。至於商賈在外，遇鄉里之訟，不啻身嘗之，醵金出死力，則又以衆幫衆，無非亦爲己身地也。近江右人出外亦多效之。以上南京。

## 校勘記

〔一〕赤城王太初先生著……北平楊體元香山較　台州本作「臨海王士性恒叔著」。

〔二〕晉左　「晉」疑爲「山」之訛。

〔三〕建爲元都者　「元」疑爲「南」之訛。

〔四〕竟亦不如各省直之多者　台州本「省直」二字互倒。

〔五〕盤盂一望如圖畫　台州本「圖畫」二字互倒。

〔六〕徐尚璽貞明潞水客談　疑「尚璽」爲「尚寶」之誤。明史徐貞明傳載徐曾任尚寶司丞。

〔七〕又聞沈太宇襄於直沽海口開田百頃　台州本「太」作「大」。

〔八〕鄭州藥王廟以祠扁鵲　台州本「祠」作「祀」。

〔九〕建國　「建國」似不可解，其實甚明，指宋仁宗以昇王而爲帝之事，即所謂惟王建國也。

〔一〇〕大報恩寺塔以藏康僧所取舍利　台州本「康」作「唐」。

〔一一〕龍神人獸　台州本「龍神」二字互倒。

〔一二〕乃與青溪合　台州本「青」作「清」。

〔一三〕黄河原流泰山之北　台州本「原」字作「源」。

〔一四〕湖水不浸　台州本「浸」字作「侵」。

〔一五〕而鄢茂卿督理時　台州本「茂」作「懋」。

〔一六〕夫五塘大於范光郘伯五湖數倍　台州本「范」作「氾」。

〔一七〕何必牵强以至蜀都　頗疑「都」爲「耶」之誤。

〔一八〕或謂沉没三萬時　「三萬」誤，台州本作「萬三」。

〔一九〕至九十五萬九千石　台州「千」作「十」。

〔二〇〕此亦嘉隆萬三朝爲始盛　台州本無「始」字。

〔二一〕不知何事得來　台州本「事」作「自」。

# 廣志繹卷之三

赤城王太初先生著
秀州曹秋岳先生定
北平林百朋象鼎
楊體元香山 較〔一〕

## 江北四省

周、宋、齊、魯、晉、衛自古爲中原之地，是聖賢明德之鄉也，故皆有古昔之遺風焉。入境問俗，恍然接踵遇之，蓋先王之澤遠矣，故以次於兩都。

河南諸水以河爲經，附河諸郡水：濟、潁、睢、淝、溱、洧、伊、洛、瀍、澗，俱入焉。北以衛河爲輔，而漳於境外合之；南以淮河爲輔，而汝自境内合之。然多截流横渡而已。春夏水漲，則堤岸爲魚，秋冬水涸，〔二〕則沙灘成地。無舟楫之利，無商賈之埠，無魚鱉之生，間或有之，亦不多也。惟南陽泌、湞諸水，皆南自入漢，若與中州無涉者，然舟楫商賈，反因以爲利。

中州山皆土壠，不生草木，亦不結鉗局，氣行於地而不行於山也。惟崧高土皮石骨，蒼翠相間，特出爲奇。其他則西南邊境處，間有青山，山脉亦自西南而來，下終南，歷商洛、武關，東則一支循伊、洛龍門而行去爲嵩山，南則一支出魯山，經泌陽、桐柏去爲荆山，直循淮、泗南行爲正幹。

黄河故道由大名趨河間，往直沽入海。自隋煬帝欲幸江都，龍舟十四丈。〔三〕汴水狹不能容，乃引河入汴。當時止一時度舟計耳，不意河流迅急，一入不回，遂爲千百年之害。蓋河北地勢高，汴河身低，又河南上甚疏理，任其衝突奔潰，故一入不回。余見世廟時，有欲求禹故道者，真迂儒之言也。

三門而下，石磧如山，連延百里。河過砥柱，響聲如雷，漢時轉漕關中，皆繇此路，不知何以挽舟而上。或謂古有月河，今石磧中皆無形影可求。

中州雖無山，然出美石，黑者如清油，白者如截肪，不若江南之粗理也。桐柏花石更佳，不減大理。諸果品味勝，爲沙土所植。其田土甚寬，有二畝三畝作一畝，名爲大畝，二百四十弓爲小畝。地廣人稀，真惰農也。

八郡惟睢、陳難治，以多盜故。光、羅山難治，以健訟故。盧氏、南召難治，以好逋故。洛中難治，以豪舉故。滎陽、滎澤難治，以衝疲故。

大河南北，自古爲戰爭之地，治平以來，忘戰久矣。官無一將帥，民無一兵勇，都閫諸職掌，不過具軍衛尺籍焉已。民壯弓兵之設，止備郡邑勾攝，雖有唐、汝諸守備，名爲防礦，而麾下無一卒，且白蓮教諸左道，與師尚詔、曹崙等往往竊發，安得謂中州盡無事也？若待有事索兵，則晚矣。故甲午飢民之亂，當事者袖手而計無出。余初入省垣，謂中州當立一遊擊，募兵二千，隨地練習以防意外，譚者以爲迂，及陳金、王自簡等變起，始信余言之不誣也。

四瀆惟濟水奇，性喜伏流，流雖伏，然迅急與地上等。本穿黄河截流而過，又能不與河水混，及其千里出地爲趵突，〔四〕高六七尺。濟源初出之處，〔五〕又能洄伏藏匿，所浮物至年餘而出，若用機者然，造物之怪如是。

河北三府，幅員不能當一開封，業已分封趙、鄭二府矣。近乃又改潞府於衛輝，城池既狹，人烟又稀，土田少沃，與衡陽相去遠甚。且通省建藩，已至六國，尚有廢府諸郡，兩河民力，疲於禄米之輸甚矣，而諸藩供億，尚爾不足。諸藩惟周府最稱蕃衍，郡王至四十八位，宗室幾五千人，以故貧無禄者，不得不雜爲賤役，或作爲非僻。稍食禄而無力以請名封者，至年六七十，猶稱乳名終其身。故諸無禄庶人，八口之饑饉既不免，四民之生理又無望，雖生於皇家，適以囚禁之，反不如小民之得以自活也。數年之内，生育愈繁，不知何以處之。

中州俗淳厚質直，有古風，雖一時好剛，而可以義感。語言少有詭詐，一斥破之，則愧汗而不敢强辯。其俗又有告助，有吃會。告助者，親朋或儌逋追負，而貧不能辦，則爲草具，召諸友善者，各助以數十百而脱之。吃會者，每會約同志十數人，朔望飲於社廟，各以餘錢百十交於會長蓄之，以爲會中人父母棺衾緩急之備，免借貸也。父死子繼，愈久愈蓄，此二者皆善俗也。

汴城在八郡中爲繁華，多妖姬麗童，其人亦狡猾足使。城中壽山、艮岳，乃宋時以童貫領花石綱爲之者。石至數十丈，今尺塊不存，不知移於何處。城外繁臺，士人念「繁」爲「博」，亦未審其義所自始。或云即梁孝王平臺，又云師曠吹臺。上有大禹廟，貌「河、洛思功」字，然廟貌狹，不稱所以祠禹者。

周公測景臺在登封五十里村中，舊郜縣也，對箕山許由冢。有所遺量天尺存，其所竪小石碑，果夏至日中無影。古云，陽城天地之中，然宋時測景又近汴。唐顔魯公又於汝寧城北小阜，立天中山碑，亦謂夏至無影。

周公卜洛時，未有堪輿家也，然聖人作事，已自先具後世堪輿之説。龍門作闕，伊水前朝，邙山後環，瀍、澗内裹，大洛西來，横繞於前，出自艮方。嵩高爲龍左聳，秦山爲虎右伏，黄河爲玄武後纏，四山城郭，重重無空隙。余行天下郡邑，未見山水整齊於此者，獨南北略淺逼耳。

洛陽水土深厚，葬者至四五丈而不及泉，轆轤汲綆有長十丈者。然葬雖如許，盗者尚能以鐵錐入而嗅之，有金銀銅鐵之氣則發。周、秦、漢王侯將相多葬北邙，然古者冢墓大，隧道至長里餘者，明器多用金銀銅鐵，今三吴所尚古董，皆出於洛陽。然大冢禁於有司不得發，發者其差小者耳。古器惟鏡最多，秦圖平面最小，漢圖多海馬、葡萄、飛燕，稍大。唐圖多車輪，其緣邊乃如劍脊。古者殮用水銀，此鏡以掩心，久之屍蝕而水銀不壞，則鏡收之。故硃砂、翡翠以年代久近爲差。瓦羽觴不知其何始，冢大者得百千隻，以蠟色而香者爲佳，若氣帶泥微青而滲酒者，〔六〕皆贋爲之耳。郭公磚長數尺，空其中亦以甃冢壁，能使千載不還於土。俗傳其女能之，遂殺女以秘其法。今吴、越稱以琴磚，寶之，而洛陽巨細冢墻趾，無不有也。

洛陽住窑，非必皆貧也，亦非皆範磚合瓦之處。遇敗冢，穴其隧道門洞而居，亦稱窑，道傍穴土而居，亦稱窑。山麓穴山而栖，致挖土爲重樓，亦稱窑。謂冬燠夏凉，亦藏粟麥不壞，無南方霉濕故也。

陝州、靈寶二城，皆西北濱河，南阻山，東南通一綫路。河崖高尋丈，故水不溢入城。陝州城無水，乃自交口引涓涓來，四十里穿城樓上過，滴召公池中。

自洛陽西行，左秦山，右邙山，皆綿亘數百里，直至函谷，中夾綫路而已。邙山外則大河包之，秦山後則萬山叢出，故秦關百二，真天險也。新安縣在山上，東西可二里，南北僅百步。自新安上山，至義昌始下平坡。義昌，沔池所轄也。過沔池至硤口，又上山，大抵入秦之道皆仰行。孟津在邙山外，止轄河坡一帶，縱不過五里，横十之，與新安二縣爲洛中最小而疲。

衛水發源蘇門山，如珠璣百萬，飛躍可愛。蘇門嘯臺爲孫登、阮籍也，其後李之才、邵堯夫輩聞風興起，今皆祀之而獨不及籍，豈謂籍人品在諸公下耶？

曹操七十二疑冢，皆聚於一處，不數十里而遠，今亦有沉於漳河中者。陶九成曰：「會須盡伐七十二疑冢，必有一冢藏操屍。」余謂以操之多智，即七十二冢中，操屍猶不在也。

函谷新舊二關，舊函谷在靈寶，去河岸數十里，正老子騎青牛，尹喜望紫氣處也。新函谷在新安。漢時重關内族，以爲帝里之民，〔七〕故徹侯不治事者謂關内侯。樓船將軍楊僕伐越歸，耻爲關外人，乃盡獻家貲，請徙關内，武帝遂爲移闕於其家外以就之。漢家法紀乃至於是。

洛陽舊有永寧寺，後魏熙平元年，靈太后胡氏所立也。中有九層浮圖，架木爲之，舉高九十丈，有刹復高十丈，合去地千尺。去京師百里遥，已見之。初掘基至黄泉下，得金像三十軀，太后以爲信法之徵，是以營建過度。刹上有金寶瓶，容二十五石。瓶下有承露金盤，三十重，周匝皆垂金鐸。復有鐵鏁四道，引刹向浮圖四角，鏁上亦有金鐸，鐸大小如一石甕子，共一百二十鐸。浮圖四面，面有三户六窗，上有五行金鈴，合五千四百枚。復有金環鋪首，殫土木之功，繡柱金鋪，駭人心目，風中聞十餘里。北有佛殿，形如太極，中有丈八金像一，人長金像十，繡珠像三，織成像五，奇巧冠世。僧房樓觀千間，皆雕梁粉壁，青鎖綺疏，異卉奇花，布滿階墀。園墻皆效宫墻，門效端門，夾以力士、金獅，皆飾金銀珠玉，青槐緑水，路斷飛塵。時有西域沙門達摩，年百五十歲，云歷遊諸國，此寺精麗，遍閻浮所無也，極佛界亦無有此。孝昌二年大風，寶瓶落入地丈餘，復更新之。後永熙三年二月，浮圖爲火所焚。初起第八級中，當時雷雨晦冥，雜下霰雪，百姓道俗觀火者，悲哀振天。時有三比丘赴火死，經三月不滅。有入地柱火，尋柱周年，猶有烟氣。其年五月，有人從象郡來，云見浮圖於海中，光明奪目，海上人咸觀之，詳伽藍記。

伏牛山在嵩縣深谷大壑之中數百里，中原戰爭兵燹所不及，故緇流衲子多居之。加以雲水遊僧動輒千萬爲群，至其山者如入佛國，唄聲梵響，別自一乾坤也。然其中戒律齊整，佛土莊嚴，打七降魔，開單展鉢，手持貝葉，口誦彌陀，六時工課，行坐不輟，良足以引遊方之目，感檀越之心，非他方刹宇可比。少林則方上遊僧至者守此戒，是稱禪林，本寺僧則啜酒啖肉，習武較藝，止識拳棍，不知棒喝。

南召、盧氏之間多有礦徒，〔八〕長槍大矢，裹足纏頭，專以鑿山爲業，殺人爲生，號「毛葫蘆」。其技最悍，其人千百爲群，以角腦束之，角腦即頭目之謂也。其開採在深山大谷之中，人跡不到，即今之官採，亦不敢及。今所採者，咸近市井道路處也。聞此一時貂璫，以狐假虎，殺人而吮其血，撫按袖手而唯唯。〔九〕宛、洛之間，初至報富室，以爲硐頭，非厚賂不免。維視礦脉，則於富人墳墓掘之，又非厚賂不免。其借歇公差，寄頓官物，必尋富人之莊，又非厚賂不免。貧人則自裹粮而執役，中産則計門攤以賠税，而奏官仲春等，踉蹡剥削，擅逞淫刑，亡論貧富，人皆坐諸湯火。藩司費萬金之出，内帑不能得萬金之入。昔人謂：「内帑之一金，府庫之十金，民屋之百金也。」良然。朝廷此舉聽於仲春之一言，仲春之肉不足食，第恐中州禍亂，不知所究竟也。

汝寧郡治，二門兩石臺，舊吴元濟牙臺也。此淮、蔡之地，古稱亂邦，險要之説不可以時平而廢。府城正北突出爲半規，建府治其中，流汝水於下，今汝齧於城之足矣。決汝水逆於西門，則城浸，鑿河崖穴地道，則半規者壞而不守，非計也。汝屬惟信陽據險，城築於山岡之上，四面皆低，又浉水在前，淮河在後，最易守。

汝寧惟光州所屬光、固、商、息爲南五縣，通淮河，稍集商旅，聚南貨，覺文物與諸縣差殊，人才亦輩出。光山一薦鄉書，則奴僕十百輩，皆帶田産而來，止聽差遣，不費衣食，可怪也。商城自固始分，當時草草，分民不分土。至今商城民住固始城中，田耕於固始村内，固始亦然。兩縣令常以逋逃拘集而成口語。

確山南多稻田，近楚俗，北乃旱地，漸見風塵。其城四里，曾經流賊入屠之，今城中民不二三百家，又多縉紳巨族。女墻睥睨七百餘，有城而誰與爲守？且貿易、店鋪、穀粟皆聚於東門之外，一燎則城中坐困矣。縣後與學後又皆空地，氣象蕭索。余故移一集於城中空處，使人烟喧鬧以招徠四方商賈。〔一〇〕目下王氣且集，場既立，店舍漸興，則穀粟可以次入城，而此歸市之民即守城之衆，亦以默寓百年久遠之計，柰後來者不能深識余情而遽罷之。

汝寧稱殷，然烟火既稠，〔一一〕薪桂是急，雨雪連朝，即富室皆裂門壁以炊。朗陵近有煤山，然土嫩未成，余曾鑿燒之，無焰，想百餘年後用物耳。

汝寧本樂土，癸巳、甲午大荒，殺人以食，死屍横道，有骨無肉，汝、潁城中明貨人肉以當屠肆。最可恨者，寶豐楊松家有祖父，其祖餓甚，令松謀父烹之，松遂殺父，與祖共食，此亦天地之一大變也。故流賊四起，賊首確山、泌陽、桐柏間則陳金，汝寧則王商，汝、潁間則王自簡。皆號召千百人，張輿蓋執干戈以叛。所幸浮、光、商、固五州縣豐稔，助亂者寡，不能成大事也。蓋荆山之北，汝寧之南，左有金剛臺，右有栲栳山，皆亂民所必資。金剛臺在商城，山高數十里，其上平原，周十餘里，立營置寨，足屯數千人，土沃可耕，路險阻不得上，與麻城天臺山相爲犄角。栲栳山在確山、桐柏間，山高與金剛臺同，其上則連大山，逶迤數百里不絕。吴元濟昔據之以得淮、蔡，城墻臺基，闌干石址俱存。俗又稱方城山，謂即楚方城。如草澤風塵，二處皆當扼塞。

宛、洛、淮、汝、睢、陳、汴、衛，自古爲戎馬之場，勝國以來，殺戮殆盡，郡邑無二百年耆舊之家，除縉紳巨室外，民間俱不立祠堂，不置宗譜。爭嗣續者，止以殮葬時作佛超度、所燒瘞紙姓名爲質。庶民服制外，同宗不相敦睦，惟以同户當差者爲親。同姓爲婚，多不避忌。同宗子姓，有力者蓄之爲奴。此皆國初徙民實中州時，各帶其五方土俗而來故也。

間閻不蓄積，樂歲則盡數糶賣，以飾裘馬，凶年則持筐篋，携妻子逃徙趁食。俗又好賭，貧人得十文錢，不賭不休。賭盡勢必盜，故盜益多，且又不善盜，入其家則必殺人，乃所得皆重累易認之物，今日所劫衣履，明日即被服之，而爲人所獲。故每盜或十餘人，駢首就戮，而計贓乃不值一金。余每心憐之，而無法以脱也。

中州僧從來不納度牒，今日削髮則爲僧，明日長髮則爲民，任自爲之。故白蓮教一興，往往千百爲群，隨入其中，官府無所查覈。爲盜者亦每削髮變形，入比丘中，事息則回。無論僧行，即不飲酒食肉者，百無一人。以上係河南。

關中多高原横亘，大者跨數邑，小者亦數十里，是亦東南岡阜之類。但岡阜有起伏，而原無起伏，惟是自高而下，牽連而來，傾跌而去，建瓴而落，拾級而登。葬以四五丈不及黄泉，井以數十丈方得水脉。故其人禀者博大勁直，〔一二〕而無委曲之態。蓋關中土厚水深，川中則土厚而水不深，乃水出高原之義，人性之禀多與水推移也。〔一三〕

南山，謂終南山也。脉自大散關而度，左渭右漢，黑、白兩龍江注之。其東出者，自武功太白，牽連而至商洛，皆是南山，如太行在燕、代，隨處異名耳。太白極高，上有積雪，盛夏不消。諺云：「武功太白，去天三百。」山下軍行鳴鼓角，則疾風暴雨立至。今乃爲盜據而窟之，遊人莫到，使山靈受汙。武功亦北連太白，與之並峙。太華削成四方，高五千仞，自回心石以上，仰躡四十里，少華三峰副之。終南正面亘藍田、盩厔，中對長安，登者經樊川、杜曲。諺云：「城南韋、杜，去天尺五。」韋乃安石别業，倒官中囊爲之，杜則岐公墅，而孫牧增爲者。二曲爲唐長安林泉，花竹最勝，今皆荒落。自此入山，走深谷大壑，即三四百里不能窮。〔一四〕中多修道求仙人數百歲者，雲水遊人往往覓得之。子午谷去城南百里，路自南通北，正對長安，故名。然止單人獨騎可行，昔魏延請孔明出軍，貴妃飛騎進荔枝，皆此。

長安爲周、秦、漢、隋、唐所都，歷代位置，亦非一處，然皆不出五十里之外。周后稷封邰，在斄城，今爲武功縣。其後不窋失官，竄於戎、狄，則慶陽有不窋城。公劉徙邠，緊邠州。太王遷岐，緊岐山。至文王遷豐，始近今長安之境，緊鄠縣。豐水出其谷焉，靈臺基址尚存。又東則爲鎬水，武王都鎬，緊與豐東西對峙，相去二十五里，名宗周也。諸家皆言漢武穿昆明池，鎬京故基淪入於池。秦始保西垂，至非子居犬丘，當是畜牧之地，緊今興平。始皇改名廢丘，示周廢不復興也。孝公始作咸陽，築冀闕而都焉。其地九嵕之南，渭水之北，山以南爲陽，水以北爲陽，故曰咸陽。然史記、黄圖皆云，始皇都咸陽，引渭水貫都，以象天漢，横橋南渡，以法牽牛，則是跨渭水而都之。漢長安城在龍首山上，周豐、鎬之東北也。龍首來自樊川，其初由南向北行，至渭濱乃始折而東。漢之未央據其折東高處爲基，故宫基直出長安城上。建章、昆明皆在原西，而秦長樂離宫，漢修之，亦東西峙焉。其後以居母后，名東朝。三秦記曰：「此山長六十里，頭入渭水，尾達樊川，頭高二十丈，尾低可六七丈，色赤。」漢既據其上立未央宫矣，而山勢尚東趨，唐大明宮又據其趨東之壠，故含元正殿高平地四十尺也。若此山方北行未東之時，垂坡東下爲龍首原。原有六坡，象易乾卦，隋包六坡爲都城，大興宮殿，據第二坡，應第二爻。〔一五〕唐建都因隋無改，止易宮名太極。至高宗風痺，惡太極下濕，遂遷據東北山上，別爲大明宮。至山勢盡處，引水以爲蓬萊山池。因名大興爲西内，大明爲東内，又於別建興慶宮爲南内。此五代都長安大略也。咸陽有三：秦城在本朝縣東二十里，隋城在縣東北二十里，唐城在渭水北杜郵舘西。鎬京東逕磁石門，乃阿房之西門，名却胡門，冀以吸胡人隱刃，〔一六〕正在鎬水入渭之處。漢都長安，其城在渭之南，而秦咸陽之東南也，故項羽自霸上而入秦都，皆曰西上咸陽也。隋都亦在長安，實漢城東南十三里。今西安府坐龍首山南十里，未央東南十四里，則今城正當大興舊址。

長安宮殿惟秦、漢最盛，想當時秦隴大木多，取用不盡。若今嘉靖間，午門三殿災，萬曆間，慈寧、乾清災，動費四五百萬金，府庫不足，取之事例，不足，又取之捐俸，不足，又取之開礦。一木之費，輒至千金。川、貴山中，存者亦罕，千溪萬壑，出水爲難，即欲效秦、漢百一，未能也。姑舉兩朝崖略：秦始皇所造宮室，多在渭北，每破侯國，即放寫其宮室，作之咸陽北坂上，以所得美人充之。起咸陽而西至雍，規恢三百里，離宮別舘，彌山跨谷，複道相屬，鐘鼓惟帳，不移而具。又三十五年別度渭南，立上林苑，中建阿房宮，東西五十步，〔一七〕南北五十丈，上可坐萬人，下建五丈旗，車行酒，騎行炙。記其緜亘，則閣道八十里，直抵麗山，表南山之闕以爲塞，絡樊川爲池，以木蘭爲梁，以磁石爲門，度渭象太極閣道抵營室也。其他萯陽、棫陽、平陽、槖泉、長楊、祈年諸宮，不暇殫舉。漢修長樂，周二十里，又起未央宫，周二十八里，前殿東西五百尺，深百五十丈，高三百五十尺。至孝武，以黄金爲壁帶，文杏爲橑柱，金鋪玉户，華榱璧璫，雕楹玉飾，青鎖丹墀。又作建章宫，周三十里，於宫西跨城作飛閣，搆輦道以上下，爲千門萬户。前殿下視未央，别作鳳闕對峙。井幹樓樓閣俱高五十丈，輦道相屬焉。而左鳳闕，北員闕則高皆半之。甘泉宫周十九里，去長安三百里，望見長安。他如集靈、五柞、回中、北宫、長信，不暇殫舉。黄圖曰：〔一八〕「秦北至九嵕，南至鄠、杜，東至河西，西至汧、渭之交，東西八百里，南北四百里，離宫三百，相望聯屬，木衣綈繡，土被朱紫，宫人不移，樂不改懸，窮年忘歸，猶不能遍。漢畿千里，内外宫館一百四十五所。」

長安稱關中，蓋東有函關，西有散關，南有武關，北有蕭關，而長安居其中。其他如大震關之在隴右，瓦亭關之在固原，駱谷關之在盩厔，子午關之在南山，蒲津關之在同州，豹頭關之在漢中，設險守國，皆在名義之内。〔一九〕

始皇陵倚驪山下，作者刑徒數萬，雖其璧玉爲星辰，水銀爲江河，金帛機械無所不備，業已下錮三泉，然登陵望之，正當渭水反弓之處，即以堪輿論，固當二世而已。〔二〇〕

自秦入蜀有三谷、四棧道。三谷者，其西南曰褒谷，南曰駱谷，從洋入；東南曰斜谷，從郿入。其所從皆殊。舊志謂：「駱谷、儻谷同一谷，褒谷、斜谷同一谷。」非是。其棧道有四出：從成、和、階、文出者爲沓中陰平道，鄧艾伐蜀由之；從兩當出者爲故道，漢高帝攻陳倉由之；從褒、鳳出者爲今連雲棧道，漢王之南鄭由之；從城固、洋縣出者爲斜駱道，武侯屯渭上由之。此四道、三谷者，關南之險阨，攻取所從來固矣。語見何仲默三秦志中。然志稱同一谷者，謂褒城谷北口曰斜，南口曰褒，〔二一〕洋縣谷南口曰儻，北口曰駱〔二二〕。

關中三面距險，以東臨六國諸侯言耳，非今之所稱備邊也。雍州山原皆從西北來，西北最高，羌虜據之，故關中視中原，其勢俯，視羌虜，其勢仰。甘、凉一路云「斷匈奴右臂」，〔二三〕蓋不得已而以人爲險守之也。近日虜侵番，常奪路横截而過，時或住牧其中，則西北之險，我已與虜共之矣。此地非漢、唐撻伐，深入其阻，則番、夷竊發，中國安得寧居。聞之陰山、瀚海虜皆野祀漢武、唐宗，如内土地神類，其威靈所慴久也。

關中郡邑最遠者，如鞏昌府成縣去府東南六百里，兩當縣去府東五百六十里，階州去府南八百里，皆白馬氏所居武都故地。延安府葭州去府北六百里，神木縣去府九百里，府谷去府東北千一百里，〔二四〕皆周环河套之内。

余行漢中，過禹廟，問漢源，因見大安河自略陽來，其流尤大，不知當時何以表漾爲源也，心疑之。及讀丹鉛總録，始知有東、西漢焉，今引而記之。總録：「祝穆曰：天下之大川以漢名者二，班固謂之東漢、西漢，而黎州之漢水源於飛越嶺者不與焉。固之所謂東漢，則禹貢之『導漾自嶓冢山』，逕梁、洋、金、房、均、襄、郢，復至漢陽入江者也；西漢則蘇代所謂『漢中之甲，輕舟出于巴，乘夏水下漢，四日而至五瀦』者。其源出於西河州徼外，經階、沔，與嘉陵水合，俗謂之西漢，又經大安、利、劍、果、合，與涪水合，入于江。」

藍田關即秦嶢關，圖七賢過關者即此。蓋是春雪初霽，張説、張九齡、李頎、李白、鄭虔、孟浩然，共訪輞川王維也。當時鄭廣文自爲圖，有詩曰：「二李才名壓二張，歸鞭遥指孟襄陽。」

澄城縣山崩，初爲一山，至是東西分馳三四里，遺址平陷，良爲一奇，此嘉靖丁未六月也。唐武后，臨潼縣因風雷涌出一山，初高六尺，漸高至二丈，因名慶山。以此知古稱穀、洛水鬭，信乎不誣。宋紹興十四年，亦有樂平水鬭。有司奏言，河衝里田水中，類爲物所吸，聚爲一直行，高平地數尺，不假堤防，而水自行，里南程氏家井水溢，亦高數尺，夭矯如長虹，聲如雷，穿墻破樓，二水鬭於杉墩，且前且却，十餘刻乃解。正德中，又有文安縣水忽僵立，是日天大寒，遂凍爲冰柱，高五丈，四圍亦如之，中空而旁有穴，後數日流賊過，人多避其中。山川且然，況人物乎？以是知造物之奇，無所不有。

慶陽緣邊人善蠱術。有爲稻田蠱者，能使其人腹中有土一塊，中出稻芒，穿腸而死。樹蠱者，則出樹枝撐腸，是亦挑生之類。然則是術不獨粤中有之。徐南孺分憲延、慶，爲余言曾閱其牘云。

寶雞以西蓋屋，咸以板用石壓之。小戎曰「在其板屋」，自古西戎之俗然也。此地流渠走水，依稀江南，在關中稱沃土。

自古稱棧道險，今殊不然。屢年修砌，可並行二轎四馬。其褒、斜二谷，俯黑龍江，咸乾灘亂石，不知漢張湯何以欲轉漕於渭，豈古今陵谷星淵至是？其站皆軍夫，以百兵爲廐，置長，軍無餼廩，惟自種山田數畝而已。今軍日消，而往來之絡繹如故，是宜有以處之。入川如秋林、富村、古店諸站，丁庶而富，其氣象又與漢中別。

會寧鮮流水源泉，土厚脉沉，泥淖斥鹵，即鑿井極深，亦不能寒冽，居民夏惟儲雨水，冬惟窖雪水而飲。峨眉、太岳頂上無水亦然。

大隴首山牽連六七百里，其上多鸜鵒，行人過此，困頓欲絶，故樂府詩曰：「隴頭流水，鳴聲嗚咽，遥望秦川，肝腸斷絶。」崆峒山有玄鶴洞，深無底，中有三玄鶴時出，飛翔雲際，遊者見之以爲瑞。鳥鼠同穴山則飛走相爲牝牡，此最異事，鳥曰鵌，鼠曰鼷。

寧夏居黄河下流，大壩可灌，自昔記之。萬曆辛卯之變，朝廷聞報，遂懸通侯之賞，不知廟堂議論，何以張皇如此。當時有請城京師四隅者，有請塞潼關以拒賊出延、慶者。夫至城京師，則中原屬之誰耶？賊患其不出耳，若出延、慶，而撫臣調兵以遮其前，督臣擣巢以截其後，此孫臏伐魏救趙之故智也，將安逃？抑有異者，土、哱、劉、許五賊不相君臣，而並據彈丸，必無自固之理，即以關、張之義，亦必臣劉而可，若五大不相臣，則雖同父母兄弟骨肉，無不相猜而相殘者，可計日而用間以破之也。余曾滇中貽趙汝師少宰書，謂不必慮，當固守以待其自敗。果一月而五賊相猜，城遂潰。此一事耳，而舉國若狂，平日所稱邊才安在哉？〔二五〕若五賊推一人爲王，而以其地投虜來入據之，則寧夏終非國有，是可慮耳。

無定河，河名也。此地浮沙善陷，輿人急走急换足，不則陷矣，故名。

甘、凉處原中國地。〔二六〕晉涼州志云：「周衰，其地爲狄，後匈奴使休屠、渾邪等王王月支，〔二七〕以地降漢，漢置張掖、酒泉、燉煌、武威、金城，謂之河西五郡。南隔距羌而斷匈奴右臂，〔二八〕以通西域。故張騫通三十六國，班超復定五十餘國，條支、安息，至於海濱四萬里外。」魏、晉後，通者不過二三國耳。今人知兩浙爲會稽郡，而不知後魏於燉煌側置會稽郡，人知維揚有瓜洲城，而不知唐於燉煌側置瓜州城，人知嚴州有壽昌縣，而不知唐於沙州南百五十里立壽昌縣。古燉煌，今嘉峪外地也，〔二九〕即晉之西海郡居延等縣，元爲亦集乃城，蓋在肅州東北五百里。瓜州蓋在今肅州衛西五百里，即古西戎地，漢爲玉門關。沙州城蓋在衛西八百里，漢月支地。漢又有龍勒縣，即壽昌地，亦即唐陽關。西北去又數百里爲伊州桑遠縣，〔三〇〕又西去數百里爲蒲昌縣，又北去數百里爲唐安西府交河縣，其地又遠。而太宗所置伊、西、庭州，高宗所置龜兹、于闐四鎮，總之在玉門之外。而天寶以後，河西、隴右始陷吐蕃耳。本朝守嘉峪，棄玉門以外。大都甘州西去五百里爲肅州，漢酒泉郡。肅州不及百里，即嘉峪。若河西諸郡，皆在甘州行都司之内。甘州即漢張掖，如甘州東北百二十里爲山丹，亦張掖地。東五百里爲鎮番，東南三百里爲永昌，五百里爲涼州，南九百里爲莊浪，皆漢武威。東南一千三百里爲西寧，乃古湟中，即漢破羌縣，屬金城郡。古賢如張奂、張芝、索靖、索綝父子，〔三一〕咸燉煌人。

涼州稱涼者，以西北風氣最寒而名也，五六月，白日中如雪皚皚而下者，謂之明霜。

河套雖古朔方之地，但漢、唐來棄之已久。起寧夏至黃甫川，黃河北繞二千五百里即南，自川至定邊，亦一千三百里，以圍徑求之，當得縱橫各一千二百里餘。其中皆蕪野荒原，惟虜可就水草住牧，安得中國人居之？即遷人實之，從何得室廬耕作？所謂得其地不足田，得其人不足守，幸而曾議不成耳。即成，費國家金錢數百萬，取之終亦必棄，爲虜復得。惟是銑出身任事之臣，一旦爲奸臣所搆陷，身首異處，不能不令志士髮上指冠也。今以其顛末略志之：先是，嘉靖丙午秋七月，套虜三萬人入寇，大掠延、慶，至三原、涇陽，曾公銑方以少司馬總督三邊，乃毅然請復河套，條爲八議，計萬餘言。帝以連年虜寇，邊臣無以逐虜爲念者，深嘉銑志，切責本兵覆議之遲。丁未五月，虜入大敗我師，銑又襲擊斬獲之，帝又嘉賞銑，又令撫按參酌復套方略，因上營陳八圖及地圖一帙。帝又答以温旨，下部議可，屬銑行。銑遂發甘肅總兵仇鸞十大罪，逮赴京。會是年澄城山崩，分宜嚴相嵩欲奪夏公言首輔，而陸炳亦怨言，助嵩圖之。於是，嵩以山崩故，疏陳缺失，謂銑開邊啓釁，誤國大計，言從中主之，淆亂國是。言訴不聽，下九卿議。冢宰聞淵、御史大夫屠僑、宗伯費寀、錦衣陸炳等希嵩指，劾言輕信銑，徇情擬旨。於是帝怒，奪言官致仕，逮銑赴京，是戊申正月也。時適俺答入套，延綏撫臣楊守謙奏稱套内先有狼台吉、薅台吉、都剌台吉駐牧，今俺答復踏冰逾河，聲勢愈重。嵩遂擬旨，謂銑開釁生禍，復下九卿議。於是仇鸞訐銑謀國不忠：「往年虜寇延、慶，多殺傷，銑匿不聞，乃收諸將金錢萬計，通貴近以免。銑明知誘殺撲殺有禁，乃於丁未二月襲虜希功，致全軍没，又匿不聞。臣久知套不可復，銑惡臣，行五千金陷臣。今陝人以調集盡竄，恐憂不在套，在邊圉之内。」時皆謂是疏嵩所授草。淵等又希嵩，論銑果匿邊情，以萬金賄言，當「交結近侍，扶同奏啓」律。以三月論斬銑西市，並逮言於丹陽，用前律以十月斬言。〔三二〕以上陝西。

濟河在汶上北，云即大清河。禹貢：「出於陶丘北，又東至於河，又東北會於汶，又北東入於海。」酈道元謂：

「濟水當王莽之世，川瀆枯竭，伏地而行。」蔡九峰謂：「今歷下凡發地皆是流水，世謂濟水經流其下，故今以趵突當之。然趵突又引入小清河，則大清河乃濟之故道，非濟之本流。」世間水惟濟最幻，即其發源處，盤渦轉轂能出入諸物，若有機者然。昔人以糠試之，云自趵突出。

大明湖下有源泉，又爲諸泉所滙，當城中地三之一。古稱，遥望華不注，如在水中。夏時荷菱滿湖，〔三三〕葦荻成港，泛舟其中，景之絶勝者，惜沿湖無樓臺亭榭以助憩息。城中泉最多，如金綫泉、南北兩珍珠泉、舜泉、杜康泉、趵突泉。總之，趵突佳，入城與諸泉俱滙大湖，出北門，達小清河。

山左士大夫恭儉而少干謁，茅茨土階，晏如也。即公卿家，或門或堂，必有草房數楹，斯其爲鄒、魯之風。

古稱封禪者七十二君，今遺蹟皆不存，亭亭、云云等，存其名而已。泰岱之上，惟日觀側有秦封禪臺。碑石則秦無字碑最古，當萬年不化，大且重。故此石非泰山物，非驅山之鐸，良不能至此。

泰山香税，乃士女所捨物，藩司於税賦外資爲額費。夫既已入之官，則戴甲馬，呼聖號，不遠千里，十步五步一拜而來者，不知其爲何也？不惟官益此數十萬衆，當春夏間，往來如蟻，飲食香楮，賈人旅肆，咸藉以爲生。視嵩山、廬岳、雁蕩、武夷，士大夫車騎館穀，專爲邑中之累者，其損益何啻星淵。

大清河，濟水之故道，經流長清、齊河、歷城、濟陽、城東。〔三四〕武定、青城、濱州、蒲臺、利津入海。小清河一名濼水，即濟之南源，發趵突，東北經章丘、鄒平、新城、高苑、博興、樂安入海。今亦爲鹽河，兼資灌溉，而淤塞流溢，久離故道，水利失而水害興，各郡邑乃自以意爲堤，而以鄰爲壑。如新城、博興、高苑之民，日尋干戈以競通塞，非朝夕故矣。故爲山東者，必當興復河流，講求故道。使竹口不闢，則西民之水害不除；清河不修，則東民之水利不舉。恐田野荒蕪，終無殷富之日。

孔子廟前之檜，圍不四五尺，高與檐齊。而志稱圍一丈三尺，高五丈者，志所稱，舊檜也。此非手植，乃手植之餘。蓋手植者，金時燬於火，此其根株復萌蘖者。志稱晉永嘉三年枯，隋義寧元年復榮，唐乾封二年枯，宋康定元年復榮，則所指手植者。元至正三年復榮，則指今檜也。〔三五〕今膚理猶然生意，第不知榮於何日耳。

洙、泗，洙水自尼山來，入沂水同流，今之洙水橋，亦非其舊也。泗水出陪尾山下，四源共會，故稱泗。其源清澈可掬，出地激駛，滾滾有聲。至曲阜，南洙北泗，中爲孔林。下濟寧，入徐州，會汴達淮。今會通河奪之。雷澤，夏溢秋涸，涸時水入地，聲如雷者經日，故云雷澤。汶水會七十二泉而成，至南旺分流，南北濟運，南流短而北流長。

周公之後有東野氏，有司復其庸調。世疑孔子萬世有土，而周公微不振，然孟子出孟孫氏，自是周公子孫。

山東東、兖二郡水患不盡由本地，本地水乃汶、泗也，流漕河南北則已。惟中州黑洋山水，經澶淵坡而東奔曹、濮之間，以一堤限之，堤西人常竊決堤，兼以黑龍潭諸水泙湃汪洋，其初咸自范縣竹口出五空橋，而入漕河，邇來橋口淤塞，河臣不許浚之出，恐傷漕水，遂縮回浸諸邑，而濮尤甚。癸巳，余參藩行荒至其地，爲民講求，止開州永固鋪一路可開之以達漳河，而開民不肯讓道，築舍無成，乃奏記舒司空，謂河臣止論國計，不恤民生。司空甚銜余，竟格之。然東不開五空橋，西不開永固鋪，濮上左右，歲爲沮洳之場矣。

魚臺之在兗西，猶釜底然，黄河身漸高，單、沛堤日益以高，而魚臺水不出，淹處至經四五年。舒司空欲開中心溝，洩之以達宿遷，洩之良是也。第溝首接吕孟湖，而湖高又不能洩魚臺之水，新溝下又多礓砂，浚不深，僅僅一綫，洩漕河、汶、泗之溢者濡縷爾。故費五萬金而卒無益於事，不出張憲副朝瑞之所料也。

東、兗之間，郡邑大小不等，如滕，非昔五十里之滕也，西北可五十里，南則幾百數十里而遥，東亦不下百里，而岡阜緜連，盗賊淵藪，故治之難，而滕、嶧間再置一邑爲善。若清平之側又有博平，朝城之畔又有觀城，則贅也。博平四隅鄉村，每方不出二十餘里，若觀城東、西、北皆不過數里，止東南去十里餘而已，此猶不及一大郡之城，何以爲邑。

鄒嶧山，秦始皇所登以立石頌功德處。一山皆無根之石，如溪澗中石卵堆疊而成，不甚奇峭，而頗怪險。禹貢「嶧陽孤桐」，乃特生之桐，非以一樹爲孤也。桐必特生者，謂受風聲耑，故堪琴瑟。今則孤桐寺前果只留一桐，〔三六〕足稱孤矣，雖非禹時之舊，似亦不下千年物。萬曆戊、己間特榮一枝，次年旋壞。余癸巳冬適行荒至，問之，已仆地，寺僧將曳入而斧爨之，余急令扶植原所，纍大石爲壇，上爲一亭覆之，名栖桐榭，以存禹蹟，稍遲時刻則燬矣。固知神物成毀，良不偶然。

東平安山左右，乃盗賊淵藪，客舟屢遭劫掠。武德亦多盗之地，以北直、河南三界往來，易於竄匿。然其來也，必有富家窩引之。如近日路綱之敗，千里聞名，有司皆折節下之，亦古者大俠郭解之流。

青州人易習亂，禦倭長槍手皆出其地。蓋是太公尊賢尚功，桓公、管仲首霸之地也。其走狗鬭雞，蹹蹴六博之俗，猶有存者。

登州三面負海，止西南接萊陽。出海西北五六十里爲沙門島，與鼉磯、牽牛、大竹、小竹五島相爲聯。其上生奇草美石，遥望紫翠，出没波濤中，足稱方丈、蓬壺。春夏間，蛟蜃吐氣，幻爲海市，常在五島之上。現則皆樓臺城郭，亦有人馬往來，近看則無，止是霞光，遠看乃有，真成市肆。此宇宙最幻境界，秋霜冬雪肅殺時不現，而蘇子瞻乃禱於海神，歲晚見之。余以十月大雪，見峨嵋佛光，與蘇遇同奇。海舟度遼者，必泊諸島避風，然泊者不知，而登、遼兩岸乃儼然覿形影，真不可以常理斷。

長山、沙門諸島在登、萊外，〔三七〕大者延袤十餘里，小者二三里，皆有饒沃田以千萬計，猶閩、浙之金、堂諸山也。往者皆有禁，後鄭中丞因新兵乏餉，疏墾以助之，亦山左一益。此田皆當於農時搭廠以居，隙則毁之而歸，若架屋常住，恐窩引海寇，爲患浙、閩間矣。而浙拘攣甚，則當事者之見殊也。

海運，洪武十三年，粮七十萬石給遼東。永樂五年，因都北平，部議粮運事宜未决。九年，以濟寧州別駕潘叔正言，命宋司空禮發山東丁夫十六萬，浚元會通河，濟寧至臨清三百八十里以漕，然猶海陸兼運。十二年，議於淮、徐、德、通搬遞爲支運，繼乃爲兑運，又爲改兑。其後河塞决不常，先司寇督漕，疏請試海運。其試海運者，非遂以海代漕，云必無漂流也，二三丈之河，風水不無損失，況大海乎？不過欲爲國家另尋一路，以爲漕河之副，如丘文莊所云者。行之二年，竟格於文網而止。只今朝鮮多事，恐此海道他日爲倭夷占用，而中國不敢行。今自登州東南大洋至直沽，詳其路程，〔三八〕以備採摭。〔三九〕自玄真島始，玄真島者，〔四〇〕大嵩、靖海二衛之東南洋也，〔四一〕海船至此，轉杵島嘴，如收洋入套，〔四二〕一程；北過成山頭西北望威海山，前投劉公島二百餘里，用南風爲順風，一日而到，内可小灣泊十處，當迴避十處，二程；自劉公島西行，遠望之罘島，約二百里，用東風、東北風，半日而到，内可小灣泊四處，迴避四處，三程；自之罘島開船，西六十里過龍洞直西，此備倭府外洋也，遠望長山島，西投沙門島，約一百八十里，用東南風一日而到，内可小灣泊三處，〔四三〕迴避六處，四程；自沙門島開船，西南遠望三山島，約二百餘里；用東風半日而到，内可小灣泊二處，迴避四處，五程；自三山島開船，過芙蓉島，直西投大清河口，〔四四〕約四百餘里，用東風與東北風，一日而到，内可小灣泊二處，迴避三處，六程；自大清河開船投大溝河，約一百六十里，用西南風一日而到，内可小灣泊三處，〔四五〕迴避一處，七程；自大溝河開船投大沽河，約二百餘里，望見直沽，俱無迴避。此運船與倭船所同，謂大船灣泊避風也。若倭得志朝鮮，用小漁船、唬船偷風破浪而來，則旅順口一朝夕絶流抵登，遡遊三夕而抵天津矣。燃眉之急又可忽乎？

膠萊河與海運相表裏，若從淮口起運，至麻灣而逕度海倉口，則免開洋轉登、萊一千五六百里，其間田横島、青島、黄島、玄真島、竹島、宫家島、青雞島、劉公島、芝罘島、八角島、長山島、沙門島、三山島，此皆礁石如戟，白浪滔天，其餘小島尚不可數計，於此得避，豈不爲佳？奈膠萊淺澀，開鑿之難，蓋自元至元阿合馬集議以來，傭費不貲，十載而罷。及今徐司空栻、胡給事檟屢舉屢廢，或謂下有礓砂數十里，斧鑿不入；或謂鑿時可入，鑿後旋漲；〔四六〕或又謂開鑿原不難，第當事者築舍道傍。余觀唐、宋漕政，皆代經六七更，水陸不常，舟車相禪，若可以此例舉，則南北用舟，於中以車輛接之，亦可存其説，〔四七〕以備臨渴之一策也。余觀黑龍江，岩石廉利，陡竣尋丈，漢張湯尚欲於此通漕於渭，其與膠萊又何啻十倍。〔四八〕

山東備倭府立於登州，癸巳、甲午間，倭方得志朝鮮，東人設備往往於是。余謂客曰：「此非山東之所謂備倭也。」曰：「祖宗不建府於登乎？」曰：「登州備倭之設，祖宗蓋爲京師，非爲山東也。海上艨艟大艦乘風而來，僅可抵登郡東面而止，過此而入海套，則大艦無順風直達之便，〔四九〕欲泊而待風，則岸淺多礁石，難繫纜。故論京師則登州乃大門，而天津二門也，安得不於登備之。」曰：「然則山東備何地乎？」曰：「以山東籌之，則登乃山東東北一隅，猶人家之有後水門也，尚有前堂在。倭從釜山、對馬島乘東風而來，正對淮口，然淮有督儲部府，尚宿重兵，在倭不遽登岸也。其登必從安東、日照，此數百里無兵。然中國之殷膂夷險，〔五〇〕倭必有鄉導預知之，而泰山香税，外國所艷聞也，則必馳泰安州。既則濟寧商店咸在城外，倭必覬之而走濟寧。又進則臨清大賈所必覬也，而馳臨清。掠劫既飽，然後入省城，此山東大廳堂，而倭所必由之道也。不備前門，而備後門乎？」曰：「然則當何備之？」曰：「總府立登州，既祖法不可改，當從倭汛議，以關中防秋例處之。登州至安東，惟膠州爲中，南北救援，咸相去五六百里。今遇汛時，當調登州總戎駐膠州，以南援安東、日照、安丘、諸城一帶，而北仍不失救援，隨逭隨發。而調臨清參戎於登州坐鎮之，如總督出花馬池，巡撫出固原例。汛畢，仍歸本鎮，是於備京師、山東，經權兩不失也。」曰：「臨清不有粮艘巨萬當護乎？」曰：「此非倭所欲也。據臨清以絶粮道，丘文莊爲中原不逞者言。倭隔海，止利在掠金耳。」曰：「何以知倭不入登、萊也？」曰：「登海淺，水行二十里皆淖途，前所云多礁，船不得泊。即起岸，而登州地曠人稀，鮮富室，若清野待之，一望蕭索，四五日必回舟，而大舟必漂去，又無漁船、客船可拏用之，故倭不走登州也。」曰：「登遂可無備乎？」曰：「不在今日也。倘倭得朝鮮，則登與旅順口相對一岸，不用乘風，不須巨艦，只艕艬舴艋，一夜而渡，抵岸方知，此時難防又特甚焉，則非今日之比。故備寇者須知我險，須知彼情，難刻舟以求劍也。」〔五一〕後入與鄭中丞言之，設安東備倭。以上山東。

晉中俗儉樸，〔五二〕古稱有唐、虞、夏之風。〔五三〕百金之家，夏無布帽，千金之家，冬無長衣；萬金之家，食無兼味。飯以棗，故其齒多黄；食用羊，故其體多肉；朔風高厲，〔五四〕故其色多黯黑，而少紅顔白皙之徒。其水泉深厚，故其力多堅勁，而少濕鬱微腫之疾。地有洞，故虜至可避。〔五五〕商有伴，故其居積能饒。惟五六月歊暑炎爍之時，日則捉扇而摇，夜仍燒炕而睡，此不可以理詰也。〔五六〕

山西地高燥，人家蓋藏多以土窖，穀粟入窖，經年如新，蓋土厚水深，不若江南過夕即浥爛。惟隔歲開窖，避其窖頭氣，〔五七〕一時刻卒然遇之，多殺人。其窖地非但藏粟，亦以避虜，虜人遇窖不敢入，惟積草熏之，然多其岐竇，即熏烟有他竅出，不爲害。第家家穿地道，又穿之每每長里餘，嘗與他家穿處相遇。江南洞在地上，皆天生，塞北洞在地下，皆人造。

平陽、澤、潞豪商大賈甲天下，非數十萬不稱富，其居室之法善也。其人以行止相高，其合夥而商者名曰夥計，一人出本，衆夥共而商之，雖不誓而無私藏。祖父或以子母息匄貸於人而道亡貸者，業捨之數十年矣，子孫生而有知，更焦勞强作以還其貸，則他大有居積者，爭欲得斯人以爲夥計，謂其不忘死背生也。〔五八〕則斯人輸少息於前，而獲大利於後，故有本無本者，咸得以爲生。且富者蓄藏不於家，而盡散之於夥計。〔五九〕估人産者，但數其大小夥計若干，則數十百萬産可屈指矣。蓋是富者不能遽貧，貧者可以立富，其居室善而行止勝也。

蒲、解皆平陽名郡，論州治則解不及蒲，論屬邑則蒲不及解。

地震時，蒲州左右郡邑，一時半夜有聲，室廬盡塌，壓死者半屬夢寐不知。恍似將大地掀翻一遍，〔六〇〕磚墻横斷，井水倒出地上，人死不可以數計。自後三朝兩日，尋常摇動，居民至夜露宿於外，即有一二室廬未塌處，亦不敢入卧其下。人如坐舟船行波浪中，真大變也。比郡邑未震處，數年後大首瘟疫盛行，但不至喉不死，及喉無一生者，纏染而死又何至數萬，此亦山右人民之一大劫也。

河曲之地，取義於黄河一曲也。宋時爲火山軍，以其地有火山，岩石隙縫處烟氣迸出，投之竹皮木屑則焦，〔六一〕

架之以鬲釜水米則熟。其下似一團純火，而山仍有草木根株不灼，事理之甚奇者。

沁水出沁州沁源綿山之東谷，經岳陽、澤州，穿太行，出覃懷，入黄河。狐首諸經云，界水則止。太行綿亘龐厚，非一水所能界，故桑乾、滹沱、清、濁漳皆穿太行而東。當黄、淮泛濫時，當事者欲引沁水入衛，以分河勢，不知河入中國，受涇、渭、澠、洛、汴、泗諸水，非沁一水之能分其勢也。且沁出太行而南，皆山麓險阻，不能引而入衛，〔六二〕若沁可入衛，則河復禹故道當不難矣。諸葛孔明曰：「識時務者在俊傑。」〔六三〕

大同右衛軍馬坤女，年十七將適人，化爲男子，嘉靖戊申七月也。後隆慶間，有李良雨者，又化爲婦人，婦粧見客不羞。今萬曆間，又有儀賓生兒之異，比聞之，乃一神託胎於其腹中，臨産輒自言欲破脇出，其人懼，求從穀道，神嫌穢不肯，再三求之，請以香水數斛澡之，乃從，澡畢，遂滅形不知去向。〔六四〕

成祖三犁虜庭，以三月出塞，四月至長清，南望北斗，名威虜鎮。五月至斡難河，〔六五〕元人起此，名殺胡鎮。〔六六〕已出萬里，皆直東勝、受降地，正在山西之外。其後失守東勝，縮地而南，亦自山西始。最後石州之破，虜反深入山西内地，搶掠旬日，人馬困憊，行走不前，虜至割氊裘下截棄去。使平日有備，即不能阻其深入，能擊其惰歸，亦可以得大勝也。

三受降城，東城在廢東勝州北，今朔州西北四百里，漢雲中郡；中城在今大同郡城西北五百里，東去東城三百里，漢九原縣；西城在古豐東北八十里。三城皆唐張仁愿所築，以受北虜之降人者也。西城開元圮於河，别置河東。寶曆初，又徙東城於綏遠峰南。中城遼、元置州縣。今三城皆不守，而丘富、趙全等乃道俺答爲板升，以受中國之降人據之。板升衆可十餘萬，中國百工技藝無所不有，趙全已爲俺答造宮殿，乃入住之日，忽梁折，虜生疑，終身不敢入宮室，仍舊守水草住牧。全雖服上刑，他日邊塞之禍，終潰於此。蓋南有香山，北有板升，此虜寇之所必資也。

互市之舉，起於宣、大塞。蓋老酋不忍其孽孫之愛，〔六七〕乃以趙全輩易把漢那吉歸而成也。二十年來，亡論邊民省殺僇奔竄之禍，即中國夜不收命，每歲每塞所省若干人。然此事非王少保崇古在外擔之，新鄭相在內主之，中外安得享數十年太平？新鄭良險詐恣横，然膽略當爲蓋世才子，而互市一斷，實有功於國家。王少保後以躬揖之淺，臺省紛言逐之，然豈知其當時塞上捨家捨命擔當之事。蓋少保之爲馬市議，非泛泛憑臆比者，前有兩覆車在。當仇咸寧鸞之以馬市媚虜，〔六八〕而俺答屢犯宣、大，後虜機泄，〔六九〕禍且及，密疏止之，乃罷市，逐史道。於壬子歲三月，世宗命復言開馬市者論死，〔七〇〕著之絜令。使少保言而内臺執此令，少保之肉有幾耶？又丁巳，虜有逃婦桃松債來歸，〔七一〕總督楊順納之，上其狀以爲功。後俺答索之急，順懼，上言虜情叵測，〔七二〕欲脅朝廷歸之。未及決，俺答子黄台吉詐言，以我叛人丘富易桃松債，順信之，予以松債而丘富竟不得，順懼，以五千金賂巡按路楷弗言。後吴給事發其事，逮繫削籍。把漢之事與松債何異？使當時把漢去而趙全不歸，少保又何以自解？犯此兩鑑而慨然不以身家爲念，真俠烈丈夫也。少保嘗自言，我視一家百口皆鬼，而以此頸自懸空中，方敢把擔上肩，今臺省少年譚何容易。良然。

山西初守東勝，東勝失而後退守偏關，其後又退守寧武。不知三關者，偏、老爲邊，而寧爲腹也。大同居東北爲左臂，偏頭、老營居西北爲右臂，此山西之極邊也，外户也。大同以内爲寧武、雁門二關並峙，而寧、雁以内爲省會，故寧、雁重門也。外户以屯重兵，進與之戰，重門以嚴扼塞，退爲之守，是國初之畫也。今巡撫春居省會，秋出代州，以防雁門，則東路之防備矣。何獨於西路，則大將舍偏關而守寧武，若是之疏乎？昔者石州之敗，虜欺偏、老無備，〔七三〕以斷其後耳。使當時駐以大將，虜安得深入重地？〔七四〕是當移寧武大將以駐偏關。余蓋於省垣條陳之，而時總戎畏遠出，設爲二關並峙，大將當居中調度之説，以惑本兵，議遂寢。

互市始於宣、大，故王少保自議宣、大費最多，〔七五〕惟陝西年例不足用。宣、大既每年積羡多，難以花銷，則奏報爲節省，〔七六〕二三年即省十餘萬。邊烽不警，惟以節省爲功，督撫晉司馬，司道晉開府，皆此物也。不但兩鎮軍民，至今兩鎮官咸藉少保之餘惠。惟是承平既久，武備漸弛。往時偏、老内外極多勇烈士，彼椎埋屠狗之輩，囊無金錢，則相率而搗巢偷馬，得功徼賞，則叫呼飲博於妓館中。詰之則云：「吾朝酗酒而夕報警，置杯騎馬而出，知吾爲人歸爲鬼歸，不樂何以也？」彼亦素辨此志，如所謂不忘喪元者。〔七七〕及互市而此輩無所用，〔七八〕老者死而壯者散爲商賈，皆拘束於禮法尺寸之内。〔七九〕俗非不美，而邊徼緩急無所賴藉。衛尉材官，捨介胄釋弓矢，而學以伊吾相高，〔八〇〕非其業也。即如夜不收輩，往者宿草地，結胡婦，負囊卧雪中，遇兵刃則死焉，故得虜情最真。〔八一〕今則遥望而道聽，漫答應一時則已，並其道路不識者有之矣。眼底虜幸亦無大志，〔八二〕設吉囊、俺答輩復生，何以待之？魏司馬學曾不深自思惟，遽大言，一旦絶虜市，〔八三〕是張空拳爲無米之炊也。〔八四〕舉朝皆眯目而是之，脱市絶而釁起，不知其袖手何以策應？余故不待逮繫，而必知其寧夏之無成也。

晉俗勤儉，善殖利於外，即牧畜亦藉之外省。余令朗時，見羊群過者，群動以千計，止二三人執箠隨之。或二三群一時相值，皆各認其群而不相亂，夜則以一木架令跳而數之，妓婦與肩酒殽者日隨行，剪毛以酬。問之，則皆山以西人。冬月草枯，則麾羊而南，隨地就牧，直至楚中洞庭諸湖左右澤藪度歲，春深而回。每百羊息羔若干，剪毛若干，餘則牧者自得之。以上山西。

山西互市。枝派缺。

## 校勘記

〔一〕赤城王太初先生著……北平楊體元香山較　台州本作「臨海王士性恒叔著」。

〔二〕秋冬水涸　「秋」字據肇域志補。

〔三〕龍舟十四丈　「十四」肇域志作「四十」。

〔四〕及其千里出地爲趵突　「趵」原作「跑」，據肇域志改。

〔五〕濟源初出之處　「初出」二字原互倒，據肇域志改。

〔六〕若氣帶泥微青而滲酒者　「青」，肇域志作「香」。

〔七〕以爲帝里之民　台州本「爲」作「謂」。

〔八〕南召盧氏之間多有礦徒　「南召」原作「内召」，據台州本改。

〔九〕撫按袖手而唯唯　台州本「撫按」作「按撫」。

〔一〇〕使人烟喧鬧以招徠四方商賈　「四方商賈」四字原無，據學海類編豫志補。

〔一一〕然烟火既稠　「既」字據肇域志補。

〔一二〕故其人禀者博大勁直　「禀者」肇域志作「多」。

〔一三〕人性之禀多與水推移也　此句肇域志作「人性之禀因之故也」。

〔一四〕即三四百里不能窮　「三四」肇域志作「四五」。

〔一五〕應第二爻　「第」肇域志作「九」。

〔一六〕名却胡門冀以吸胡人隱刃　兩「胡」字，原皆空格，據上海辭書本補。

〔一七〕東西五十步　史記秦始皇本紀「十」作「百」。

〔一八〕黄圖曰　「黄」原作「皇」，據台州本改。

〔一九〕學海類編秦録此段後有以下文字：

余偕叔祥遊雁塔，問曩時曲江，皆云相去僅一舍許，今遺跡第若溝渠，中又無水，荒烟野草，一望無際，所謂「江頭宮殿鎖千門」者無復可求矣。訊之故老亦不究所以。比閲賈氏談録，云：天祐初因大風雨，波濤震蕩，累日不止，一夕無故而水盡竭，自後宮闕成荆棘矣。今爲耕民蓄作陂塘，資灌溉之用。每至清明，都人士女猶有泛舟宴賞於其間者。觀此則桑田滄海當自不虛，若今日即泛舟之處亦爲子虛烏有，有誰能問天寶全勝日耶？

陝田土二十九萬二千九百二十三頃八十五畝零，夏秋二税共一百九十二萬九千五十七石，絲綿三百六斤，絹九千二百二十一匹，綿花絨一萬七千二百八斤，布一十二萬八千七百九十二匹。行太僕苑監所屬馬共五萬七千七百餘匹。洮州、河州、西寧三茶馬司課茶五萬一千三百八十四斤。漢中府屬及四川保寧府屬茶課易番馬四千八百餘匹。

税課魚課鈔共一百七十四萬五千五百二十六貫九百七十文零，又小麥二千四百九十三石四斗。額繳工部四司銀一萬二千九百七十兩零。

陝西鹽課司（領靈州一司、漳縣、西和二鹽井，計行鹽鞏昌、臨洮、延安、河州、靈州）額辦鹽小引五萬九千三百三十七，引課三萬八百五十五兩，西、漳二井額鹽七十一萬二百六十八斤，該銀二千五十九兩，内徑解寧夏年例銀一萬三千二百四十二兩，延綏年例例一萬三千七百十四兩零，本軍門犒賞銀七千一百二十兩，固原客兵銀二千五十九兩。

〔二〇〕學海類編秦録此段後有如下文字：

陝惟西安、鳳翔二府深藏三窟，自西北汧、隴一窟，沿邊城二窟外，各鎮三窟。三代前以王畿求中則居鳳翔，秦、漢後欲就四方，則居西安。自古入關有三道：一自河北入爲正道，項羽、漢光武、安禄山；一自河南入爲間道，漢高祖、桓温、檀道濟、劉裕；一自蜀入爲險道，漢高祖、諸葛亮。關中雖號天險，豈可無入之道，第不比他戰場可長驅而進耳。

〔二一〕謂褒城谷北口曰斜南口曰褒　台州本「北口曰斜」與「南口曰褒」互倒。

〔二二〕學海類編秦録此段後有如下文字：

華山與長河會處在潼關，然河之南須得河南府新安，河之北須得山西平陽府。平陽南有東烏嶺，北有冷泉關。蓋河之南無新安，則由沙澗可渡河至蒲州；河之北無平陽，則由烏嶺、冷泉入平陽至蒲州、至龍門，兩岸平廣，可渡者百里，故在古人，秦有函關，陝西統平陽也。

延慶、平涼民悍勇若邊患，臨、鞏鄰接羌番，鳳、沔復多回種，幸羌人仰茶利，閉關絶市可制死命，然河套失守，莊浪棄地，三邊懸隔。

南山東西通接商、洛、汝、鄧、漢、鳳、襄、沔，深谷密綿亘數千里，内多岩洞，盜易潛匿，宜預搜索。

靈、韋、寧夏之接蘭州，河、洮之接古浪，涼州之接上郡、北地、安定三郡，土廣人稀，饒穀多蓄。

〔二三〕斷匈奴右臂　「奴」字原爲墨釘，據台州本補。

〔二四〕府谷去府東北千一百里　台州本「府谷」後有「縣」字。

〔二五〕平日所稱邊才安在哉　台州本「稱」作「謂」。

〔二六〕甘涼處原中國地　肇域志無「處」字。

〔二七〕後匈奴使休屠渾邪等王王月支　「奴」字原爲墨釘，據台州本補。

〔二八〕南隔距羌而斷匈奴右臂　「奴」字原爲墨釘，據台州本補。

〔二九〕今嘉峪外地也　台州本「嘉峪」後有「關」字。

〔三〇〕西北去又數百里爲伊州桑遠縣　台州本「桑」作「柔」。

〔三一〕古賢如張奂張芝索靖索綝父子　台州本「索靖」「索綝」互倒。

〔三二〕學海類編秦録此段後有如下文字：

固原本稱腹裏，弘治中因火節入寇，適當其衝，始改縣爲州，即州治爲鎮城，以固、靖、蘭等衛隸之，與寧夏相唇齒，稱重鎮焉。鎮迢遞千餘里，地當四衝，賓兔諸酋及海濱生番諸部迭出剽侵，不能制禦。自臨洮設而西無海寇之虞，聲援易及。自松山復，西北無靖邊之警，城堡相聯，藩籬既固，堂奥漸安矣。東起蘆溝，抵寧夏石空寺界，西至靖邊，抵臨洮、蘭州、會寧界，新疆東北大小蘆城塘，抵臨洮三眼井界。

臨洮衛舊屬固原鎮，箠長難及，萬曆二十三年始設專鎮，蘭、河、洮、岷、階、文、成隸之。又拓松山地三百餘里，屯戍相望，爲金城以南保障。東自會寧抵固原、靖邊界，而自宏化寺抵甘肅鎮莊浪界，迤北至松山永泰川邊墻，迤南由黑城子、洮、民二衛抵四川松、茂界。延綏舊治綏德，撥千户屯治榆林，附近諸衛所官軍輪班哨守。成化初設榆林衛，余都御史子濬復廣衛城，增東西中三路營堡，塹山堙谷，另爲邊，因移鎮爲東連牛心之堡，西截河套之衝，包收米脂、魚河一帶地三百里。柘王（此二字必是「拓土」之訛——點校者按）既多，控扼亦要。鎮東由黄甫川至定邊營，接寧夏之花馬池，計一千二百里，花馬池北抵横城三百二十里。横城亦寧夏堡也，而達諸黄甫川，則本鎮邊境共長一千五百二十里，皆在黄河之内，邊墻外悉屬河套。

寧夏邊境東接延綏，西抵固原，計一千八百餘里。由横城堡渡河而西，是爲鎮城。由鎮城之鎮遠關二百四十里，中衛四百里，是在黄河之外。賀蘭紆迴，繞之山之後，皆虜住牧。又由鎮城渡河而東，則入靈州以至韋州三百四十里，韋州南接固原之預望城，又在黄河之内矣。黄河東自臨洮府蘭州，經中衛南過峽口一百里，峽口距鎮城四十里，兩山相夾，河經其中，塞北一勝概也。河東修設始於巡撫徐廷璋，而楊一清、王瓊、唐龍增築花馬池一帶邊墻，鹽川東西三百餘里藉保障焉。

甘肅鎮所轄，漢河西郡也。國初定河西，棄燉煌，畫嘉峪關爲界。自莊浪歧而南三百餘里，爲煌中地，置西寧衛。自涼州歧而北二百餘里，爲姑臧地，置鎮番衛。又設甘州等五衛於張掖，設肅州衛於酒泉，蘭州衛於金城，皆屯兵扼守。全鎮幾二千里，惟一綫通道，西控西域，南蔽羌戎，北捍胡虜，稱孤懸重鎮云。東自松疆阿霸嶺，抵臨洮雙墩子界，西至嘉峪關，邊長一千八百餘里。境外北有松□流□，瓦剌南有火永海□，阿歹諸酋及諸番住牧。

松山東抵黄河，北抵賀蘭，西亘莊浪，南綴蘭、靖，延袤千里。國初置郡，隔絶胡虜，翼護羌夷，實斷匈奴右臂。自款市招引賓酋盤窟其中，棄我三層墩臺，就近築邊，莊浪僅成一綫。萬曆二十六年出兵恢復，割大小葫蘆塘等處屬固原，紅水河、三眼井等處屬洮、岷，阿霸嶺、大靖域、土門兒等處屬甘肅。自黄河索橋至土門長四百餘里，而蘭、靖、莊、涼俱稱内地云。

〔三三〕夏時荷菱滿湖　台州本「荷菱」作「芰荷」。

〔三四〕經流長清……城東　台州本「長清」作「長青」，「城東」作「齊東」。

〔三五〕則指今檜也　台州本「指」前有「所」字。

〔三六〕今則孤桐寺前果只留一桐　「孤」原作「枯」，據肇域志改。

〔三七〕長山沙門諸島在登萊外　「萊」肇域志作「州」。

〔三八〕詳其路程　「程」原作「道」，據肇域志改。

〔三九〕以備採摭　「採摭」二字原互倒，據肇域志正。

〔四〇〕自玄真島始玄真島者　「玄」原作「元」，據肇域志改。然頗疑正名爲延真島。

〔四一〕大嵩靖海二衛之東南洋也　「靖」原作「靜」，據明史兵志改。

〔四二〕如收洋入套　「入」原作「八」，據肇域志改。

〔四三〕内可小灣泊三處　台州本「可」作「有」。

〔四四〕直西投大清河口　「清」原作「西」，據肇域志改。下文同。

〔四五〕内可小灣泊三處　「小」字據肇域志補。

〔四六〕鑿後旋漲　台州本「旋」作「全」。

〔四七〕亦可存其説　肇域志作「其説亦似可存」。

〔四八〕其與膠萊又何啻十倍　台州本「何」作「奚」。

〔四九〕過此而入海套則大艦無順風直達之便　原作「過此而入則海套之玄大艦無順風直達」，據肇域志改。

〔五〇〕然中國之殷脊夷險　「殷脊夷險」，肇域志作「虚實險易」。

〔五一〕難刻舟以求劍也　肇域志作「難與刻舟以求劍者道也」。

〔五二〕學海類編晉録在全文最前面爲以下文字，不知是否廣志繹原文，録以備考：

山西田土三十六萬八千三十九頃二十七畝零，夏秋二税二百七十二萬四千二十二石，絲五千斤，絹四千七百七十七匹，税課四十四萬七千六十四貫七百九十文，額解太倉銀六百七十七兩六錢，額徵工部四司銀一十萬九千九百五十二兩錢，綾絹一千匹。

河東鹽運司（額解池東場、西場、中場三分司，計行鹽西安、漢中、延安、鳳翔、歸德、懷慶、汝寧、南陽、汝州、平陽、潞安、澤、沁、遼。）額辦小引鹽四十二萬引，餘銀解太倉一千四十七兩一錢。解宣、大、山西三鎮年例十二萬四千九百三十二兩。代府禄粮四萬三千一百十三兩零。本布政司抵補民粮七萬四千二百五十九兩。

山西號爲内地，自虜據東勝而寧、雁衝，據河套而偏、老震。寧、雁入則由代、岢而下，偏、老震則由保、河深入，於是三關之防重矣。偏頭關設在保德州迤北，西鄰延綏、河套，東連大同朔漠，北衝東勝一帶。寧武關設在朔州西南，其地名野猪溝，搭達木河等處俱在關西北，相去一百六十里，與偏頭關、老營堡地方聯絡，緊接煖會口要路。雁門關設於代州，西抵寧武、偏頭，東連紫荆、倒馬，逼近朔州、威遠地之要害。三關相爲甲乙，而寧武據雁、偏兩關之中，爲東西應援，外接八角堡，内維岢嵐，尤爲緊關，故總兵初治偏關，後移鎮於此，東起北樓口，抵大同井砰界，西至娘娘灘，過河抵延綏黄甫川界，長二百餘里。

〔五三〕古稱有唐虞夏之風　「古稱有」三字，肇域志作「有古」。

〔五四〕朔風高厲　「朔」上原有「其」字，據肇域志及上下文氣删。

〔五五〕故虜至可避　「虜」上原有「其」字，據肇域志删。

〔五六〕學海類編晉録此段與下段互倒，並在此段之後有如下文字：

國初設大同府分封代王，外分東中西三路，北設二邊，蓋虜南犯朔、應諸城要路也。東則天城、陽和，爲虜入順、聖諸處之衝。自北二邊壞，虜遂直抵鎮城，是以總制毛伯温設法修復五堡：曰宏賜、曰鎮川、曰鎮邊、曰鎮山、曰鎮河，其地皆在舊二邊之内，去鎮城十里，各添設守備，而宏賜堡居中，復添設參將屯兵戍守，虜始不敢輕犯。其境東連諸胡，西接套虜，東起天城，抵宣府鎮西陽和界，西至井砰，抵山西北樓口，邊長六百四十餘里。

魏王盛兵蒲坂，（平陽府蒲縣）以塞臨晉（皆屬蒲州）。韓信爲疑兵，陳船欲渡臨晉，而伏兵從夏陽（西安府韓城縣）以木罌渡軍襲之。

黄河自西（爲「延」之誤——點校者按）安府入本省界，經大同府境入太原之保德、苛嵐州、興縣，又經永寧州、寧鄉縣，至平陽府永和、大寧、吉州、河津、滎河，達蒲州。蒲在河之東，從此歷芮城、平陸、垣曲，經陝之潼關，始入河南界。

〔五七〕避其窖頭氣　「氣」肇域志作「風」。

〔五八〕謂其不忘死背生也　「背」上原有「肯」字。據肇域志删。

〔五九〕而盡散之於夥計　「於」原作「爲」，據台州本改。

〔六〇〕恍似將大地掀翻一遍　台州本「大」作「天」。

〔六一〕投之竹皮木屑則焦　台州本「之」後有「以」字。

〔六二〕不能引而入衛　「入」原作「之」，據肇域志改。

〔六三〕諸葛孔明日識時務者在俊傑　此句爲肇域志所無，但肇域志此處有「此皆不識時務之誤，實不可用也」一句，亦爲廣志繹所無。

學海類編晉録此段後有以下文字：

太原縣十里晉祠，蓋以祀唐叔，而中有元君廟，泉出其下，滙而爲池，又前行數十步，流漸盛，東西分注，太原、清源二邑實賴之。水淵泓澄澈，爲晉中勝景。其西爲奉聖寺，初不詳所始，後得王明甫方伯碑文讀之，乃知爲唐鄂公尉遲敬德所建。鄂公英姿颯爽、驍勇絶倫，文皇創造，戰功當爲第一，晚乃悔悟前非，栖心三寶，遂建刹并州之南，疏請臨軒敕名奉聖，銷鷙氣以慈航，斂雄風於寂境，蓋異人天資朗徹，故能超出塵網，完保榮名，視信越諸人，霄壤懸絶，雖曰主德克終，抑亦自全有道矣。韓蘄王初不知書，晚解兵柄，策蹇驢西湖山水間，時作小詞，點契禪理，與此頗相類，豈俗所云：大富貴者多自修行中來耶？

〔六四〕學海類編晉録於此段後有如下文字：

潞安府長子縣城，堯長子丹朱築也，故以名縣。縣去府治僅三十里，又當孔道，車馬往來絡繹。縣衙素有怪，每中夜若衣冠出遊者，或時至公堂，胥吏輩群然走避之以爲常，近已絶矣。

肇域志在此段之後有如下文字：

山西互市時，查核近日北虜支派：俺答四子（一黄台吉、一野兒鄧台吉、一賓兎台吉、一不他失里），四孫，皆黄台吉子（一撦力指、一那木兔、一跛兒啞都、一小把都兒），四姪，俱兀兒慎子（一著里兔台吉、一滿堯賽台吉、一旭胡弄台吉、一諸叱把都台吉），吉囊四子（一吉能台吉、一銀定把都兒台吉、一打兒漢台吉、一筆寫契黄台吉），九孫，内吉能子二人（一長把都黄台吉、一綽庫兒台吉），吉能姪七人（一賓兎台吉、一撦力兔台吉、一大家阿不害、一拿計黄台吉、一切盡黄台吉、一秃退阿不害、一朵兒見台吉），以上吉囊部，俱西牧。老把都五子（一把都黄台吉、一肯把都台吉、一來三兀兒台吉、一滿兀四台吉、一滿兀帶台吉），以上老把都部，俱東牧。又哆羅土蠻四枝（一哆囉土蠻把都黄台吉、一麥力銀台吉、一著刀兔台吉、一兎鄧台吉），永邵卜三枝（一歹成那吉、一把都兒谷阿不害、一阿落氣把都台吉），哈喇慎二技（一打喇名啞台吉、一把都兒台吉），以上俱老把都姪。又歹成那言二子（一長子阿不害、二次子挨四不害）又兀慎打兒漢台吉，又擺腰小把都兒台吉，共四十六枝。大者衆萬人，次者數千，小者或千人、數百人，俱俺答親枝。其俺答帳下恰台吉、打兒漢諸女婿，他不浪十餘枝，大都北虜各部落。惟土蠻爲小王子之裔，駐遼、薊東北，衆十餘萬，其控弦帶甲者，不滿數萬耳。虜種雖衆，兵未精强，故難獨逞。俺答、故兄吉囊並其弟老把都三人，原係土蠻臣屬，分駐宣、大迤北雲州、青山、河套内外，河西大、小松山，連年搶掠番漢，器械既多，益以板升奸逆，教虜爲兵，終成後患也。此見隆慶五年王崇古題稿中。近題又有丙兔，有卜失兔，有阿不害，有大成台吉諸名目。切盡黄台吉在寧鎮，卜失兔、阿不害在延鎮。大約萬曆間，虜王、虜官計有八道：順義王乞慶哈一枝，龍虎將軍扯力掯台吉一枝，今襲王，青把都台吉、自洪大等一枝，永邵、大成台吉並合羅氣把都台吉等一枝，兀愼台吉等一枝，擺腰台吉等一枝、河西套虜卜失兔、阿不害等一枝，切盡黄台吉等一枝（此段所載與明史韃靼傳有出入——點校者按）。

〔六五〕五月至斡難河　「斡」原作「幹」，據明史改。

〔六六〕名殺胡鎮　「胡」字原缺，據台州本補。

〔六七〕蓋老酋不忍其孽孫之愛　「酋」字原缺，據台州本補。

〔六八〕當仇咸寧鸞之以馬市媚虜　「虜」字原爲墨釘，據台州本補。

〔六九〕後虜機泄　「虜」字原爲墨釘，據肇域志補。

〔七〇〕世宗命復言開馬市者論死　「世」上原有一墨釘，據肇域志刪。

〔七一〕虜有逃婦桃松債來歸　「虜」字原爲墨釘，據台州本補。「債」，明史韃靼傳作「寨」。

〔七二〕上言虜情叵測　「虜」字原爲墨釘，據台州本補。

〔七三〕虜欺偏老無備　「虜」字原爲墨釘，據台州本補。

〔七四〕虜安得深入重地　「虜」字原爲墨釘，據台州本補。

〔七五〕故王少保自議宣大費最多　肇域志「費」上有「市」字。

〔七六〕則奏報爲節省　「節省」原作「省節」，據肇域志改。

〔七七〕如所謂不忘喪元者　肇域志作「所謂勇不忘喪元者」。

〔七八〕及互市而此輩無所用　「及互」二字原爲墨釘，據台州本和肇域志補。

〔七九〕皆拘束於禮法尺寸之内　「皆」上原有「蓋」字，據肇域志删。

〔八〇〕而學以伊吾相高　「伊吾」原作「咿唔」，據肇域志改。伊吾乃管仲之字。

〔八一〕故得虜情最真　「虜」字原爲墨釘，據台州本補。

〔八二〕眼底虜幸亦無大志　「虜」字原爲墨釘，據台州本補。

〔八三〕一旦絶虜市　「虜」字原爲墨釘，據台州本補。

〔八四〕是張空拳爲無米之炊也　肇域志作「是張空拳以待敵也」。

# 廣志繹卷之四

赤城王太初先生著
秀州曹秋岳先生定
北平林百朋象鼎
楊體元香山 較〔一〕

## 江南諸省

江南地拓自漢武帝，其初皆楚羈縻也，故楚在春秋、戰國間，其强甲於海内。余嘗至廣右而歎秦皇、漢武之功也。語具廣遊志中。故以次於江北。

兩浙東西以江爲界而風俗因之。浙西俗繁華，人性纖巧，雅文物，喜飾鞶帨。多巨室大豪，若家僮千百者，鮮衣怒馬，非市井小民之利。浙東俗敦樸，人性儉嗇椎魯，尚古淳風，重節概，鮮富商大賈。而其俗又自分爲三：寧、紹盛科名逢掖，其戚里善借爲外營，又傭書舞文，競賈販錐刀之利，人大半食於外；金、衢武健負氣善訟，六郡材官所自出；台、温、處山海之民，獵山漁海，耕農自食，賈不出門，以視浙西迥乎上國矣。

杭州省會，百貨所聚。其餘各郡邑所出，則湖之絲，嘉之絹，紹之茶之酒，寧之海錯，處之磁，嚴之漆，衢之橘，温之漆器，金之酒，皆以地得名。惟吾台少所出，然近海，海物尚多錯聚，乃不能以一最佳者擅名。

杭、嘉、湖平原水鄉，是爲澤國之民；金、衢、嚴、處丘陵險阻，是爲山谷之民；寧、紹、台、温連山大海，是爲海濱之民。三民各自爲俗：澤國之民，舟楫爲居，百貨所聚，閭閻易於富貴，俗尚奢侈，縉紳氣勢大而衆庶小；山谷之民，石氣所鍾，猛烈鷙愎，輕犯刑法，喜習儉素，然豪民頗負氣，聚黨與而傲縉紳；海濱之民，餐風宿水，百死一生，以有海利爲生不甚窮，以不通商販不甚富，閭閻與縉紳相安，官民得貴賤之中，俗尚居奢儉之半。

十一郡城池，惟吾台最據險。西、南二面臨大江，西北巉岩篸筍插天，雖鳥道亦無。止東南而平夷，又有大湖深濠，故不易攻。倭雖數至城下，無能爲也。此唐武德間刺史杜伏威所遷，李淳風所擇。杭城誠美觀，第嚴之薪，湖之米，聚諸城外，居人無隔宿之儲，故不易守。陳同父乃謂決西湖之水，可以灌杭州，語洩，竊辛帥馬而逃。西湖雖有閘堰，〔二〕第灌城之水須江河之流方可，湖水無深源洪波，灌從何施？同父豪傑，議論乃爾爾。若六七月之間，〔三〕塞鏡山之口，亦吾台可憂事。處州之城，登南明山則一目瞭盡之，其地且多礦徒，非計也。

丁丑年，長星之變，昏則舒芒數丈，拍拍有聲，經月不止。說者謂是拖練，尾指東南，當有兵。然此後十餘年，浙中良多故。辛壬間，羅木營兵變，起於月粮留難，闖入督府，拉吴中丞出而窘辱之，遣張司馬往，未至，而又有民變，起於編派火夫，奸民聚而刼奪城中，燒燬陳都諫等家，當事者稍以便宜定之。其後，青衿士又屢屢不逞，如嘉如湖，圍挫有司，學使者不能制。南人向柔脆，不能爲此亂萌也。雖旋起旋定，然亦多故矣。説者又謂當有大兵方應，然今已二十年，即有眚災，當遠矣。

浙有三石梁，南明山石梁蜿蜒卧地，雁蕩石梁斜飛倚天，天台石梁則龜脊横空，深壑無底，奔雷飛瀑，驚目駭魂，非修觀遺生者莫能度。

杭俗儇巧繁華，惡拘檢而樂遊曠，大都漸染南渡盤遊餘習，而山川又足以鼓舞之，然皆勤劬自食，出其餘以樂殘日。男女自五歲以上，無無活計者，即縉紳家亦然。城中米珠取於湖，薪桂取於嚴，本地止以商賈爲業，人無擔石之儲，然亦不以儲蓄爲意。即輿夫僕隸，奔勞終日，夜則歸市殽酒，夫婦團醉而後已，明則又别爲計。〔四〕故一日不可有病，不可有飢，不可有兵，有則無自存之策。

古者婦人用安車，其後以輿轎代之，男子雖將相不過乘車騎馬而已，無轎制也。陶淵明病足，乃以意用籃輿，命門生子弟舁之。王荆公告老金陵，子姪勸用肩輿，荆公謂，自古王公貴人無道者多矣，未有以人代畜者。人轎自宋南渡始，故今俗惟杭最多最善，豈其遺耶？

遊觀雖非樸俗，然西湖業已爲遊地，則細民所藉爲利，日不止千金，有司時禁之，固以易俗，但漁者、舟者、戲者、市者、酤者，咸失其本業，反不便於此輩也。

杭城北湖州市，南浙江驛，咸延袤十里，井屋鱗次，烟火數十萬家，非獨城中居民也。又如寧、紹人什七在外，不知何以生齒繁多如此。而河北郡邑乃有數十里無聚落，即一邑之衆，尚不及杭城南北市驛之半者，豈天運地脉旋轉有時，盛衰不能相一耶？

官、哥二窑，宋時燒之鳳凰山下，紫口鐵脚，今其泥盡，故此物不再得。間有能補舊窑者，如一爐耳碎，覓他已毁官窑之器，搗篩成粉，塑而附之，〔五〕以爛泥别塗爐身，止留此耳入火，遂相傅合，亦巧手也。近惟處之龍泉盛行，然亦惟舊者質光潤而色葱翠，非獨摩弄之久，亦其製造之工也。新者色黯質鷄，火氣外凝，殊遠清賞。

嘉興濱海地窪，海潮入則没之，故平湖、海鹽諸處，舊有捍海塘之築，此非獨室廬畝民命所繫，即其約束諸水出於黄浦，則嘉禾全郡一滴不洩，宜其聲名文物甲於東南。

浙十一郡惟湖最富，蓋嘉、湖澤國，商賈舟航易通各省，而湖多一蠶，是每年兩有秋也。閭閻既得過，則武斷奇赢，收子母息者益易爲力，故勢家大者産百萬，次者半之，亦埒封君。其俗皆鄉居，大抵嘉禾俗近姑蘇，湖俗近松江，縉紳家非奕葉科第，富貴難於長守，其俗蓋難言之。

農爲歲計，天下所共也，惟湖以蠶。蠶月，夫婦不共榻，貧富徹夜搬箔攤桑。江南用舟船，無馬，偶有馬者，寄鄰郡親識。古人謂，原蠶，馬之精也，彼盛則此衰。官府爲停徵罷訟。竣事，則官賦私負，咸取足焉。是年蠶事耗，即有秋亦告匱，故絲綿之多之精甲天下。

寧、紹之間，地高下偏頗，水陸不成河。昔人築三數壩蓄之，每壩高五六尺，舟過者俱繫絙於尾，榜人以機輪曳而上下之，過乾石以度，亦他處所無也。度剡川而西北，則河水平流，兩岸樹木交蔭，蓮荇菱芡，浮水面不絕，魚梁罾笱，家家門前懸掛之，舟行以夜，不避雨雪，月明如罨畫。昔人謂，行山陰道上，如在鏡中。良然。又云，秋冬之際，殆難爲懷。

紹興、金華二郡，人多壯遊在外，如山陰、會稽、餘姚，生齒繁多，本處室廬田土，半不足供，其儇巧敏捷者入都爲胥辦，自九卿至閑曹細局，無非越人。次者興販爲商賈，故都門西南一隅，三邑人蓋櫛而比矣。東陽、義烏、永康、武義，萬山之中，其人鷙悍飛揚，不樂畎畝。島夷亂後，此數邑人多以白衣而至橫玉掛印，次亦立致千金。故九塞、五嶺，滿地浙兵，島寇亦輒畏之。得南人之用。其後遂驕恣黠猾，越檢制人，召之難服，散之難鎖，往往得失相半。

紹興城市，一街則有一河，鄉村半里一里亦然，水道如棋局布列，此非天造地設也？或云，漕渠增一支河、月河，動費官帑數十萬，而當時疏鑿之時，何以用得如許民力不竭？余曰：不然。此本澤國，其初只漫水，稍有漲成沙洲處，則聚居之，故曰菰蘆中人。久之，居者或運泥土平基，或作圩岸溝瀆種藝，或浚浦港行舟往來，日久非一時，人衆非一力，故河道漸成，甃砌漸起，橋梁街市漸飾。即嘉、湖諸處，意必皆然。今淮陽青草、邵伯諸湖，安知異世不如是？又安知越中他日不再爲谷？昔□□□太湖乾，中露出石街屋址，可類推矣。

會稽禹穴窆石，陷入石中，上銳下豐，可動而不可起，真神異也。或者禹葬衣冠之所，又謂生而藏秘圖者。太史公云「上會稽，探禹穴」，明謂此無疑。楊用修强以石紐村當之，石紐乃大禹所生，會稽則其所葬。彼禹穴二字，遷後人所作也。

王右軍捨宅爲戒珠寺，賀季真捨宅爲千秋觀，皆在會稽，古人多有然者，王摩詰亦捨輞川爲寺。

三江口乃紹興守湯紹恩所造，鎖一郡之水，外以阻海潮之入，内以洩諸水之出，旱則閉，潦則啓，深裨益於地方，兼亦堪輿所繫。

紹興惰民，謂是勝國勳戚，國初降下之，使不與齊民列。其人止爲樂工、爲輿夫，給事民間婚喪。婦女賣私窩，侍席行酒與官妓等。其旁業止捕鱔、釣水雞，不敢干他商販。其人非不有身手長大、眉目姣好與産業殷富者，然家雖千金，閭里亦不與之締婚。此種自相爲嫁娶，將及萬人。即乞人亦凌虐之，謂我貧民，非似爾惰民也。余天台官堂亦有此種，四民諸生皆得役而詈之、撻之，不敢較，較則爲良賤相毆。愚嘗爲嘆息之，謂人生不幸爲惰民子孫，真使英雄無用武之地。

補陀大士道場，亦防汛之地，在海岸孤絶，與候濤山隔，旦晚兩潮。近日香火頓興，飛樓傑閣，嶷然勝地。春時進香，人以巨萬計，捨貲如山，一步一拜，即婦女亦多渡海而往者。俗傳洋裏蓮花、洞中燈火，與魚藍鸚鳥，倏忽雲端，雖不可盡信，然就近日龍二守之囈語，要不可謂無鬼物其間，是亦神道顯化，難以常理測。

寧、台、温濱海皆有大島，其中都鄙或與城市半，或十之三，咸大姓聚居。國初湯信國奉勅行海，懼引倭，徙其民市居之，約午前遷者爲民，午後遷者爲軍，至今石欄礎、碓磨猶存，野雞、野犬自飛走者，咸當時家畜所遺種也，是謂禁田。如寧之金堂、大榭，〔六〕温、台之玉環，大者千頃，少者亦五六百，南田、蛟礁諸島，則又次之。近縉紳家私告墾於有司，李直指天麟疏請公佃充餉，蕭中丞恐停倭，仍議寢之。然觀諸家墾種，皆在倭警之後，況種者農時蓬廠，不敢列屋而居，倭之停否亦不係此。邇許中丞撫閩，鄭中丞撫山東，又有疏開之。

明、台濱海郡邑，乃大海汪洋無限，界中人各有張簄繫網之處，只插一標，能自認之，丈尺不差。蓋魚蝦在水游走，各有路徑，闌截津要而捕捉之，亦有相去丈尺，而饒瘠天淵者。東南境界，不獨人生齒繁多，即海水内魚蝦，桅柁終日何可以億兆計，若淮北、膠東、登、萊左右，便覺魚船有數。

浙中惟台一郡連山，圍在海外，另一乾坤。其地東負海，西括蒼山高三十里，漸北則爲天姥、天台諸山，去四明入海，南則爲永嘉諸山，去雁蕩入海。舟楫不通，商賈不行，其地止農與漁，眼不習上國之奢華，故其俗猶樸茂近古。其最美者有二：余生五十年，鄉村向未聞一强盜，穿窬則間有之；城市從未見一婦人，即奴隸之婦他往，亦必僱募肩輿自蔽耳。

道書稱洞天三十六，福地七十二，惟台得之多。臨海南三十里，第十九，蓋竹洞爲耀寶光之天；〔七〕天台西五里，第六，玉京洞爲太上玉清之天；黄岩南十里，第二，委羽洞爲大有空明之天；仙居東南三十里，第十，括蒼洞爲成德隱元之天。福地，黄岩有東仙源、西仙源，天台有靈墟、桐柏。其他非道書所載者，劉、阮桃源，寒山、拾得竈石，皇華丹井，張紫陽神化處，司馬悔橋，蔡經宅，葛仙翁丹丘，智者塔，定光石，懷榮、懷玉肉身。自古爲仙佛之林。

方正學先生生台之寧海，故靖難之際，吾台正學先生姨與其夫人皆死節，而先生門人則盧公元質、林公嘉猷、鄭公智，又黄岩王公叔英與其夫人，仙居盧公逈、鄭公子恕並其二女，臨海鄭公華。今之八忠則祠，五烈未祠。又有東湖樵夫。自古節義之盛，無過此一時者。

温州城中，九山分列，其一居中，謂之九斗城，葱蒨可愛。其張文忠公宅乃肅皇所賜第，勅將作大匠治之，門屏河橋，俱擬宫府，前代所未有也。

雁蕩一山，説者謂宋時海濤衝激，泥去石露，古無此山也。審是，則必窪陷地下，然後可爾，今此山原在地上。或者又謂，乾道中伐木者始入見之。今左自謝公嶺，右自斤竹澗以望，奇峰峭壁，萬仞參天，横海帆檣，百里在目，何俟伐木入者始見耶？若海濤衝激至雁蕩之巔，温、台寧復今日有人？第謝康樂守永嘉，伐木通道，登臨海嶠，業已至斤竹澗，有詩，而亦未入此，見與不見，又所未曉。

台、温二郡，以所生之人食所産之地，稻麥菽粟尚有餘饒。寧波齒繁，常取足於台，閩福齒繁，常取給於温，皆以風颿過海，故台、温閉糴，則寧、福二地遂告急矣。

田土惟蘭溪最踊貴。上田七八十金一畝者，次亦三四十，劣者亦十金。然所賦租，饒瘠頗不相遠。龍游俗亦如之。龍游善賈，其所賈多明珠、翠羽、寶石、猫睛類輕軟物。千金之貨只一人自賫京師，敗絮、僧鞋、蒙茸、襤褸、假癰、巨疽、膏藥，皆寶珠所藏，人無知者。異哉賈也。

衢州橘林，傍河十數里不絶，樹下芟薙如抹，花香橘黄，每歲兩度堪賞，舟楫過者樂之，如過丹陽櫻桃林。

淳安小邑，其扁於學宫對云：「三元及第，九世同居。」即繁劇佳麗之邑，無能勝之者。

浙漁俗傍海網罟，隨時弗論。每歲一大魚汛，在五月石首發時，即今之所稱鯗者，寧、台、温人相率以巨艦捕之。其魚發於蘇州之洋山，以下子故浮水面，每歲三水，每水有期，每期魚如山排列而至，皆有聲。漁師則以篙筒下水聽之，魚聲向上則下網，下則不，是魚命司之也。柁師則夜看星斗，日直盤針，平視風濤，俯察礁島，以避衝就泊。是漁師司魚命，柁師司人命，長年則爲舟主造舟。募工每舟二十餘人，惟漁師、柁師與長年同坐食，餘則頤使之，犯則箠之，至死不以煩有司，謂之五十日草頭天子也。舟中牀榻皆繩懸，海水鹹，計日困水以食，窖鹽以待。魚至其地，雖聯舟下網，有得魚多反懼没溺，而割網以出之者，有空網不得隻鱗者。每期下三日網，有無皆回，舟回則抵明之小浙港以賣。港舟舳艫相接，其上蓋平馳可十里也。每舟利者，〔八〕一水可得二三百金，否者貸子母息以歸。〔九〕賣畢，仍去下二水網，三水亦然。獲利者，鏦金伐鼓，入關爲樂。不獲者，掩面夜歸。然十年不獲，間一年獲，或償十年之費。亦有數十年而不得一償者。故海上人以此致富，亦以此破家。此魚俗稱鯗，乃吴王所制字，食而思其美，故用美頭也。

浙鹽取暑天海塗，曬裂鹹土而掃歸之，用海水漉汁煎成。行鹽有定界，私鹹有令甲，然只繩其小者。捕兵無私鹽當罰，則偷覷小民之肩挑背負者，執而上首功。若鄉村巨姓，合百餘人，執鐵擔爲兵，買百餘挑，白日魚貫而荷歸之，捕兵不惟袖手不敢問，且遠避匿。蓋此輩耑覓捕兵箠之，以洩平日之忿，箠死則棄之，官府且不敢發也。

倭以丁未寇浙，始以朱公紈巡撫，朱至，嚴禁巨家大俠泛海通番者，又立鈎連主藏之法，以雙檣大艦走倭島互市嚮導者長嶼人林恭等若干人正典刑，於是海上諸大族咸怨。少司馬詹榮希分宜指，覆猶豫，御史周亮遂劾紈擅殺乖方，遣給事杜汝禎就訊之，擬閩海道柯喬、都司盧鏜死，朱懼逮，仰藥。此浙立巡撫、殺巡撫之始也。代朱者止王公忬得善改，亦以他事死。其後張公經論死，李公天寵論死，胡公宗憲逮繫死，十五年間，無巡撫得全者。至趙公孔昭，島寇不來，始身名兩全耳。

市舶司，國初置於太倉，以近京，後移福、浙。雖絶日本，而市舶不廢，海上利之。後夏公言當國，因宋素卿、宗設仇殺，遂罷市舶。自後番貨爲奸商所籠，負至數十萬，番乃主貴官以讐商，而貴官取負更甚，番人失利，乃爲寇。貴官則讓有司不禦寇，及出師，又設計以恫喝番人，於是番怒，日焚掠。一二不逞生儒導翼之，而王五峰、毛海等遂以華人居近島，〔一〇〕襲王者衣冠，假爲番寇，海上無寧歲矣。朱公紈嚴禁之，驟不得法，爲貴官所反陷。御史董威乃復請寬海禁。是浙倭之亂，咸浙人自致之。

倭寇浙始丁未，止辛酉。破黄岩、仙居、慈溪、昌國、臨山、霩衢、石浦、青村、柞林、吴淞諸衛縣，圍餘姚、海寧、上海、平湖、海鹽、台州諸郡縣。十五年間，督撫踵死。蓋前此皆倉卒無備，至壬子王公忬始練兵選將，得俞大猷、湯克寬、盧鏜等，焚之於補陀，擊之於太倉，殺蕭顯，敗尹鳳，浙人始知兵。甲寅忬去，而代者非人，又復蹂躪，僅得王江涇之捷。丙辰，胡公宗憲雄行闊略，始敗之於皂林，擊之於梁莊，殺徐海，擒麻葉，降王直、毛海峰。而譚公綸與戚繼光、劉顯相繼至，又有白水洋之捷，崇明沙之捷，浙人始力能勝倭，志在殺倭，至今稱南兵，皆其遺也。故論浙中倭功，當首祠胡公、譚公以及俞、湯、盧、劉、戚等，而戚功在閩，其方略又出諸將之上。似此名將，又何可得而抑厄之，使憤懣死，安得不解壯士之體。爲此厲階者誰耶？

張公經之逮，逮未至，而王江涇捷，斬獲且數千，竟不贖，與魏司馬寧夏事同。魏猶半出上怒，張則全自趙文華陷之也。世廟時，張半洲、楊魏村、曾石塘之死，讀其事，淚數行下。張猶自處稍乖，楊、曾全無罪。〔一一〕以上浙江。

江右，江以章、貢爲大，澤以彭蠡爲闊，十三郡水皆歸焉，總會於九江而出，大姑、小姑二山攔扼之，此山川之最勝，亦都會之天成也。大孤在府城東南湖中，〔一二〕小孤在彭澤北百里，皆謂其四面洪濤，屹然獨聳。而俗乃以「孤」爲「姑」，謂是二女之精，江側有彭郎磯，遂謂彭郎者小姑婿也。歐陽永叔云：「余過小孤山，廟像乃一婦人，而敕額爲聖母。」豈止俚俗之謬耶？

江右洞天福地，如廬山在南康西北二十里，古名南障，世傳周武王時，匡俗兄弟七人結廬隱於此。叠障九層，周五百餘里，山有五老峰、三石梁、竹林寺，道書第八洞天。虎溪在九江城南，晉惠遠在東林，送客過此，虎輒鳴號。一日送道士陸修靜，不覺過溪，相與大笑。道書以爲七十二福地之一。豫章西山，乃省會最勝處，其勢與廬岳等。山在大江之外三十里，一名猷原山，道書第十二柱寶極真之天，古今仙踪最多。初濟江十里有盤石，名石頭津，自石頭西行，有梅福學仙處，名梅嶺。嶺之南有葛仙翁煉丹處，名葛仙峰。峰之上有洪崖先生乘鸞憩處，名鸞岡。岡之西有王子控鶴處，名鶴嶺。嶺之畔有蕭史遊處，名大蕭、小蕭峰，亦名蕭仙壇。又有水出山椒，名吴源，高下十堰，溉田萬餘頃。麻姑山在建昌城西南十里，山有五老、萬壽等峰，麓有桃花源，其前第二谷，水飛流而下，有瀑布二百餘尺，世傳麻姑得道。其壇有顔魯公書碣，道書丹霞小有洞天。閣皁山在臨江府六十里，山形如閣，色如皁，相傳漢張道陵、晉丁令威、葛孝先皆嘗修煉於此。山有凌雲峰、漱玉泉、磨劍池，道書第三十三福地。龍虎山在貴溪西南八十里，高峰插雲，兩崖對峙，若龍虎然。漢張良八世孫張道陵修煉之所，道書三十二福地也。道陵道成，去蜀之青城山殺鬼上升，今山中亦有飛升臺。其所遺經籙符章與劍印以授子孫，代號天師，閱世之後，多有靈驗。説者謂其印劍之神，非子孫道術也。縣南亦有鬼谷山、鬼谷洞，周圍四里，有蘇秦臺、張儀井，亦道書第十五洞天。

江右講學之盛，始於朱、陸二先生，鵝湖、白鹿，興起斯文。本朝則康齋吴先生與弼、敬齋胡先生居仁、東白張先生元禎、一峰羅先生倫，各立門墻，龍翔鳳起。最後陽明先生發良知之説，左朱右陸，而先生勳名盛在江右，古今儒者有體有用無能過之。故江右又翕然一以良知爲宗，弁髦諸前輩講解，其在於今，可謂家孔、孟，而人陽明矣。第魚目鼠璞，何地無之。後之爲陽明之舉者，江右以吉水、安福、盱江爲盛，盱江獨以廣大爲法門，人情厭拘檢而樂縱誕，則陽浮慕其名於此，而陰用學術於彼者，未有不藉口者也。德清許司馬孚遠嘗著論曰：「國家崇正學，國初迄弘、正之間，人才彬彬，當時學者稍滯舊聞，不達天德，拘固支離，容或所不免，故江門、姚江之學相繼而興。江門以靜養爲務，姚江以良知爲宗。其要，使人反求而得諸本心，而後達於人倫事物之際，補偏救弊，其旨歸與宋儒未遠也。江門之派至增城而浸晦，姚江之派復分爲三：吉州僅守其傳，淮南亢而高之，山陰圓而通之。而亢與圓者，又各有其流弊。顔、梁之徒，本於亢而流於肆，盱江之學，出於亢而入於圓。其後姚安者出，合圓與肆，而縱横其間，始於怪僻卒於悖亂，蓋學之大變也。」德清曾守盱江，其言當不謬。

江、浙、閩三處，人稠地狹，總之不足以當中原之一省，故身不有技則口不糊，足不出外則技不售。惟江右尤甚，而其士商工賈，談天懸河，又人人辨足以濟之。〔一三〕又其出也，能不事子母本，徒張空拳以籠百務，虛往實歸。如堪輿、星相、醫卜、輪輿、梓匠之類，非有鹽商、木客、筐絲、聚寶之業也。故作客莫如江右，而江右又莫如撫州。余備兵瀾滄，視雲南全省，撫人居什之五六，初猶以爲商販，止城市也。既而察之，土府、土州，凡僰、羅不能自致於有司者，鄉村間徵輸里役，無非撫人爲之矣。然猶以爲内地也。及遣人撫緬，取其途經酋長姓名回，自永昌以至緬莽，地經萬里，行閱兩月，雖異域怪族，但有一聚落，其酋長頭目無非撫人爲之矣。所不外遊而安家食，俗淳樸而易治者，獨廣信耳。

江右俗力本務嗇，其性習勤儉而安簡樸，蓋爲齒繁土瘠，其人皆有愁苦之思焉。又其俗善積蓄，技業人歸，計妻孥幾口之家，歲用穀菽幾多，〔一四〕解橐中裝糴入之，必取足費，家無困廩，則牀頭瓶罌無非菽粟者，餘則以治縫浣，了徽輸，絶不作鮮衣怒馬、燕宴戲劇之用。即囊無資斧者，且暫逋親鄰，計足糊家人口，則十餘日而男子又告行矣。以故大荒無飢民，遊子無内顧。蓋憂生務本，俗之至美，是猶有蟋蟀、流火之風焉。若中原人，歲餘十斛粟，則買一舟乘之，不則醵飲而賭且淫焉，不盡不已也。

江右俗以門第爲重，其列版籍以國初黄册爲準，其坊廂鄉都里長，咸用古册内祖宗舊名，子孫頂其役不易其名也。家雖貧窮，積逋甚，然尚有丁在，則必百方勉力，衆擎之，不肯以里排長與他家，與則恐他人侮且笑之。其新發産殷富之家，縱貧者不敢遜讓。余台亦有此俗，然下鄉近海則然，上鄉山居者則否。

江右素稱治安之區。正德六年，諸郡縣盜賊蜂起，贛州南安有華林寨、碼碯寨賊，其後撫州有東鄉賊，饒州有姚源洞賊。〔一五〕其始行劫村落，官府捕之急，遂竄匿山谷，據險立寨。其渠魁姓名不甚著，公移止稱某地賊。官兵討之不定，撫之不從。贛賊執參政趙士賢，華林賊攻破瑞州，江右大震。事聞，命都御史陳金總戎務，檄憲副周憲討華林賊，兵敗死之，乃檄田州等府狼兵，協諸路官兵進剿。其土酋岑猛等，多驕横無節制，金姑息之。又檄按察使王秩、知府李承勳同剿。勳招降賊黄奇置麾下，以計破華林賊，遂移兵擊瑪瑙、東鄉，皆平之。惟桃源尚猖獗，然見諸寨平，又畏狼兵悍，遂乞降，後復叛，入徽、衢等處，金復督兵追襲，浙東兵夾擊之，乃平。大都江西之盜，始終以招撫爲害云。

乾一、坤二、離三、震四之類，俗稱乳名，江右無一家一人而非是者，然用以記行第、聯族屬、次長幼之序最佳。

至於書券治訟，自有正名，亦故不用而耑用此，不知其解。故直指讞獄，惟江右爲難，爰書中皆此等姓名，其重辟大盜，連篇累牘者，視前則混後，據後則失前。且不獨一牘也，又有他人他事，亦與此同名類姓者，甚不便於簡閱，亡當也。

鐵柱宫乃旌陽許真君鎖蛟處也。旌陽棄官歸豫章，視其地爲浮洲，蛟螭所穴，乃以神術覔蛟精於太守宫中誅逐之，入此井中，鑄鐵爲柱，下施八索，鈎鎖地脉，以屏水妖。誓曰：「鑄柱繫紅舟，〔一六〕萬年永不休。後有興謀者，終身不到頭。」又曰：「天下大亂，此處無憂。天下大旱，此處薄收。」其井水黑色，深莫測，與江水相消長。余以四月過之，泥淖漲與地平。真人又謂，贛江百怪叢居，慮爲後害，復鑄鐵柱二十，在子城南亦以鐵索縻之，永鎮蛟蜃。然江右所稱蛟跡非一，如豐城城東、西有二蛟穴，其中積水，四時不竭，舊傳蛟精常蟄於此，旌陽以符咒逐之。饒州城南江中有蛟穴，五日，鄉人於此競渡，俗稱「懷蛟水」。都昌縣有蛇骨洲，晉永嘉中，長蛇二十餘丈，斷道吸人，旌陽殺蛇聚骨成洲。縣北亦有旌陽磨劍池。奉新縣有鎮蛟石，在延真觀内，亦舊傳旌陽逐蛟入穴，以巨石書符壓之，今石碣尚存。其地亦有旌陽試劍石。寧州東隔水一里有磨劍池，亦旌陽逐蛟處。建昌縣有七靖井，其地黄龍山有蛟爲淵，輒作洪水，旌陽擒之，釘於石壁，法北斗穿七井鎮之，曰：「海昏之地，府屬當陽。南昌之州，龍安之場。上繚、艾縣，古城之岡。地連蛇穴，尋截川江。占其地土，防民之殃。於今立靖，萬古吉祥。」

龍沙在豫章城北，江水之濱，白沙涌起，堆阜高峻，其形如龍，俗爲重九登高處。舊有讖云：「龍沙高過城，江南出聖人。」今沙過城十餘年矣。昔許旌陽斬蛟，蛟子逸去，散遊鄱湖，弟子請悉誅之，旌陽曰：「吾去後一千一百二十□年，歲在三丙，五陵之內，當有八百地仙出，自能誅之，毋勞今日盡也。」今正當三丙間，去其歲不及二十年，又有龍沙之應。曇陽子記亦云：「五陵爲教主，古月一孤峰。」意其所謂聖人者，神仙之流與。

滕王閣，府城西章江門城上其故址也。西臨大江，唐高祖子元嬰都督洪州，閣成命至，封滕王，故以名。後閻伯嶼重修，因九日宴賓客，欲誇其婿吳子章之文，令夙搆之。時王勃省父至馬當，去南昌七百里，水神告之故。且助以風，一夕而至，預會。閻請諸賓序之，皆辭，且及章，勃乃不辭而賦，閻不悦，令吏給筆札候之，得句輒報，至「落霞孤鶩」，歎曰：「此天才也。」後又有王緒爲賦，王仲舒爲記，故韓退之稱三王之文。

徐孺子祠在東湖小洲上。記云：「章水經南昌城西，歷白社，其西有孺子墓，又北歷南塘，其東爲東湖，湖南小洲上有孺子宅，號孺子臺。吳太守徐熙於墓隧種松，太守謝景於墓側立碑，晉太守夏侯嵩於碑旁立思賢亭，至拓跋魏時謂之聘君亭。今亭尚存，而湖南小洲，世不知其嘗爲孺子宅，又嘗爲臺也。余爲太守之明年，始即其地結茅爲祠，圖孺子像，祠以中牢，率州之人拜焉。」此曾子固筆也。蘇雲卿祠亦在百花洲上，以配徐孺子。

浮梁景德鎮雄村十里皆火山發焰，故其下當有陶埴應之，本朝以宣、成二窑爲佳。宣窑以青花勝，成窑以五彩。宣窑之青，真蘇浡泥青也。成窑時皆用盡，故成不及宣。宣窑五彩堆垛深厚，而成窑用色淺淡，頗成畫意，故宣不及成。然二窑皆當時殿中畫院人遺畫也，世廟經醮壇琖亦爲世珍。近則多造濫惡之物，惟以制度更變，新詭動人，大抵輕巧最長，古樸盡失，然此花白二磁，他窑無是。遍國中以至海外夷方，凡舟車所到，無非饒器也。近則饒土入地漸惡，多取於祁、婺之間，婺人造土成磚，磨磚作漿，澄漿作塊，計塊受錢。饒人買之，以爲磁料。

白鹿洞書院在五老峰下。始自南唐，以李善道爲洞主，建學置田，以給諸生。至宋而大盛，與嵩陽、石鼓、岳麓爲四大書院。蓋是晦翁過化之處，岩壁間多遺手澤，然其地逼塞蒸濕，無夷曠之致，惟是松風石溜與五老秀色，幽寒動人。云白鹿者，唐李勃與兄涉俱隱洞中，養白鹿以自娱，至今間有見者。

康郎山忠臣三十五人，南昌忠臣十四人，乃國初與陳友諒決戰於江西者。其在鄱湖，紀信誑楚，冠服投江則韓成之力，在南昌，晝夜巡城，伏弩殞命則趙德勝爲上。是舉也，本朝之王業定矣。友諒既死，則士誠輩皆栖息餘魂耳。然友諒既據九江、武昌，不能西嚮掃清中原以據上游，而徒東與吴仇，且戀戀以南昌、九江是亟，宜其死也。

贛州贛水，乃章、貢二水合名也。章水源出南安聶都山，流府城西，貢水源出汀州新樂山，流府城東，皆環城而北合於一。又北流過萬安，其地怪石崚嶒，喧流洴湃，有十八灘，古稱險阨敗舟，余携家過，心危之，至則見安流耳，豈余度險之多故耶？吉州惶恐諸灘，又不在十八灘之列。

南贛稱虔鎮，在四省萬山之中。轄府九，汀、漳、惠、潮、南、韶、南、贛、吉；州一，郴；縣六十五，即諸郡之邑也；衛七，贛州、潮州、碣石、惠州、汀州、漳州、鎮江，衛所官一百六十四員，軍二萬八千七百餘名，寨隘二百五十六處，專防山洞之寇也。正、嘉之間，時作不靖，近稱寧謐，要在處置得宜爾。

大庾嶺，南龍之幹，而水分南海、東海之流者也。梅福爲南昌尉，其後隱居於此，故又稱梅嶺。後人亦因而種梅其間。道路險狹，今爲張曲江所鑿而開者，江、廣百貨所由地。

吉安夙稱節義之鄉，然至宋而盛。其祠有四忠、一節，祀歐陽文忠修、楊忠襄邦乂、胡忠簡銓、周文忠必大、江文節萬里。〔一七〕其後有文信國天祥、鄒侍郎渢，又有太學王炎午、布衣劉子俊、彭震龍、劉自昭、張雲，皆信國門客，始終以死報信國者。至本朝靖難，又有周紀善是修、曾御史鳳韶、魏御史冕、王編修艮、顔沛縣伯瑋、王教諭省、鄒大理瑾、彭大理與明八人，良非他處所及。余台靖難時，亦有八忠。

樟樹鎮在豐城、清江之間，烟火數萬家，江、廣百貨往來與南北藥材所聚，足稱雄鎮。

武寧有所謂常州亥者，初不知何謂，問之，乃市名。古人日中爲市，今吴、越中皆稱市，猶古語也。河南謂市曰集，以衆所聚也。嶺南又謂市曰虚，以不常會多虚日也。西蜀又謂市曰痎，如瘧疾間而復作也。江南惡以疾名，止稱亥，又可捧腹。

射蛟浦在湖口縣西南，一名黄牛洑。昔漢武帝欲登南岳，以道阻江、漢，望祭灊山，浮江泛舟，親射蛟於潯陽江中獲之。此自英雄大略之主，敢作敢爲之事，意到即行，無人敢誘之，亦無人能止之者，若後世，即無此等事。

奉新有樟柳神者，假託九天玄女之術，俗名耳報。乃其地有此樹，人取樹刻兒形而傳事之。其初乃章、柳二家子死，共埋於樹下，久之，其樹顯靈。兒形以一手掩耳，貫以針，煉以符咒，數以四十九日，耳邊傳言則去其針。其神乃小兒，故不忌淫穢，不諱尊親，不明禮法，隨事隨報，然亦不能及遠，亦不甚知來。其術煉之，有用萬家土、萬人路者，土謂燕窠，路謂橋板，〔一八〕取伴其神裹之，驗最速。若用金銀諸物者，則皆冀以賍胚賺而去，非實也。其神之依人，則任其爲盜而亦聽之，故是兒神不明禮法。近見一二縉紳，亦有事此神以談幽吊詭者，最可笑。

江湖社伯到處有祀蕭公、晏公者，其神皆生於江右。蕭公諱伯軒，龐眉、美髯、白皙，生而剛正，〔一九〕善善惡惡，里閭咸質之。没於宋咸淳間，遂爲神，附童子言禍福，鄉人立廟於新淦縣之大洋洲，洪武初曾遣官諭祭。晏公名成仔，亦臨江府之清江鎮人也。濃眉虬髯，面如黑漆，生而疾惡太甚。元初以人材應選，入爲文錦局堂長，因疾歸，登舟遂奄然而逝。鄉人先見其騶從歸，一月訃至，開棺無所有，立廟祀之。亦云本朝封平浪侯。以上江西。

湖廣在春秋、戰國間稱六千里大楚，跨淮、汝而北之，將及河。本朝分省，亦惟楚爲大。其轄至十五郡，如鄖之房、竹山，荆之歸、巴東，與施、永、偏橋、清浪等衛所，動數千里，入省逾月，文移之往復，夷情之緩急，皆所不便。而辰、永督學，屢合屢分；鄖、沅開府，或罷或興，黎平生儒，此考彼試，種種非一。況貴竹、粤西兩省，雜以傜、僮、彝、苗，主以衛所，間以土酋，咸不成省。院司以官至者，人我咸鄙夷之。謂當以辰州、沅州、靖州分屬貴州，〔二〇〕永州、寶慶、郴州分屬粤西，則十三省大小適均，民夷事體俱便。

三湘總之一湘江也。其源始海陽而北入洞庭，其流過永而瀟水入之，是謂瀟湘，過衡而蒸水入之，是謂蒸湘，過常而沅水入之，是謂沅湘。湘江其初最清，百尺而毛髮可鑑，比會衆流下洞庭始濁。湘君、湘夫人古今以堯女舜妃當之，唐人用以爲怨思之詩。然計舜三十登庸，釐降二女於潙汭，即年二十，而舜以百十歲崩蒼梧，二女亦皆百歲人矣。黄陵啼鵑，湘妃竹淚，至今以爲口實，可笑也。

禹貢「九江孔殷」。釋之者云，即洞庭也。沅、漸、潕、辰、溆、酉、澧、資、湘九水皆合於此，〔二二〕故名九江。又九江，沅、潰、湘最大，皆自南而入，荆江自北而過，洞庭瀦其間，名五瀦。戰國策云：秦與荆戰，大破之，取洞庭五瀦是也。每歲六七月間，岷、峨雪消，江水暴漲，自荆江逆入洞庭，清流爲之改色。

楚有四樓。仲宣樓在當陽城上，倚曲沮，夾清漳。今荆州城上樓，乃五代高季興建望沙樓故址也，宋陳堯咨更今名晴川樓，南對黄鶴，從武昌望之佳。黄鶴以製勝，如蓮瓣垂垂，洲渚掩映。岳陽以境勝，八百里洞庭，一髮君山，眼界奇絶。總之岳陽爲上，黄鶴次之，晴川、仲宣又次之。

武當，志謂山阜高大，〔二三〕非玄武不足以當之。今其巨坂造天危巒逼漢，良然。然自天柱而外，别無奇詭之觀，徒土木之偉麗爾。當文皇造五宫時，用南五省之賦作之，十四年而成，此殆不可以萬萬計者。當時勝國府庫積蓄既多，〔二三〕而五嶺、九邊咸無兵餉歲例之費，今日國家財力何能爾爾。

志稱黄鶴樓在府城西南隅黄鶴磯上。世傳仙人子安乘黄鶴過此，又云費文禕登仙駕黄鶴返憩於此，唐閻伯理作記以文禕事爲信。或者又引梁任昉記，謂駕黄鶴之賓乃荀瓌，字叔禕，非文禕也。宋張栻亦辯其非。

洞庭水淺，止是面闊括風，〔二四〕驚濤軟浪，帆檣易覆，故人多畏之。湖中有數蛟，有喜食糟粕者，遇舟中携糟物過，出而奪之；有喜食硃砂者，遇舟中携硃砂過，出而奪之。奪則濤興浪起，或危舟楫，齎此物者或重裹以犬羊之鞟。余以端午過洞庭，風浪大作，時兒女或以硃砂塗耳鼻者，舟人亦請棄之。余笑謂，老蛟乃竊此分文之餘乎？已而風息，類藉口如是。

洞庭水漲，延袤八百里，盜賊竊發，乃於岳州立上江防兵備，轄三哨官兵偵治之。上哨自岳州府南津港至長沙湘陰縣，哨約三百餘里，南接蒼梧，北達荆、郢，東會漢、沔，爲洞庭左臂。哨内小巡把總一，哨官鹿角、磊石、穴子、湘陰哨四，巡簡鹿角、營田各一信地，兵船自府五里至南津港、五里。荆埠港、十五里。河公廟、二十五里。新墻河口、十五里。萬石湖、六里。鹿角、二十五里。啄鈎嘴、二十五里。磊石、十五里。鰂魚夾、十五里。青草港、十里。顏公埠、十五里。穴子哨十五里。白魚圻、〔二五〕十五里。營田司、二十五里。大頭寨、五里。横嶺、十五里。蘆林潭，水退，各船分移於扁山高沙洲、沉沙港、蘆林潭等地。中哨，自君山後湖至常德傅家圻三百六十餘里，西北通巫峽，西抵辰、沅，東南極瀟湘，爲洞庭右臂。哨内小巡把總一。哨官明山一，巡簡古樓一信地，兵船自君山後湖、五十里。蓼荆灣過洞庭大湖，至昌蒲臺、五十里。昌蒲臺内、七十里。石門山迤西、六十里。白茆磯迤北、十五里。傅家圻，自昌蒲外迤東、八十里。團山、二十里。吉山、十五里。古樓、三十里。明山，水退，分移布袋口、洞庭夾、白水夾、上下井灘等信地。下哨，長江一帶，自岳州至嘉魚界墩子口，約三百餘里，南吞七澤，北迎湘、郢，東聯潯、黄，西接三巴，爲洞庭咽喉。哨内小巡百户一，哨官茅埠、竹林各一，巡簡黃家、瓦子、城陵、白螺、鴨欄、茅鎮、石須共七信地，兵船過江北岸、四十里。瓦子灣、二十里。藤站湖、十五里。鹽船漥、二十五里。楊圻腦、二十里。黃家穴、六十里。上茅灣、六十里。西江嘴，西岸流水口、四十里。白螺磯、三十里。楊林山、二十里。白螺山、三十里。王家保、二十五里。新堤口、十里。茅埠鎮、三十里。烏林磯、十五里。竹林灣、十五里。杜家洲、五里。紀家洲，東岸城陵司、五里。團山磯、十五里。象骨港、二十里。道人磯、三十里。青江口、十五里。高家墩、三十里。石頭口、十五里。六溪口、十五里。丘公灣、十里。墩子口、十里。嘉魚縣。此萬曆乙酉馮仁軒露備兵岳州時刻圖。

古今譚形勝者，皆云關中爲上，荆、襄爲次，建康爲下。以今形勝，則襄陽似與建康對峙者，建康東、南皆山，西、北皆水；襄陽西、南皆山，東、北皆水。以勢則襄山據險而建山無險，以勝則江水逆來，而漢水順去。故論荆、襄則襄不及荆，其規模大而要害攬也。荆州面施、黔背襄、漢，西控巴峽，東連鄢、郢，環列重山，襟帶大江，據上游之雄，介重湖之尾，爲四集之地。蜀漢據而失之，驍將既折，重地授人，僻在一偏，不卜而知其王業之難成也。

江陵作相，九列公卿，半繫楚人。如吕相國調陽、方司馬逢時、李司空幼滋、曾司空省吾、劉司寇一儒、王少宰篆、謝司徒鵬舉、陳宗伯思育、汪冢宰宗伊，各據要路。其後，吴相繼之，則許相國國、王相國錫爵、徐宗伯學謨、姜宗伯寶、顧司馬章志、方司徒宏靜、王司寇世貞、王御史大夫樵、趙少宰用賢、程司徒嗣功、顧司馬養謙。今則豫章漸盛，衷御史大夫貞吉、蔡冢宰國珍、徐司空作、鄧少宰以讚、范宗伯謙、董司空裕。雖其間彈冠引兑，賢不肖人人殊，然偶一宰執起，則公卿相隨而出，亦關此方氣運地脉，一時之盛也。

襄陽夙稱多耆舊古蹟，余曾有吊襄文。如大堤，古築之以捍漢水者也，後遂爲遊樂之地，男女蹋歌，樂府有大堤曲，曰：「漢水横襄陽，花開大堤暖。」曰：「大堤諸女兒，花艷驚郎目。」西北二十里隆中山，諸葛孔明隱處。棗陽有南陽城，想所云「躬耕南陽」即此，非宛中之南陽也。城南峴山，羊叔子所登而嘆，其云：「自有宇宙，便有兹山，由來賢哲，登此者多矣，而皆湮没無聞。」此語千古悲咽。祜没，襄人感之，爲立碑流涕，名峴山墮淚碑。山畔習家池，後漢習郁依范蠡養魚法穿之，謂其子曰：「必葬我近魚池。」後山簡鎮襄，愛之，輒遊池上，醉而名之曰高陽池，詩稱「倒著白接䍦，酩酊還騎馬」者是。峴山又有杜甫故宅，習池亦有王粲井。甫詩云：「清思漢水上，凉憶峴山顛，吾家碑不昧，王氏井依然。」城西十里萬山，乃鄭交甫所見遊女爲解珮處，云此山之曲隈也。山下有萬山潭，晉杜預伐吴，勒碑紀功，一置萬山之上，一置兹潭之下，云他日恐深谷爲陵也。唐鮑溶詩云：「襄陽太守沉碑意，身後身前幾年事。漢江千古未爲陵，水底魚龍應識字。」府西北爲夫人城，昔朱序鎮襄陽，苻堅圍之，序母韓氏謂城西北必壞，領百餘婢增築二十丈，賊果潰西北，衆守新城而退，名夫人城。東南三十里鹿門山，龐德公隱居其上，劉景升所過而歎異之者。其後居士龐藴復居之，男女不婚嫁，共學無生，白日坐化。其後孟浩然復來居之，府治西文選樓，梁昭明太子聚賢士劉孝威、庾肩吾、徐昉、江伯操、孔敬通、惠子悦、徐陵、王囿、孔樂、鮑至等十餘人，〔二六〕號「高齋學士」，著文選於此。郡北樊城，隔漢江與襄陽對峙，周仲山甫所封，關羽圍曹仁於樊城北。沔水有斬蛟渚，乃襄陽鄧遐揮劍處，人知斬蛟有澹臺、周處，而不知有遐。又有楚昭王、莊王、淳于髡、黄憲、劉表等墓，鄢、酇、舂陵等城，其人又有尹伯奇、卞和、司馬德操、張柬之、杜審言、皮日休諸人。

蘄、黄之間，近日人文飈發泉涌，然士風與古漸遠，好習權奇，以曠達爲高，〔二七〕繩墨爲恥，蓋有東晉之風焉。然其一段精光，亦自鏟埋不得。毋論士大夫，即女郎多有能詩文者，如周元孚、董夫人輩。又毋論詩文，近且比丘尼輩出，高譚禪理，如所云澹然、明因、自信等，余蓋於李卓吾八觀音問中崖略見之。李以菩薩身自任，踪跡太奇，其與耿司寇以學問相傾，不啻剚刃。

蘄竹爲器，抽削如絲，纖巧甲於天下。復有蘄艾、蘄龜、蘄蛇。艾則惟荆王府内片地出者佳，然不多得。蛇與龜皆生於他鄉村。蛇則頭有方勝，尾有指甲，兩目如生，自刳腸盤屈而死者，可已大風。龜則背有緑毛，可辟蠅蟲，置之書篋，數年不死，然多贋者，以小龜塗馬矢放陰溝中，緑毛自生，携出者不久即落也。竹則以色瑩者可簟，節疏者可笛，帶鬚者可杖。

赤壁山，一統志云在江夏東南九十里。唐元和志亦稱在蒲圻縣西一百二十里，北岸烏村與赤壁相對，即周瑜焚曹操處。圖經乃謂在嘉魚縣西七十里。至宋蘇軾又指黄州赤鼻山爲赤壁。蓋劉備居樊口，進兵逆操，遇於赤壁，則赤壁當在樊口之上。又赤壁初戰，操軍不利，引次江北，則赤壁當在江南。今江、漢間言赤壁者五：漢陽、漢川、黄州、嘉魚、江夏，惟江夏之説合於史。

衡山禹碑，唐劉禹錫、韓昌黎皆有詩，宋朱晦翁。〔一八〕張南軒至衡岳尋訪不獲，其後晦翁作韓文考異，遂謂退之詩爲傳聞之誤，蓋以耳目所限爲斷也。王象之輿地紀勝云：「禹刻在岣嶁峰，又傳在衡山雲密峰，昔樵人曾見之，自後無有見者。宋嘉定中，蜀士因樵夫引至其所，以紙搨七十二字，刻於夔門觀中，後俱亡。」近張季文僉憲自長沙得之，云自宋嘉定中何某摹於岳麓書院者。斯文顯晦，信有神物護持。其文「承帝曰嗟」至「竄舞永奔」，實七十七字，云「二」誤也。此見楊用修録中。

九疑山乃南龍大幹行龍之地，其峰有九，參差互映，望而疑之，故名九疑。蓋山有九水，四水陽流，注於南海，五水陰流，注於洞庭。五水者，瀟、湘、舜源水、洈水、砅水等也。九峰謂朱明、石城、石樓、娥皇、女英、舜源、蕭韶、桂林、杞林。大舜陵在其中，太史公所謂「舜崩蒼梧之野，葬於零陵之九疑」者是也。今不知其處，惟於蕭韶峰下立廟祭之。秦皇、漢武皆以道阻不得過江、漢而望祭焉，宋置陵户，禁樵採。

宜章登舟即古所稱瀧水，兩崖咸石，頗似巴江，以其形似龍然，故稱瀧。然水小而險，最善壞舟，不數日而達廣之韶，其勢甚速。然僅可用舴艋，力不能載十石，不若蜀舟之大也，韓文公入潮陽由此。

永近粤，鄉村間稍雜以夷獠之俗。男子衣裙曳地，婦女裙褲反至膝止，露骭跣足，不避穢污，著草履者其上也。首則飾以高髻，耳垂大環，鑄錫成花，滿頭插戴。一路鋪遞皂快、輿夫馬卒之徒，皆以婦代男爲之，致男女混雜戲劇，官不能禁。

長沙卑濕，賈生賦鵩以死，古今一詞。余過其地，見長沙雖濕，非卑而濕也。蓋猶在洞庭上流，岳渚、漢陽尚在其下，安言卑也？惟諸郡土皆黑壤，而長沙獨黄土，其性黏密不滲，故濕氣凝聚之深。誼洛陽人，故不宜也。卑濕之地，當以閩、廣爲最。漳、泉葬者，若全棺入地，則爲水所宿。番禺，江一日兩潮汐至蒼梧，其地下可知。

辰州在五溪、二酉之間，蓋漢五溪蠻地，亦曰武陵蠻，謂武陵有五溪：雄溪、樠溪、酉溪、潕溪、辰溪，俱在今盧溪縣轄。馬伏波所征，其稱「上潦下濕，視飛鳶跕跕墜水中，思少游語」即此。余行其地，登水邊石洞數處，咸云伏波避暑洞。當時謡云：「烏飛不度兮，獸不能臨。」嗟哉！武溪何毒霪也。由辰溪八十里即大酉，云黄帝藏書處。黔中他洞皆濕，惟大酉獨乾潔，遠望洞口石脊，〔二九〕亦似橘山。小酉在貴竹酉陽。

鄖地介河南、湖廣、陝西、四川四省，山谷阨塞，林箐蒙密，既多曠土，又有草木可採掘而食，自古爲逋流之地。國初鄧愈剿除之，空其地禁流民不得入。天順中歲，飢民又徙入，不能禁。至成化元年，亂乃生，劉千斤挾石和尚，僭號改元。遣尚書白圭討平之。未幾，餘孽李鬍子又亂，再遣項忠。忠乃招諭捕發還鄉者百四十萬。〔三〇〕編戍者萬人，然後擊殺李鬍子。十二年流民復集，都御史李賓恐逐之生亂，請因而撫定之，使占籍以實襄、鄧户口。乃命副都原傑往籍流民，得十一萬三千户，〔三一〕遣歸者一萬六千餘，願留者籍之。改鄖縣爲郡治以開府，至今乃安。高岱謂：「項忠之盪定，乃一時之功。原傑之經略，則百世之利。」

黎平府立於湖廣五開衛之中，原爲犬牙相制之意。雖其壤接平溪，然夷箐難行，其路復出楚中，既過沅州，則皆楚地，復經黔陽、會同、靖州、銅鼓，四五百里方至。過他省而抵己郡，毋論窵遠，如事體何？又青衿子弟，由楚督學選就試，方入貴試院。舊時，貴院於黎平士子有暗記，如兩都監生例。及乙酉遣京官主考，硃卷無識，遂至一榜中黎平十人，已占貴三之一，貴士遂哄然不欲黎士就貴試。此於夷情、士習、官體、文移均屬未妥。

施州、保靖、永順正當海内山川土宇之中，反爲槃瓠種類盤踞。施州東抵巴東五百里，西抵酉陽九百里，南抵安定硐，北抵石柱司各七百里，依稀閩、浙全省地。而永順東、南、西、北咸徑六百里。保靖東西亦五百里，南北半之。其俗男不裹頭，女衣花布，親喪打葬，就日而埋，疾病則擊銅鼓、沙鑼以祀鬼神。居常則漁獵腥膻，刀耕火種爲食，不識文字，刻木爲契，短裙椎髻，常帶刀弩爲威。其人雜夷獠，不可施以漢法，故歷代止羈縻之。本朝籠以衛所、土司，有事調之則從征，逮之則不至。南去爲辰州，又南爲柳、慶，族皆其種，俗亦近之。秦、漢所稱黔中之地。然辰以南屢經征伐，其人遂分夷、漢。夷者統以土司，漢者治以有司。不若施、永之一概羈縻也。然雖漢人、漢法之處，其城市者衣服言語皆華人，而山谷間亦頗雜以猺俗，不盡純也。

楚中與川中均有採木之役，實非楚、蜀產也，皆產於貴竹深山大壑中耳。貴竹乏有司開採，故其役耑委楚、蜀兩省。木非難而採難，伐非難而出難。木值百金，採之亦費百金，值千金，採之亦費千金。上下山坂，大澗深坑，根株既長，轉動不易，遇坑坎處，必假他木抓搭鷹架，使與山平，然後可出。一木下山，常損數命，直至水濱，方了山中之事。而採取之官，風餐露宿，日夕山中。或止一歲半年。〔三二〕及其水行，大木有神，浮沉遲速，多有影響，非尋常所可測。

天生楠木，似耑供殿庭楹棟之用。凡木多囷輪盤屈，枝葉扶疏，非杉、楠不能樹樹皆直。雖美杉亦皆下豐上鋭，頂踵殊科，惟楠木十數丈餘既高且直。又其木下不生枝，止到木顛方散幹布葉，如撑傘然。根大二丈則頂亦二丈之亞，上下相齊，不甚大小。故生時軀貌雖惡，最中大厦尺度之用，非殿庭真不足以盡其材也。大者既備官家之採，其小者土商用以開板造船，載負至吴中則拆船賣板，〔三三〕吴人拆取以爲他物料，〔三四〕力堅理膩，質輕性爽，不澀斧斤，最宜磨琢，故近日吴中器具皆用之，此名「香楠」。又一種名「鬬柏楠」，亦名「豆瓣楠」，剖削而水磨之，片片花紋，美者如畫，其香特甚，爇之，亦沉速之次。又一種名「癭木」，遍地皆花，如織錦然，多圓紋，濃淡可挹，香又過之。此皆聚於辰州。或云，此一楠也，樹高根深入地丈餘，其老根旋花則爲「癭木」，其入地一節則爲「豆瓣楠」，其在地上者則爲「香楠」。

楚本澤國，最稱多魚。淮、揚、吴、越之地未嘗非水鄉，然未若長沙、武陵之間，魚可以澤量者，亦地産異也。大江上下則美鱘、鰉，然此魚雖佳而最醜惡，如身長五尺則鼻亦四尺餘，惟鼻長，故口在鼻下如在腰間，魚蝦遇輒避，苦不得食，每仰遊，開口接而食之。今所造鮓，硬骨而適口者，即鼻肉也。而鼻善痛，稍觸之則徹骨不禁，而魚鼻長又善觸，故遊必鼻向上尾向下，又不敢近岸，畏崖石。取者探其情，極易得之。此種爲江魚，可網不可畜。其鬻種於吴、越間者爲鰱魚，最易長，然不種子，〔三五〕或云楚人來鬻者，先以油餅餌之，令不誕也。細者如針，千餘頭共一甌盛之，在彼無不活者，吴、越人接手中即以漸死，若隨接隨入池中，又無不活者。入池當夾草魚養之，草魚食草，鰱則食草魚之矢。鰱食矢而近其尾，則草魚畏癢而游，草游，鰱又隨覓之，凡魚游則尾動，定則否，故鰱、草兩相逐而易肥。計然爲十洲三島爲此故。草魚亦食馬矢，若池邊有馬厩，則不必飼草。以上湖廣。

廣東，南越也。秦已爲南海郡，後龍川令趙佗格命自王，漢武始征之。其當時兵以四道入，衛尉路博德爲伏波將軍，出桂陽，下滙水。以今觀之，意洭水也。洭在英德縣東南四十里，一名洸水，又名洭浦，源出永州界，過陽山，下三水與湞合。主爵都尉楊僕爲樓船將軍，〔三六〕出豫章，下横浦。横浦在今南安。此則過大庾嶺，由曲江下湞水入越者也，故歸義越侯二人爲戈船、下厲將軍，出零陵，下灕水，抵蒼梧，即今廣右府江。使馳義侯因巴、蜀罪人發夜郎兵，下牂牁江，咸會番禺，即今廣右左江。從蜀盤江過貴竹跌水，此皆灘險不可舟，至田州、泗城方可進舟，先與府江會於蒼梧，東行至三水亦與湞合。其云咸會番禺者，總之之詞也。

廣中稱嶺外者，五嶺之外也。五嶺釋不同，裴氏廣州記云：「大庾、始安、臨賀、桂陽、揭陽。」鄧德明南康記云：「五嶺者，臺嶺之嶠，五嶺之第一嶺也，在大庾；騎田之嶠，五嶺之第二嶺也，在桂陽；都龐之嶠，五嶺之第三嶺也，在九真；萌渚之嶠，五嶺之第四嶺也，在臨賀；越城之嶠，五嶺之第五嶺也，在始安。」據此，則九真與揭陽稍殊，餘四嶺同。乃淮南子又曰：「始皇利越之犀角、象齒、翡翠、珠璣，乃使尉屠睢發卒五十萬爲五軍，一軍塞鐔城之嶺，一軍守九疑之塞，一軍處番禺之都，一軍守南野之界，一軍結餘干之水。」鐔城在武陵西南，〔三七〕接鬱林，九疑在零陵，番禺在南海，南野、餘干在豫章。其説又不同。若云五嶺地方，當如廣州、南康二記，蓋其所言，乃南龍大幹橫過空缺處，皆當守寨也。淮南云云，豈秦王所戍者五嶺其名也，而當時調度又不拘拘於此五處耶？

廣南所産多珍奇之物。如珍則明珠、玳瑁。珠落蚌胎，以圓浄爲貴，以重一錢爲寶；玳瑁龜形，截殼爲片，貴白勝黑，斑多者非奇，出近海郡。石則端石、英石。端溪硯貴色紫潤而眼光明，下岩爲上，子石爲奇；英德石色黑緑，其峰巒窩竇摺紋，扣之有金玉聲，以爲窗几之玩。香則沉速，出黎母山，以密久近爲差。花則茉莉、素馨，此海外香種，不耐寒，具陸賈南中花木記。果則蕉、荔、椰、蜜。蕉，緑葉丹實，其木攢絲，食其實而抽其絲爲布；荔枝園，五月纍纍然，色如赤彈，肉如團玉，或云閩荔甘，廣荔酸；椰子樹似檳榔，葉如鳳尾，實如切肪，琢其皮可爲瓢、杓、梧、棬；波羅蜜大如斗，剖之若蜜，其香滿室，此産瓊海者佳。木則有鐵力、花梨、紫檀、烏木。鐵力，力堅質重，千百年不壞；花梨亞之，赤而有紋；紫檀力脆而色光潤，紋理若犀，樹身僅拱把，紫檀無香而白檀香。此三物多出蒼梧、鬱林山中，〔三八〕粤西人不知用而東人採之。烏木質脆而光理，堪小器具，出瓊海。鳥則有翡翠、孔雀、鸚鵡、鷓鴣、鵔鸃、潮雞、鴆。翡翠以羽爲婦人飾；孔雀食蛇，毛膽俱毒，最自愛其尾，臨河照影，目眩投水中；鸚鵡紅嘴緑衣，不減川、陝，有純白者勝之；鷓鴣滿山亂啼，聲聲「行不得哥哥」，行旅聞之，真堪淚下；鵔鸃似山雞，以家雞鬭之則可擒，其羽光彩，漢以飾侍中冠；潮雞似雞而小，頸短，能候潮而鳴；鴆羽些須可殺人，止大腹皮樹，入藥，刮去其糞。獸則有潛牛、犦牛、熊。潛牛魚形，生高、肇江中，能上岸與牛鬭，角軟則入水濕之，堅則復出；犦牛出海康，項有骨大如覆斗，日行三百里；熊有似牛似人，膽明如鏡。亦有蚺蛇膽，用與熊異，熊治熱毒，蚺治杖毒。魚之奇而大者，有鯨、鰐、鋸、鯌。鯨魚吹浪成風雨，頭角可數百斛，頂上一孔大於甕；鰐魚如鯪鯉，四足，長數丈，登涯捕人畜食之；鯌魚大盈丈，腹有洞，貯水以養其子，左右兩洞容四子，子朝出暮入宿，出從口，入從臍；鋸魚長二丈，則口長當十之三左右，齒如鐵鋸，生於潮、惠爲多。其他紅螺、白蜆、龜腳、馬甲、蠔鰵等名品甚多，不可枚計。若夫犀、象、椒蘇、岐南、火浣、天鵝、片腦之類，雖聚於廣，皆西洋諸國番船度海外而來者也。

俗好以蔞葉嚼檳榔，蓋無地無時，亦無尊長，亦無賓客，亦無官府，在前皆任意食之。有問，則口含而對，不吐不咽，竟不知其解也。或以炎瘴之鄉，無此則飲食不化，然余携病軀入粵、入滇，前後四載，口未能食錙銖，亦生還亡恙也。大都瘴鄉惟戒食肉、絶房幃，即不食檳榔無害，渠土人食者，慣耳。滇人所食檳榔又與廣異。廣似雞心，如果肉；滇如羌核，似果殼。滇止染灰，亦不夾蔞葉。蔞一名蒟苗，即蜀人所造蒟醬者也。蔓生，葉大而厚，實似桑椹，其苗爲扶留藤，人食之唇如抹朱。楊萬里云：「人人藤葉嚼檳榔，户户茅檐覆土牀。」

廣中地土低薄，炎熱上蒸，此乃陽氣盡泄，故瓜茄咸經霜不凋，〔三九〕留之閱歲，從原幹又開花結子，不必再種也。結之三兩歲，〔四〇〕氣盡方枯，又得氣早，余以五月過端州，其地食茄已可兩月矣。

南中多榕樹，樹最大者長可十丈，蔭數畝，根出地上亦丈餘。臬司分道中一樹，根下空洞處可列三桌，同僚嘗醵飲其中。余參藩廣右，嘗過榕樹門下，樹附城而生，〔四一〕刳其根空處爲城門也。

香山嶴乃諸番旅泊之處，海岸去邑二百里，陸行而至，爪哇、渤泥、暹羅、真臘、三佛齊諸國俱有之。其初止舟居，以貨久不脱，稍有一二登陸而拓架者，諸番遂漸效之，今則高居大厦，不減城市，聚落萬頭，雖其貿易無他心，然設有草澤之雄，睥睨其間，非我族類，未必非海上百年之隱憂也。番舶渡海，其製極大，大者横五丈，高稱之，長二十餘丈，内爲三層，極下鎮以石，次居貨，次居人，上以備敵占風。每一舶至，報海道，檄府倅驗之，先截其桅與柁，而後入嶴。若入番江，則舟尾可擱城垛上，而舟中人俯視城中。又番舶有一等人名「崑崙奴」者，俗稱黑鬼，滿身如漆，止餘兩眼白耳。其人止認其所衣食之主人，即主人之親友皆不認也。其生死惟主人所命，主人或令自刎其首，彼即刎，不思當刎與不當刎也。其性帶刀好殺，主人出，令其守門，即水火至死不去，他人稍動其扃鐍則殺之，毋論盜也。又能善没，以繩繫腰，入水取物，買之一頭，值五六十金。

潮州在唐時風氣未開，去長安八千里，故韓文公以爲瘴厲之地。今之潮非昔矣，閭閻殷富，士女繁華，裘馬管弦，不減上國。然開雲驅鱷，潮陽之名猶在，故今猶得借此以處遷客。蓋今起萬曆丙戌，十載内無邑無之。如孫比部如法尉潮陽，楊給諫文焕尉海陽，陳祠部泰來尉饒平，林都諫材尉程鄉，高大行攀龍尉揭陽，周尚寶弘禴尉澄海，劉都諫弘寶尉惠來，沈文選昌期尉大浦，周御史玄暐尉平遠，皆同時遷客也。止普寧一邑無人耳。潮國初止領縣四：海陽、潮陽、揭陽、程鄉，今增設澄海、饒平、平遠、大埔、惠來、普寧六邑，此他郡所無。

潮州爲閩越也。自秦始皇屬南海郡，遂隸廣至今。以形勝風俗所宜，則隸閩者爲是。南幹自九疑來，過大庾嶺至龍南、安遠，其夾汀與贛，夾建寧與建昌界，度分水而趨草坪者，〔四二〕正幹也。至龍南不過安遠即南行，接長樂、興寧趨海豐入海者，分南行一支也。其南支似隔閩於東，〔四三〕廣於西，故惠州諸邑，皆立於南支萬山之中，其水西流入廣城以出，則惠眞廣郡也。潮在南支之外，又水自入海，不流廣。且既在廣界山之外，而與汀、漳平壤相接，又無山川之限，其俗之繁華既與漳同，而其語言又與漳、泉二郡通，蓋惠作廣音而潮作閩音，故曰潮隸閩爲是。

羅浮山在惠州博羅縣西北三十里，昔傳有山自海上浮來，與羅山合而爲一，故稱羅浮。道書十大洞天之一也。志稱山高三千六百丈，周三百餘里，蟠三十二峰，巒岫既秀，洞壑復幽。峰曰飛雲、曰玉鵝、曰麻姑，洞曰石臼、曰水簾、曰朱明、曰黄龍、曰朱陵、曰黄猿、曰蝴蝶，其選也。大小二石樓，登之可望滄海。樓前一石門，方廣可容几席。二山相接處有石磴，狀如橋梁，名曰鐵橋，橋端兩石柱，人跡罕到。

端溪在肇慶江南，與羚羊峽對峙，山峻壁立，下際潮水，向以上中下岩分優劣。故硯譜曰：「石以下岩爲上，中岩、上岩、龍岩、半岩次之，蚌坑下。」志云：「岩石爲上，西坑次之，後磨爲下。」今有新舊坑之分，舊坑石色青黑，温潤如玉，上生石眼，有青緑五六暈，而中心微黄，黄中有黑睛一，形似鸜鵒之眼，故以名。眼多者數十，如星斗排連，或有白點如粟，貯水方見，隱隱扣之與墨磨俱無聲，爲下岩之石，今則絶無有。上岩、中岩之石，紫者亦如猪肝，總有一眼，暈少形大，扣之、磨之俱有聲，即今之端石是也。眼分三種，活眼者暈多光瑩，淚眼者光昏滯而暈朦朧，死眼者雖具眼形，内外俱焦黄無暈。歐譜唐公曰：「眼乃石之精，如木之節，不知者以爲病。」然古有貢硯無眼者，似又不貴眼也。又硯録云：「眼生於墨池外曰高眼，生於池曰低眼。」高爲貴，不知此特匠手之巧耳。又有上焉者，名子石，生大石中。唐録云：「山有自然員石，剖其璞焉謂之子石。」此最發墨，難得，歐、蘇極重之。蚌坑石亦深紫，眼黄白微青，不正，無瞳而翳，堅潤不發墨，與半岩石相類。

南中造屋，兩山墻嘗高起梁棟上五尺餘，如城垜然。其内近墻處不蓋瓦，惟以磚甃成路，亦如梯狀，余問其故，云近海多盜，此夜登之以瞭望守禦也。

雷州以雷名，或曰以在雷水之陽。雷水在擎雷山下，源出海康縣銅鼓村，南流七十里，東入於海，其初因雷震而得源者也。或又以謂地瀕南海，〔四四〕雷聲近在檐宇之間。及讀雷公廟記，則云：「陳太建初，〔四五〕州民陳氏者因獵獲一卵如囊，携歸家，忽霹靂震之而生一子，有文在手曰雷，俗謂雷種，〔四六〕後名文玉，爲本州刺史，有善政，歿而以靈顯，鄉人廟祀之。」後觀國史補，又云：「雷州春夏多雷，秋日則伏地中，其狀如彘，人取而食之。」夫雷霆天之威也，雷可食乎？以此爲雷，是妄之妄也。想炎海陽氣所伏藏，變爲蠕動之物，此造化所不可曉者爾。

廉州中國窮處，其俗有四民：一曰客户，居城郭，解漢音，業商賈；二曰東人，雜處鄉村，解閩語，業耕種；三曰俚人，深居遠村，不解漢語，惟耕墾爲活；四曰蜑户，舟居穴處，僅同水族，亦解漢音，以採海爲生。郡少耕稼，所資珠璣。以亥日聚市；黎、蜑壯稚以荷葉包飯而往，謂之趁墟。

珠池在合浦東南百里海中，有平江、青嬰等三數池，皆大蚌所生也。海水雖茫茫無際，而魚蝦蛤蚌，其産各有所宜，抑水土使然。故珍珠舍合浦不生他處，其生猶兔之育，惟視中秋之月，月明則下種多，昏闇則少。海中每遇萬里無雲，老蚌曬珠之夕，海天半壁閃如赩霞，咸珠光所照也。舊時蛋人採珠之法，每以長繩繫腰，携竹籃入水，拾蚌置籃内則振繩，令舟人汲上之，不幸遇惡魚，一綫之血浮水上，則已葬魚腹矣。蚌極老大者，張兩翅亦能接人而壞之。後多用網以取，則利多害少。珠池之盜，鳴鑼擊鼓，數百十人荷戈以逞，有司不敢近。然彼以劫掠無賴爲生，白手挈蛋人而竊之，多少所不論，皆其利也。若官司開採則得不償失，萬金之珠非萬金之費無以致之。世宗朝嘗試採之，當時藩司所用與内庫所入，其數具存，可鏡矣。盜珠者雖名曰禁，實陰與之，與封礦同。不則此輩行掠海上無寧居，然亦非有司之法所能扞也。

瓊州，南海中一大島，中峙高山，周圜乃平壤。南夷之性，好險阻而不樂平曠，故黎人據險先居之，在平壤者，乃能通中國聲教，則後至而附聚焉者也。黎人其先無世代，一日雷攝一蛇卵墮山中，生一女，歲久有交趾蠻過海採香者。因與爲婚，生子孫，此黎人之祖，故山名黎母山。以有五峰，亦名五指山。山極高大，屹立瓊、崖、儋、萬之間，爲四州之望。每晝，雲霧收斂則一峰聳翠插天，〔四七〕昏時蔽不見。舊傳婺女星曾降此山，亦名黎婺山。諸黎環居，其去省地遠，不供賦役者號生黎；耕作省地者號熟黎。黎人之外始是州縣，四州各占島之一隅，北風揚帆，徐聞一日而渡。〔四八〕

瓊地本東西長南北縮，志稱「東至海岸五百里，西至海岸四百里，不及千里而遥」。其至海南崖州乃云一千四百里者，中隔黎山，由弓背上行也。周圍二千餘里。沉速諸香皆出其内。沉乃千年枯木，土蜂穴之，釀蜜其中，不知年代，浸透木身，故重者見水而沉。不甚沉者，未遍也。今爇之皆蜜，蜜盡而烟銷。浸而未透者，速也；得氣而未浸者，牙也。

蘇子瞻謫海外，其自稱爲醉人所推罵，自喜不爲人認識。雖未必盡然，然其言自是胸中脱灑，〔四九〕虚舟飄瓦，不爲羶行忤物之致。其量移謝表云：「疾病連年，人皆相傳爲已死；飢寒並日，臣亦自厭其餘生。」讀之令人悚然。

銅柱在欽州分茅嶺之下，漢馬伏波立以界欽州、安南者。或曰柱乃在安南境中，援當時誓云：「銅柱折，交人滅。」今交人過其下，每以石培之，遂成丘陵，懼其折也。又有古銅鼓，蠻人重之，今廉、欽村落土中嘗有掘得者，亦云伏波所餘。以上廣東。

## 校勘記

〔一〕赤城王太初先生著……北平楊體元香山較　台州本作「臨海王士性恒叔著」。

〔二〕西湖雖有閘堰　台州本「閘」作「牐」。

〔三〕若六七月之間　台州本「六」後有「月」字。

〔四〕明則又別爲計　台州本「則」作「日」。

〔五〕塑而附之　台州本「塑」作「塐」。

〔六〕如寧之金堂大榭　「榭」肇域志作「謝」。

〔七〕蓋竹洞爲耀寶光之天　台州本「耀」前有「長」字。

〔八〕每舟利者　台州本「每舟」二字互倒。

〔九〕否者貸子母息以歸　台州本「者」作「則」。

〔一〇〕而王五峰毛海等遂以華人居近島　台州本「毛海」後有「峰」字。

〔一一〕楊曾全無罪　肇域志此句下有一段文字，不知是廣志繹原文或是肇域志自增，録此備考：「張華東疏：浙之甌海密邇閩疆，止沙埕鎮一水之隔，自閩寇跳梁震隣有恐，則温之南麂、東雒鎮、下大嶴等處，在在可犯。」

〔一二〕大孤在府城東南湖中　台州本「孤」作「姑」。下文「小孤」同。

〔一三〕又人人辨足以濟之　台州本「辨」作「辯」。

〔一四〕歲用穀菽幾多　台州本「穀菽」作「穀粟」。

〔一五〕饒州有姚源洞賊　台州本「姚」作「桃」。

〔一六〕鑄柱繫紅舟　台州本「鑄」作「鐵」。

〔一七〕江文節萬里　「江」疑「楊」之訛，楊萬里，吉州吉水人，謚文節。江萬里則未之聞。

〔一八〕路謂橋板　台州本「橋板」二字互倒。

〔一九〕生而剛正　台州本「正」作「直」。

〔二〇〕靖州分屬貴州　「貴州」原作「貴陽」，據肇域志改。

〔二一〕沅漸潕辰溆酉澧資湘九水皆合於此　「潕」原作「无」，「澧」原作「豊」，據胡渭禹貢錐指改。

〔二二〕志謂山阜高大　「志」原缺，據滬本肇域志補。下文亦有「志稱黄鶴樓」云云。

〔二三〕當時勝國府庫積蓄既多　台州本「積蓄」二字互倒。

〔二四〕止是面闊括風　「括」頗疑爲「招」之訛。

〔二五〕白魚圻　台州本「圻」作「埸」。

〔二六〕惠子悦徐陵王囿孔樂鮑至等十餘人　王象之輿地紀勝「悦」作「悅」，「樂」作「爍」。

〔二七〕以曠達爲高　台州本「達」作「遠」。

〔二八〕宋朱晦翁　「宋」前原有「北」字，據台州本删。

〔二九〕遠望洞口石脊　台州本「遠」作「遥」。

〔三〇〕忠乃招諭捕發還鄉者百四十萬　「捕」肇域志作「撥」。又「百四十萬」數字可疑。

〔三一〕得十一萬三千户　肇域志作「一十萬二千户」（川本肇域志「二」作「三」）。

〔三二〕或止一歲半年　台州本「止」作「至」。

〔三三〕載負至吴中則拆船賣板　「賣」字原缺，據肇域志補。

〔三四〕吴人拆取以爲他物料　「人」字原作「中」，據肇域志改。

〔三五〕然不種子　「種」肇域志作「誕」。

〔三六〕主爵都尉楊僕爲樓船將軍　「爵」原作「勺」，據台州本改。

〔三七〕鐔城在武陵西南　「陵」原作「林」，據台州本改。

〔三八〕此三物多出蒼梧鬱林山中　台州本「多」作「皆」。

〔三九〕故瓜茄咸經霜不凋　台州本「霜」作「冬」。

〔四〇〕結之三兩歲　台州本「兩」作「四」。

〔四一〕樹附城而生　台州本「城」作「地」。

〔四二〕度分水而趨草坪者　「水」原作「草」，據肇域志改。

〔四三〕其南支似隔閩於東　肇域志「似」作「實」。

〔四四〕或又以謂地瀕南海　台州本「謂」作「爲」。

〔四五〕陳太建初　「太」原作「天」，據台州本改。

〔四六〕俗謂雷種　「謂」原作「爲」，據肇域志改。

〔四七〕一峰聳翠插天　台州本「一」作「五」。

〔四八〕徐聞一日而渡　「聞」原作「開」，誤。據台州本改。

〔四九〕然其言自是胸中脱灑　台州本「脱洒」作「灑落」。

# 廣志繹卷之五

赤城王太初先生著
秀州曹秋岳先生定
北平 林百朋象鼎
楊體元香山 較〔一〕

## 西南諸省

蜀、粤入中國在秦、漢間，而滇、貴之郡縣則自明始也。相去雖數千年，然皆西南一天，爲夷漢錯居之地，未盡耀於光明，故以次於江南。

蜀有五大水入。嘉陵江從漢中自北入，岷江從松潘自西北入，大渡河從西番自西入，馬湖江出雲南自西南入，〔二〕涪江出貴州自南入，總會於瞿塘三峽，向東而出。以七百里一綫之路，當貴、滇、番、漢之流，故江水發時，一夜遂高二十丈，至灩澦如馬，此海内水口之奇也。江行在兩崖間，天造地設，如鑿成石峴，其狹處，謂非亭午不見日，月影亦然。霜降水涸，僅如溪流，自四月至九月，石險水深，行人不敢渡，爲其湍急，舟一觸石則如齏粉。蜀舟甚輕薄，不輕又難於旋轉。〔三〕諺云：「紙船鐵艄工。」蜀江篙師，其點篙之妙，真百步穿楊不足以喻。舟船順流，其速如飛，將近崖石處，若篙點去稍失尺寸，則遲速之頃轉手爲難，舟遂立碎，故百人之命懸於一人。上者猶可牽船，篾纜名曰火仗，長者至百丈，人立船頭，望山上牽纜人不見，止以鑼聲相呼應而已。猶幸寡崖無樹木勾罥，上者但畏行遲，不懼觸石，所謂「三朝三暮，黄牛如故」也。若火仗一斷，則倒流碎石，與下無異。夏水下川，則雖一日江陵，真以身爲孤注也。巫山神女廟，宋時范成大謂有神鴉送客，余乃未見。灩澦實一石，遠望之乃似碎石合成者，土人謂其下有三足，如鷄足也，某年大旱得見之。

蜀錦、蜀扇、蜀杉，古今以爲奇産。錦一縑五十金，厚數分，織作工緻，然不可以衣服，僅充裀褥之用，只王宫可，非民間所宜也。故其製雖存，止蜀府中，而閭閻不傳。扇則爲朝廷官府取用多，近皆濫惡不堪。板出建昌，其花紋多者名擡山，謂可擡而過山也，此分兩稍輕，尺寸較薄，然人以其多紋反愛之。有名雙連者，老節無文，似今土杉，然厚闊更優，多千百年古木。此非放水不可出，而水路反出雲南，即今麗江，亦即瀘水，亦即金沙江，道東川、烏蒙而下馬湖。其水磯洑礁滙，奔駛如飛，兩岸青山夾行，旁無村落。其下有所謂「萬人嵌」者，舟過之輒碎溺，商人携板過此，則刻姓號木上，放於下流取之，若陷入嵌則不得出矣。嵌中材既滿，或十數年爲大水所衝激，則盡起，下流者競取之以爲横財。不入嵌者亦多爲夾岸夷賊所勾留，仍放姓號於下流，邀財帛。入取之，深山大林，千百年斫伐不盡。商販入者每住十數星霜，雖僻遠萬里，然蘇、杭新織種種文綺，吴中貴介未披，而彼處先得。妖童孌姬比外更勝，山珍海錯咸獲先嘗，則錢神所聚，無脛而至，窮荒成市，沙磧如春，大商緣以忘年，小販因之度日。至於建人補板，其技精絕，隨理接縫，瞪目爪之，莫辨形踪。然余嘗分守右江，聞融、懷以北夷人，有掘地得板，厚止寸餘，堅重如鐵，勝建昌十倍者，一片易數金，數十家共得之，云是孔明征羌，歸途過此，伐山通道，入土年深者。余欲覓一蜕乘，恐差役緣此爲奸，以挾夷人，乃寢。

川中郡邑，如東川、芒部、烏撒、烏蒙四土府亡論，即重慶、夔府、順慶、保寧、叙州、馬湖諸府，嘉、眉、涪、瀘諸州，皆立在山椒水濆，地無夷曠，城皆傾跌，民居市店半在水上。惟成都三十餘州縣，一片真土，號稱沃野，既坐平壤，又占水利，蓋岷、峨發脉，山巉離祖，滿眼石壠，抱此土塊於中，實天作之，故稱天府之國云。

四川官民之役，惟用兵、採木最爲累人。西北、西南州縣多用兵，東南多採木。惟川北保、順二郡兩役不及，頗號樂土，即協濟不無，然身不俱往，縱罹殘僫，亦免死亡。

楊用修謂：「自古蜀之士大夫多卜居别鄉，李太白寓江陵、山東、池州、廬山，而終於采石。老蘇欲卜居嵩山，東坡欲買田陽羡。魏野之居陜州，蘇易簡之居吴門，陳堯佐之居嵩縣，陳去非之居葉縣，毋廷瑞之居大冶，虞允文之居臨川，牟子才之居霅川，楊孟載之居姑蘇，袁可潛之居笠澤。」豈以其險遠厭跋涉耶？

大禹生於石泉縣石紐村，即今之石鼓山，其山朝暮二時有五色霞氣。華陽國志稱夷人營其地，方百里不敢居牧，有過逃其野中不敢追，云畏禹神能藏之，三年爲人所得則共原之，云禹靈已祐之。〔四〕唐李白亦書「禹穴」二字於石，楊用修遂以太史公所上之禹穴即此也，非會稽，蓋穿鑿之過。

李太白稱「蜀道之難，難於上青天」，不知者以爲棧道，非也。乃歸、巴陸路，正當峽江岸上，峻坂磈岩，行者手足如重繭。黄山谷謫涪云：「命輕人鮓甕頭船，行近鬼門關外天。」人鮓甕在秭歸城外，盤渦轉轂，十船九溺。鬼門關正在蜀道，今人惡其名，以其地近瞿塘，改瞿門關，亦美。此地名爲楚轄也，蜀不修。蜀請楚修，楚謂雖楚地，楚人不行，蜀行之，楚亦不修。萬曆戊子，徐中丞元泰撫蜀，邵中丞陛撫楚。徐餉工費八百金於楚以請，邵修之而還其金。至今道路寬夷，不病傾跌。惟是歸、巴郡邑僻小殘憊，不足供過客之屐履，携家行者，苦於日不完一站則露宿，少停車之所，又荒寂無人烟聚落，故行者仍難之。

蜀中俗尚締幼婚，娶長婦，男子十二三即娶。徽俗亦然，然徽人事商賈，畢娶則可有事於四方，川俗則不知其解。萬曆十年間，關中張中丞士佩開府其地，每五里則立一穹碑嚴禁之，每朔望闔邑報院，邑中婚娶若干家，某家男女若干歲，犯禁者重罪之。然俗染漬已久，不能遽變也。

白下石頭城，僅西北里餘若金城石郭，天設之險無如重慶者。嘉、巴兩水隔石脉，不合處僅一綫如瓜蒂，甚奇。此龍脉盡處，止可固守爲郡邑，非霸業之資也。故明氏據以爲都，不能自存，不如成都沃野千里，真天府國也。然僻處西南，棧道、巴江隔限上國，畢竟非通都大衢，止可偏霸一隅，非王業之資也。故蜀漢以來至於孟氏，咸不能出定區宇。

離堆山在灌口，乃秦蜀守李冰鑿之以導江者也。記稱「鱉靈治水，杜宇讓王」，其世紀不可考。若只以川中一省，則冰之績亦千萬世永賴之，不減神禹也。今新都諸處，飛渠走澮，無尺土無水至者，民不知有荒旱，故稱沃野千里。又江流清冽可愛，人家橋梁扉户，俱在水上，而松陰竹影又抱繞於漣漪之間，晴雨景色，無不可人。

内江、富順雖分轄兩府，然壤接境連，實繫片地，故聲名文物等埒，不相上下，猶餘姚、慈谿之在浙東也。

諸葛孔明八陣圖，余見在川中者兩處：新都牟彌鎮陸陣圖也，夔府魚復浦水陣圖也。牟彌鎮石堆，云一百二十八蔂，乃石卵叠成。土人云，嘗爲人取去，其堆不減。種藝者犁平之後，蔂亦然。此神其説，不可知。然遺踪至今千餘年，不可謂無神鬼呵護者。余亦取一石置輿中。魚復浦則僅存八磧一短壠，云六十四蕝者，皆妄也，此登城望之，昭然爲泥淖，不可抵其下。然瞿塘象馬，江水如雷沸，而此八磧常存，則無論無六十四蕝，亦至怪矣。

夔州之麫和以雲陽之鹽，能使乘濕置書篋中，而經歲自乾不壞。余戊子秋過夔，庚寅春居廣右尚食夔麫也。

荔枝生於極熱之地，閩、廣外，惟川出焉。唐詩「一騎紅塵妃子笑」，乃涪州荔園所貢也，故飛騎由子午谷七日而達長安，荔子尚鮮。今涪園一株存，以獻新擾民，近爲一司李攝篆，始斷其命根而絶之。此雖美意，然千年古木，一旦無端毁折之，良可惜也。余意若唐物，即存至今，未必花果，或者其遺種所嗣續，如孔林之檜耳。

孔明五月渡瀘，雖非瀘州，亦即此瀘水上流千餘里，在今會川地，名金沙江，又名黑水，其水色黑，故以瀘名之。當時渡瀘，即從雲南北勝、姚安入。北勝，古浪蕖地，姚安，古弄楝地。今北勝去會川有捷徑，止可人馬單行，數日而至，不能通大軍也。沈黎古志謂：「孔明南征，由今黎州路黎州四百餘里至兩林蠻，自兩林南琵琶部三程至嶲州，十程至瀘水，瀘水四程至弄棟，即姚州也。」兩林，今之邛部長官司。

川北保寧、順慶二府，不論鄉村城市，咸石板甃地，當時甃石之初，人力何以至此。天下道路之飭，無逾此者。

烏思藏所重在僧，官亦僧爲之。其貢道自川入，俗稱喇麻僧，動輒數百爲群，聯絡道途，騷擾驛遞，頗爲西土之累。

棧道雖稱川，今實在陝。三峽雖稱川，今實在楚。今之棧道非昔也，聯輿並馬，足當通衢。蓋漢中之地，舊隸蜀故。

漢夜郎縣屬牂牁郡，唐屬珍州。牂牁郡本且蘭國，在今播州界。珍州今改爲真州長官司，在播州宣慰司東北二百里。真州長官司南六十里有懷白堂，昔人建以懷李白。桐梓驛西二十里有夜郎城，其古碑字已磨滅。

松潘有鐵索橋，河水險惡，不可用舟，又不能成梁，乃以鐵索引之，鋪板於上，人行板上，遇風則擺蕩不住，膽怯者坐而待其定，方敢過。余在滇中見漾濞江、怒江亦有此橋，皆云諸葛孔明所造也。楊用修丹鉛總録引西域傳有「度索尋橦之國」。後漢書「跋涉懸度」，注「溪谷不通，以繩索相引而度」。唐獨孤及招北客辭，笮：「復引一索，〔五〕其名爲笮，人懸半空，度彼絶壑。」今蜀松、茂地皆有此，施植兩柱於河兩岸，以繩絙其中，繩上一木筒，所謂橦也，欲度者則以繩縛人於橦上，人自以手緣索而進，行達彼岸，復有人解之，所謂「尋橦」也。用修川人，意見此制，余所見特索橋耳。

王全斌伐蜀，下之，進圖，欲併取滇雲，宋太祖持玉斧畫大渡河爲界，曰：「此外非吾有也。」以故滇雲全省棄於段氏，三百年間，士大夫宦遊之跡不至。以上四川。

廣西水自雲、貴交流而來，皆合於蒼梧。左江正派始於盤江。北盤江出烏撒，繞貴普安之東；南盤江出霑益、六涼、澂江、通海，而皆會於阿迷，繞貴羅雄之南。兩江合而下泗城、田州，至南寧合江鎮又與麗江合，麗江出交趾廣源州，〔六〕經太平、思明府。而下横州，至潯州南門爲鬱江，即古牂牁江，漢武帝使歸義侯發蜀罪人，下牂牁江會於番禺即此。右江正派始於柳江，源出都匀府，下獨山，經慶遠，至柳城與大融江合，大融江出靖州，經懷遠。過柳州至江口與洛溶江合，洛溶江出義寧，經洛溶。下象州與都泥江合，都泥江出貴州程番府，經南丹、來賓。始濁，乃入大藤峽，出峽抵潯州北門爲黔江，亦名潯水。黔、鬱二江合於潯東門，而下蒼梧與府江合，乃出封川過廣東入海。府江者，灕江也。灕水源興安之海陽山，一水相離，北入楚爲湘江，南入桂爲灕江。灕江南下，秦始皇命史禄鑿爲靈渠，取桂林、象郡。後唐李渤築斗門其間。經廣右省城，亦名桂江，下平樂而至梧，由肇慶、廣州二郡而後出海，幾八百里。海潮乃一日兩至。蒼梧雖山多而拔地無陂陀故也。

廣右山正北自黔中生，桂林西北自貴竹生，柳、慶、南、潯正西自廣南生，太平諸土州俱本省止。惟黔中一支從武岡出湘、灘二水間，起海陽山爲南龍正脉，迤逶東行作九疑。九嶷北四水流楚，南四水流廣，再東則大庾是也。其西南自交趾而入者，則爲思明、鬱林、廉、雷、高、肇，而止於石門。

自靈川至平樂皆石山，拔地而起，中乃玲瓏透露，宛轉遊行。如栖霞一洞，余秉炬行五里餘，人物飛走，種種肖形，鍾乳上懸下滴，終古纍綴，或成數丈，真天下之奇觀也。廣右山多蛇虺，獨不藏匿，洞中極其清潔。若舟行陽朔江口，回首流盼，恐所稱瀛海蓬萊三島不佳於是。

土官爭界、爭襲，無日不尋干戈，邊人無故死於鋒鏑者，何可以數計也。春秋、戰國時事當是如此，若非郡縣之設，天下皆此光景耳。當知秦始皇有萬世之功。

雲、貴土官各隨流官行禮，禀受法令，獨左、右江土府州縣不謁上司，惟以官文往來，故鷙驁難治。其土目有罪，徑自行殺戮，時有以官祖母、官母護印者，其族類文移亦稱官弟、官男。

右江土兵喜於見調，調土兵，人給行粮俱爲土官所得，兵自齎粮以往，且獻名倍役者之數，以規粮給，即歲額戍守之兵，亦殘衰不堪用。然國家立法初意，第欲使之分其民以爲我役，姑以戍守爲名耳。左江兵弱，更不堪調。

土州民既納國税，又加納本州賦税，既起兵調戍廣西，又本州時與鄰封戰爭殺戮，又土官有慶賀，有罪贖，皆攤土民賠之，稍不如意，即殺而没其家，又刑罰不以理法，但如意而行，〔七〕故土民之苦視流民百倍，多有逃出流官州縣爲兵者。

右江土州縣據險法嚴，土民無如其官何，而官抗國法；左江土州縣官畏國法，然勢弱，往往爲土民逐驅弑逆，而官又無如民何。此兩江土官之大校也。

奉議衛設於貴縣，馴象設於横州，南丹設於賓州，皆在左、右兩江之中，要使控制蠻夷，聲息援接，五屯以備藤峽，昭平以續江道，建置俱不爲無意。

三江蜑户，其初多廣東人，産業牲畜皆在舟中，即子孫長而分家，不過爲造一舟耳。婚姻亦以蜑嫁蜑，州縣埠頭乃其籍貫也，是所謂浮家泛宅者。吴船亦然，然多有家在岸。

廣右山俱無人管轄，臨江山官府召商伐之，村内山商旅募人伐之，皆任其自取。至於平原曠野，一望數十里不種顆粒，僮人所種止山，衡水田十之一二耳。又多不知種麥、粟，地之遺利可惜也。

地産蚺蛇，性善淫。土人縛草爲芻靈，粉飾之，蛇見則抱而戲，人徑裂胸而取其膽，蛇對而不知也。〔八〕若擊而取之，擊頭則膽隨頭，擊尾則膽隨尾，久而死，膽亦化矣，徒遺水，膽不足用也。取蛇而籠之，如路遇婦人，籠内頓跌幾欲絶。孔雀、鷓鴣、白鷴、翠鳥多出東、西粤，但養之不甚馴，亦不能久存。

古田既征，議善後者以廣右鹽利歸之官，藩司每年出銀五萬兩，命一府佐領至廣買而易之，計利出入幾二萬，故邇來兵餉稍足。

廣東用廣西之木，廣西用廣東之鹽。廣東民間資廣西之米穀東下，廣西兵餉則借助於廣東。廣東人性巧善工商，故地稱繁麗，廣西坐食而已。

永以西盡於粤江，婦女裙褲咸至膝，膝以下跣而不履，頭笄而耳瑱則全。

廣右山川之奇，以賞鑒家則海上三神山不過，若以堪輿家，則亂山離立，氣脉不結。府江兩岸石阜如槍、如旗、如鼓、如鞍、如兜鍪、如叠甲、如蘭錡，無非兵象，宜猺獞之占居而世爲用兵之地也。江南雖多山，然遇作省會處，咸開大洋，駐立人烟，凝聚氣脉，各有澤藪停蓄諸水，不徑射流。即如川中，山纔離祖，水尚源頭，然猶開成都千里之沃野，水雖無瀦，然全省群流，總歸三峽一綫，故爲西南大省。獨貴州、廣西山，牽群引隊向東而行，並無開洋，亦無閉水，龍行不住，郡邑皆立在山椒水濆，止是南龍過路之場，尚無駐蹕之地，故數千年闇汶。雖與吴、越、閩、廣同時入中國，不能同耀光明也。

廣右石山分氣，地脉疏理，土薄水淺，陽氣盡洩，頃時晴雨叠更，裘扇兩用。兼之嵐烟岫霧，中之者謂之瘴瘧，春有「青草瘴」，夏有「黄梅瘴」，秋有「黄茅瘴」，秋後稍可爾。中之者不宜遽表，宜固元氣，節食寡慾，戒動七情，稍服平胃、正氣二散。俗忌夜食，食必用檳榔消之，忌早起，起即用杯酒實之。孫直指刻嶺南衛生方可覽。

府江兩岸六百里湍流悍激，林木翳暗，猺獞執戈戟竄伏，鈎引商船，劫奪鹽米，甚至殺官傷吏，屢剿不止，只爲深林密箐，彼得伏而下，我不得尋而上也。萬曆戊子，韓少參紹議召商伐去沿江林木，開一官路，令輿馬通行。平樂抵昭潭二百里，昭潭抵蒼梧界三百三十五里，各冲會哨六百四十里。自賀縣抵東安鄉，又抵龐冲共二百三十六里。總之鑿石五千二百五十二丈，爲橋梁四百七十有五，舖亭一百三十有三，渡船十有三，率用戍守士卒，止用庫銀六千兩。松林、鼓鑼二峽尤稱險絶，並力鑿之。自此猺僮種田輸租，不敢出劫舟船，晝夜通行，可謂耀闇汶於光明者矣。

廣右一路可通貴州，一路通雲南，一路通交趾。其通貴州者，乃由田州横山驛八十里至客庄驛，平。五十里歸洛驛，平。一百二十里往泗城州虗驛，有小嶺。一百二十里路城驛，有嶺。一百二十里安隆長官司，崎嶇。四十里打饒寨，可行。六十里北樓村，五十里過横水江至板柏村，俱崎嶇。七十里板屯土驛，路窄草木密。六十里洞洒村，有石。二十里安籠所，崎嶇。六十里魯溝，可行。至貴州。孫直指欲通此，使有事之日不單靠貴竹一路，甚善。第貴竹大路乃當兵威大創之後，其西八站又奢香自開。今太平無事時忽有此舉，土官疑其改土爲流，陽順而陰撓之，故終無成。且安隆三日路，亦自崎嶇不可開也。

桂林石細潤，玲瓏奇巧，雖雕績不如，勝於太湖數倍。一種名靈芝盆，觚岸如荷翻狀，其洿隙成九曲之池，大小隨趣，以置浄室前，種小花樹其上，養金魚數十頭，亦奇賞也。

桂林無地非山，無山而不雁蕩；無山非石，無石而不太湖；無處非水，無水而不嚴陵、武夷。百里之内，獨堯山積土成阜，故名天子田；獨七星山一片平蕪，故名省春岩。平樂以上，兩岸咸石壁林立，則溪中皆沙灘無石，舟堪夜發。平樂以下，兩岸土山迤行，則江中皆石磯岩笋，動輒壞舟。李序齋聞余言笑曰：「尚欠二句。」余曰：「何也？」李曰：「無縣非人，無人而不猺僮；無人無婦，無婦而不蓬跣。」衆乃大噱。

靖江府御門而見藩臬，坐受一拜，以次而起，雖禄千石，爵視郡王，其尊貴乃在諸親藩之上。宗室二千人，歲食藩司禄米五萬兩，故藩貯不足供，而靖宗亦多不能自存者。

廣右異於中州，而柳、慶、思三府又獨異。蓋通省如桂、平、梧、潯、南寧等處，皆民夷雜居，如錯棋然。民村則民居民種，獞村則獞居獞耕，州邑鄉村所治猶半民也。右江三府則純乎夷，僅城市所居者民耳。環城以外悉皆傜獞所居，皆依山傍谷，山衝有田可種處則田之，坦途大陸縱沃，咸荒棄而不顧。然獞人雖以征撫附籍，而不能自至官，輸粮則寄託於在邑之民。獞借民爲業主，民借獞爲佃丁，若中州詭寄者然，每年止收其租以代輸之官，以半餘入於己。故民無一畝自耕之田，皆獞種也。民既不敢居獞之村，則自不敢耕獞之田，即或一二貴富豪右有買獞田者，止買其券而令入租耳，亦不知其田在何處也。想其初改土爲流之時，止造一城，插數漢民於夷中則已。是民如客户，夷如土著，田非不經丈量，亦皆以空牒塞責，故幅幀雖廣，而徵輸寡逋負多。

懷遠、荔波二縣皆土夷，縣官不入境，止僦居於鄰縣，每年入催錢粮一次而已。然復懷遠易，荔波難。荔波無一民，皆六種夷雜居，自思恩縣西去，陸行數百里，深則重溝，高則危嶺，夜則露宿，晝無炊烟，人多畏而不敢入。懷遠舊縣去融縣止百里，新縣雖深入二百里，乃有民三村，且縣前大榕江上通楚靖，下達柳、象，舟行又便，而懷、治二堡，哨兵二百，領以千户，緩急可恃，故比荔波易。余業已擇於榕縣水口立懷遠城，將江中所過板税之，歲得百金，可備公費，委之懷遠尉鄭良愨，行之有緒矣，而轉滇中，故未竟事而行，後聞龔憲副一清終其事。

傜獞之俗，祖宗有仇，子孫至九世猶興殺伐，但以强弱爲起滅，謂之「打冤」。欲怒甲而不正害甲也，乃移禍於乙，而令乙來害甲，謂之「著事」。白晝掠人於道，執而囚之，必索重賂而贖乃歸，謂之「墮禁」。兩村相殺，命斃不償，斃者以頭計，每頭賠百兩或幾十兩，以積數之多寡爲貴，實無兩也，而以件代之，如豕一爲一兩，而一雞一布亦爲一兩也。撫安獞老爲其和畢，則截刀爲誓，始不報冤，謂之「賠頭」。諺云：「傜殺傜不動朝，獞殺獞不告狀。」

語云，十年不剿則民無地，二十年不剿則地無民。又云征蠻法，全剿不如殲魁，明捕不如暗執。土官干戈無日不尋，然止自相屠戮，渠各自有巢穴在，不敢出向中州，可以無慮。惟有傜獞爲梗，然亦禽獸，無雄舉遠志，不過劫掠牲畜而已。自韓襄毅之征藤峽，王文成之設九司，嗣後大舉雖無，小醜間作。至世廟末，劫藩司，殺黎大參極矣，遂乃征古田、征府江、征懷、征八寨，召商伐木，江河道路始通。前者各傜獞往來江邊，鈎船截路，殺人越貨，即郵筒，非集兵不行，惟古田一舉，大快積憤，蓋諸傜據險，初不虞官兵之遂入也。

傜獞之性，幸其好戀險阻，傍山而居，倚冲而種，長江大路，棄而與人，故民夷得分土而居，若其稍樂平曠，則廣右無民久矣。

蠱毒。廣右草有斷腸，物有蛇、蜘蛛、蜥蜴、蜣蜋，食而中之，絞痛吐逆，面目青黄，十指俱黑。又有挑生蠱，食魚則腹生活魚，食雞則腹生活雞。驗蠱法，吐於水沉不浮，與嚼豆不腥，含礬不苦，皆是。治蠱：飲白牛水血立效。王氏博濟方「歸魂散」、必用方「雄珠丸」皆可。以上廣西。

余善水刻漏，李月山謂滇中夏日不甚長，〔九〕余以漏準之，果短二刻。今以月食驗之，良然。萬曆二十年五月十六望，月食，據欽天監，行在乙亥夜，月食八分一十九杪，月未入見食七分一十七杪，月已入不見食一分二杪。初虧在寅一刻五更三點，正東。食甚在卯初刻，在晝，復圓卯正三刻，正西。食甚，月離黄道箕宿七度八十八分二十七杪。據此，稱月食不見一分乃卯初，余在雲南救護月生光一半以上，不及三分尚見。豈地高耶？抑算者入晝總以不見稱耶？又已食八分，天止將明，未及晝也。則信似日稍短耳。

兩山夾丘壠行，俗謂之川。滇中長川有至百十餘里者，純是行龍，不甚盤結。過平夷以西，天地開朗，不行暗黮中，至漾濞以西，又覺險峻崚嶒，然雖險，猶不闇也。行東西大路上，不熱不寒，四時有花，俱是春秋景象。及岐路走南北土府州縣，風光日色寒熱又與内地差殊。土官多瘴。余入景東，過一地長五里，他草不生，遍地皆斷腸草，輿人馳過如飛。似此之地，安得不成瘴也？斷腸草之葉爲火把花，榦爲酒吊藤，根名斷腸草。滇人無大小，裙袖中咸齎些須，以備不測之用，其俗之輕生如此。

採礦事惟滇爲善。滇中礦硐，自國初開採至今，以代賦税之缺，未嘗輟也。滇中凡土皆生礦苗。其未成硐者，細民自挖掘之，一日僅足衣食一日之用，於法無禁。其成硐者，某處出礦苗，其硐頭領之，陳之官而准焉，則視硐大小，召義夫若干人。義夫者，即採礦之人，惟硐頭約束者也。擇某日入採，其先未成硐，則一切工作公私用度之費，皆硐頭任之，硐大或用至千百金者。及硐已成，礦可煎驗矣，有司驗之。每日義夫若干人入硐，至暮盡出硐中礦爲堆，畫其中爲四聚瓜分之：一聚爲官課，則監官領煎之以解藩司者也；一聚爲公費，則一切公私經費，硐頭領之以入簿支銷者也；一聚爲硐頭自得之；一聚爲義夫平分之。其煎也，皆任其積聚而自爲焉。硐口列爐若干具，爐戶則每爐輸五六金於官，以給劄而領煅之。商賈則酤者、屠者、漁者、採者〔一〇〕任其環居於礦外，〔一一〕不知礦之可盜，不知硐之當防，亦不知何者名爲礦徒。是他省之礦，所謂「走兔在野，人競逐之」；滇中之礦，所謂「積兔在市，過者不顧」也。採礦若此，以補民間無名之需，荒政之備，未嘗不善。

金沙江源吐蕃，過麗江、北勝、武定、烏撒、東川入馬湖江，〔一二〕出三峽。滇池水過安寧入武定合之。雲南舊有議開此江以通舟楫，使滇貨出川以下楚、吳者。余初喜聞其議，會黃直指復齋銳意開之，已遣人入閩取舟工柁師而黃卒。余同年郭少參朝石欲必終其事。余多方偵之，繪爲圖，乃知此江下武定境皆巨石塞江，奔流飛駛，石大者縱橫數丈，小者丈餘，間有平流可施舟楫處，僅一二里絕流橫渡者也。若順流而下，兩岸皆削壁，水若懸注，巨礁巉岩承其下，自非六丁神將安能鑿此？過萬人嵌，深潭百丈，杉板所陷，舟無不碎溺者。又皆夷人所居，旁無村落，即使江可開，舟亦難泊，適爲夷人劫盜之資也。天下有譚之若美而實不然者，類如此。滇有兩金沙江，東江出東海，即此；西江下緬甸，過八百媳婦入南海。東江狹而險，西江平而闊，隔岸視牛馬如羊，然皆源自吐蕃，中隔瀾滄與怒江二江，地尚千里，而當時條陳開江有作一江論者，謂恐通緬人。最可笑。

滇雲地曠人稀，非江右商賈僑居之，則不成其地，然爲土人之累亦非鮮也。余讞囚閱一牘，甲老而流落，乙同鄉壯年，憐而收之，與同行貨，〔一三〕甲喜得所。一日乙偵士人丙富，欲賺之，與甲以雜貨入其家，婦女爭售之，乙故爭端，與丙競相推毆，歸則致甲死而送其家，嚇以二百金則焚之以滅跡，不則訟之官。士僰人性畏官，傾家得百五十金遺之，是夜報將焚矣，一親知稍慧，爲擊鼓而訟之，得大辟，視其籍，撫人也。及偵之，其事同，其騙同，其籍貫同，但發與未發，結與未結，或無幸而死，或幸而脱，亡慮數十家。蓋客人訟士人如百足蟲，不勝不休。故借貸求息者，常子大於母，不則亦本息等，無錙銖敢逋也。獨余官瀾滄兩年，稔知其弊，於撫州客狀，一詞不理。

省會吉壤莫過於五雲山下。當黔國封賞時，聖祖命以自擇城中善地造府第，畫圖進呈。黔國乃擇此地，拓架大厦數層，比進呈，聖祖覽圖，以朱筆横作一畫於某層院中，云前而作雲南布政司。以故黔國宅至今無大門，惟作曲街，開東向出，其圖至今藏於沐氏。

樂土以居，佳山川以遊，二者嘗不能兼，惟大理得之。大理點蒼山西峙，高千丈，抱百二十里如弛弓，危岫入雲，段氏表以爲中岳。山有一十九峰，峰峰積雪，至五月不消，而山麓茶花與桃李爛熳而開。東滙洱河於山下，亦名葉榆，絶流十里，〔一四〕沿山麓而長，中有三島、四洲、九曲之勝。春風掛帆，西視點蒼如蓬萊、閬苑，雪與花爭妍，山與水競奇，天下山川之佳莫逾是者。且點蒼十九峰中，一峰一溪飛流下洱河。而河崖之上，山麓之下，一郡居民咸聚焉。四水入城中，十五水流村落，大理民無一壠半畝無過水者，古未荒旱，人不識桔槔。又四五月間，一畝之隔，即倏雨倏晴，雨以插禾，晴以刈麥，名「甸溪晴雨」。其入城者，人家門扃院落捍之即爲塘，甃之即爲井。謂之樂土，誰曰不然？余遊行海内遍矣，惟醉心於是，欲作菟裘，棄人間而居之，乃世網所攖，思之令人氣塞。

迤西土官惟麗江最黠，其地山川險阻，五穀不産，惟産金銀。其金生於土，每雨過則令所在犁之，輸之官，天然成粒，民間匿銖兩者死，然千金之家亦有餓死者。郡在玉龍山下，去鶴慶止五十里而遥，然其通中國只一路，彼夷人自任往來，華人則叩關而不許入，一人入，即有一關吏隨之，隨則必拉以見其守，見則生死所不可知矣，故中國無人敢入者。且均一郡守職也，而永寧、蒙化等守咸君事之，元旦生辰，即地隔流府者不敢不走謁。其謁也，抹額叩頭，爲其扶輿而入，命之冠帶則冠帶而拜跪，命之歸則辭，不命咸不敢自言。其自尊不啻皇家，坐堂則樂作，而樂人與伺班官吏隸卒咸跪而執役，不命之起則終日不起，以爲常。其父子不相見，見則茶酒咸先嘗之，祖父以來，皆十年以外則相弑。而其毒藥又甚惡，勘其事者，如大理、鶴慶二太守，咸毒殺之，鶴慶縉紳亦往往中其毒。〔一五〕鶴慶人亡論貴賤大小，咸麗江腹心，金多故也。余備兵瀾滄，正渠助千金餉於朝廷，欲請敕加大參銜，奏下部行，院道相視莫敢發，余乃奮筆駁罷之，遂毁敕書樓。〔一六〕後陪巡鶴慶，最爲戒心，乃得生還，倖也。他如沅江、廣南亦不逞，然無甚於麗江者。

丁苴、白改盗山箐在臨安、南安、新化之間，乃百年逋下寇，辛卯夏因緬報調兵。後緬退而兵無所用，吴中丞遂檄鄧參戎子龍移師襲之。夷盗止長於弓弩，不知火器，鄧擊以大砲，聲震山谷，盗駭謂後山崩，巢穴當毁，乃四散走，遂悉蕩平之。人謂吴好用兵邀功，然此舉良爲得策。

永昌即金齒衛。金齒者，土夷漆其齒也。諸葛孔明征孟獲，破藤甲軍，今其夷人漆藤纏身，尚有藤甲之遺。余聞之同年保山令楊君文舉也。其初只南征十軍處於此地，謂之諸葛遺民，今則生齒極繁。然其地乃天地窮盡處，而其人反紅顔白晳，得山川清麗之氣，而言語服食悉與陪京同。其匠作工巧，中土所無有，良樂土也。〔一七〕自有緬莽之亂，調兵轉餉，閭閻始憊。

琥珀、寶石舊出猛廣井中，今寶井爲緬所得，滇人採取爲難，而入滇者必欲得之，大爲永昌之累。余在滇中，聞其前兩直指皆取琥珀爲茶盞，動輒數十，永民疲於應命，可恨也。

各鹽井惟五井多盜。其盜最黠而横，其穴前臨井，後倚深林大箐，巨坂遥岑，過此則爲吐蕃之地，故緩之則劫人，急之則走番，追兵見箐不敢深入，最爲害也。路内即箐賊，嘗坐箐中射過客而顛越其貨，又其射皆毒弩，技最精。夷賊習射者，於黑夜每三十步插香一枝，九十步插三香，黑地指火影射之，一矢而三香俱倒方爲上技。余已約鄧參戎子龍，欲從永昌小捷徑抄番人後襲之，〔一八〕以瀕行，〔一九〕不果。

莽酋王南海，去永昌尚萬里，行閲兩月，與東北走京師同。但半月而至金沙江，則緬與中國之界也。其初莽端體者，〔二〇〕亦緬甸六宣慰之一，世宗朝爲猛廣所殺戮，隻騎不留，乃求救於中朝，廷議不之許，其人遂發憤，孤身走洞吴，起兵不數年，遂盡有南海之地，掃平諸夷，復仇猛廣，固亦蠻貊一英雄也。今莽應龍即其子爾。諸葛孔明南征至江頭城，與今莽都海岸僅隔十日之程，若王靖遠所到則與此尚遠。爲其地遠，莽人亦不能深入，惟是岳鳳勾之，曾一至姚關，餘則皆莽酋分佈之部曲。近金沙江者，過江盜殺諸土寨而劫掠之耳，勢不得不出兵應之。而滇中兵每出則於蠻哈，其地在蠻哈山下，江之北岸，最毒熱多蠅，人右手以匕食，則左手亂揮蠅，稍緩則隨飯入喉中。即土人遇熱甚，亦剪髮藏入水避之。而緬之犯又每於夏熱之時，內地兵一萬至其地者，嘗熱死其半。故調一兵，得調者先與七八金安其家，謂之「買命錢」，〔二一〕盤費、芻菽不與焉。故調兵一千，其邑費銀一萬，而此土兵不甚諳於戰陣，不調則流兵少，不足以當，數年間內地民緣此以糜爛窮極，是調兵之難，一難也；永昌至蠻哈半月，省城左右至永昌又半月，山坂險峻，運米一石費脚價八金，僅一兵三月粮耳，滇兵之調，每以數萬計，是轉餉之難，二難也。坐是，藩臬以至士民無不畏用兵，而大中丞與永兵備則云：「今日失一寨，十年後亦追謂某撫某道手失也，而兵不得不用，彼無職掌者可高議不用兵也。」如是，則亦不得而盡非之，〔二二〕但須以不用之心行不得已之事，蓋永以外將帥偏裨無不樂用兵以漁獵其間者，故緬至，每每作虛報。如辛卯夏，余聞緬二千人渡江，而參戎報二十萬也。永以內總戎大將又喜，一出兵則渠隨路浚削人以張皇其事。是在大中丞主持之，弗爲虛報所惑而遽調兵，以鎮定行之，則內地之福也。即今屯田三宣，餉得策矣，而兵之調，歲歲騷動，終非久長之畫。以余之意，必起自金沙江，將三宣夷寨盡遷內地，四方空千里不留一人，則彼既不得因粮於敵，若轉餉而至，其受累與我同，緬夷盜劫之輩庶其阻江而止乎？大寧神京擁護，哈密屢世屬夷，本朝業已棄之，無非權其利害之重輕，於雲南萬里外千里荒服之地何有，不然，滇人終無息肩之期矣。

緬人於壬辰歲以貢物入，余時在瀾滄，犒之牙象一，母象一。番布古喇錦、金段諸布帛皆與中國異，一金甌嵌碎寶極工。蓋先是張憲使文耀遣黎邦柱入緬探事，黎説之而來。據邦柱對余云：「莽酋應龍在五層高樓上，柱皆金髹，呼邦柱與席地坐，謂渠未嘗侵中國，乃其部下爲盜也。渠亦是漢地，乃諸葛孔明所到，有碑立江頭城。一金塔高數十丈，照耀天日，衆酋所依歸。其人只片布裹身，無上衣下裳。酋持齋念佛，不用兵，用時，例以大緬莽一擊，聲聞數十里，如中國之烽燧者，則千里外夷兵皆自裹粮而來，不若中國轉餉之難也。緬莽者，即以爲大銅鼓之號。」邦柱之言雖真僞不可知，然其物已千金之外，非虚也。當事者必駁之，謂邦柱私物，誤矣。如此等事，使爲之處置得宜，令其鈐束部曲，受其封貢，西南可以遺數歲之安。既不能以大膽肩之，畢竟此物亦爲之含糊泯滅，夷酋安得不忿然以逞，及其羽書一至，然後周章兵餉，徒疲内地之民，是當事者之謀國不良而自取破敗也。

廣南守爲儂智高之後，其地多毒善瘴，流官不敢入，亦不得入。其部下士民有幻術，能變貓犬毒騙人，〔一三〕往往爰書中見之，然止以小事惑人，若用之大敵偷營劫寨，未能也。有自變，亦有能變他人者。此幻術迤西夷方最多，李月山備兵於滇，親見之，載在叢談及某蓬窗日録最長，蕞附於左。

雲南十四府、八軍民府、五州，惟雲南、臨安、大理、鶴慶、楚雄五府嵌居中腹地，頗饒沃，餘俱瘠壤警區。大抵雲南一省，夷居十之六七，百蠻雜處，土酋割據，但黔寧遺法、沐氏世守，比廣西、貴州土官不同，差有定志。而西有瀾滄衛，聯屬永寧、麗江以控土蕃，南有金齒、騰衝以持諸甸，東有元江、〔一四〕臨安以扼交趾，北有曲靖以臨烏蠻，各先得其所處。惟尋甸、武定防戍稍疏，木邦、孟密性習叵測，元江、景東土酋稱桀，老撾、車里姻好，安南、阿迷、羅台瘴癘微梗，廣南富州界臨右江，所當加意。

元江、〔二五〕麗江、蒙化、景東等府，師宗、彌勒、新化、寶山、巨津、和曲、禄勸、蘭順等州，元謀等縣，役無定紀，故科無定數。惟大理大和十年一役，鄧川、賓川、〔二六〕騰越、北勝、趙姚、〔二七〕浪穹、永平五年一役，雲南縣三年一役，餘州縣一年一役。

貿易用貝，俗謂貝以一爲庄，四庄爲手，四手爲苗，五苗爲索，蓋八十貝也。

全省四路：一自貴州烏撒衛入曲靖霑益州爲通衢，烏撒衛實居四川烏撒府之地；又一自貴州、普安入曲靖；又一自廣南府，路出廣西安隆、上林、泗城，今黔國禁不由；又一自武定路，從金沙江出四川建昌衛，今亦莽塞。

六詔乃西南夷雲南全省之地。夷語謂王爲詔，其都在大理、麗江、蒙化三府及四川行都司建昌等衛，而居大理尤久。六詔俱姓蒙氏，凡名，嗣代各頂父名下一字。蒙舍詔在蒙化府，浪穹詔在浪穹縣，鄧賧詔在鄧川州，施浪詔在浪渠縣，麼些詔在麗江府，蒙巂詔在建昌衛。六詔惟蒙舍居南，蒙舍至皮羅閣始强盛，滅五詔盡有其地，遂總名南詔，遷居太和城。子閣羅鳳用段儉魏爲相，獲唐西瀘令鄭回而尊之。至其孫異牟尋創立法制，修議禮樂，設三公、九爽、三託諸府之官，以分其任，回復勸尋歸唐，是開南詔聲名文物者，段、鄭之力居多。蒙氏歷年二百五十，而鄭氏、趙氏、楊氏迭興，皆不久，至石晉天福間，段氏始立。元世祖得南詔降，段爲總管，迄我朝尚爲鎮撫不絕。

諸省惟雲南諸夷雜處之地，布列各府，其爲中華人惟各衛所戍夫耳。百夷種曰僰人、爨人，各有二種，即黑羅羅、白羅羅、麽些、禿老、歩門、蒲人、和泥蠻、土獠、羅武、羅落、撒摩、都摩察、儂人、沙人、山後人、哀牢人、哦昌蠻、懈蠻、魁羅蠻、傅尋蠻、色目、彌河、〔二八〕尋丁蠻、栗歩，大率所轄惟僰、羅二種爲多。僰人與漢人雜居，充役公府。羅羅性疑，深居山寨，人得給而害之。廣南、順寧諸府俗好食蟲，諸處好食土蜂。南徼緬甸、木邦、老撾、車里、八百、千崖、隴川、孟良、孟定，俱女服外事。

雲南風氣與中國異，至其地者乃知其然。夏不甚暑，冬不甚寒；夏日不甚長，冬日不甚短；夜亦如之。此理殆不可曉。竊意其地去崑崙伊邇，地勢極高，高則寒，以近南故寒燠半之，以極高故日出日没常受光先，而入夜遲也。鎮日皆西南風，由昆明至永昌地漸高，由通海至臨安地漸下，由臨安至五邦、寧遠地益下，下故熱。五邦以南，民咸剪髮以避暑瘴。寧遠舊屬臨安府，黎利叛，陷入安南，分爲七州。林次崖謂欽州四洞原内屬，不知寧遠大於四洞多矣。地多海子，蓋天造地設，以潤極高之地。亘古不淤不堙，猶人之首上脉絡也。水多伏流，或落坎，輒數十百丈，飛瀑流沫數十里。月山。

雲南一省以六月二十四日爲正火把節，云是日南詔誘殺五詔於松明樓，故以是日爲節。或云孟獲爲武侯擒縱而歸，是日至滇，因舉火祓除。或又云是梁王擒殺段功之日，命其屬舉火以禳之也。二十後各家俱燃巨燎於庭，人持一小炬，老幼皆然，互相焚燎爲戲，燼鬚髮不顧。貧富咸群飲於市，舉火相撲達旦，遇水則持火躍之。黑鹽井則合各村分爲二隊，火下鬭武，多所殺傷。自普安以達於雲南，一境皆然，至二十五乃止。月山。

麓川俗，其下稱宣慰曰昭，其官屬則有昭孟、昭録、昭綱之類，乘則以象。雖貴爲昭孟，領十餘萬人，賞罰任意，見宣慰莫敢仰視，問答則膝行，三步一拜，退亦如之。賤事貴，少事長皆然。小事則刻木爲契，大事則書緬字爲檄，無文案。男貴女賤，雖小民視其妻如奴僕，耕織、貿易、差徭之類皆係之，雖老非疾病不得少息。生子三日後，以子授其夫，耕織自若。男子皆髡首黥足。人死則飲酒作樂，歌舞達旦，謂之「娛死」。其小百夷阿昌、蒲、縹、哈喇諸風俗與百夷大同小異。月山。

南甸宣撫司有婦人能化爲異物，富室婦人則化牛馬，貧者則化猫狗。至夜，伺夫熟睡，則以一短木置夫懷中，夫即覺仍與同寢，不覺則婦隨化去，攝人魂魄至死，食其屍肉。人死則群聚守之，至葬乃已，不爾，則爲所食。鄰郡民有經商或公事過其境者，晚不敢睡，群相警戒，或覺物至則群逐之，若得之，其夫家亟以金往贖，若登時殺死，則不能化其本形。孟密所屬有地羊，當官道往來之地，其人黄睛黧面，狀類鬼，剪舊銅器聯絡之，自膝纏至足面以爲飾。有妖術，能易人心肝腎腸及手足而人不知，於牛馬亦然。過者曲意接之，賞以針綫果食之類，不則離寨而死，剖腹皆木石。車里、老撾風俗大抵相同。過景東界度險數日皆平地，貴賤皆樓居，其下則六畜。俗多婦人，下户三四妻不妬忌，頭目而上或百十人供作，夫死則謂之「鬼妻」，皆棄不娶。省城有至其地經商者贅之，謂之「上樓」，上樓則剪髪不得歸矣，其家亦痛哭爲死别也。凡食牲，不殺，咒而死，然後烹。楚雄迤南夷名真羅武，人死則裹以麞、鹿、犀、兕、虎、豹之皮，擡之深山棄之，久之隨所裹之皮化爲其獸而去。又蒲人、縹人、哈剌其色俱正黑如墨，有被殺者，其骨亦黑，蓋烏骨雞類。以上雲南。

貴州古羅施鬼國。自蜀漢夷酋有火濟者，從諸葛武侯征孟獲有功，封羅甸國王，歷唐、宋皆不失爵土，洪武初，元宣慰使靄翠與其同知宋欽歸府，高皇帝仍官之爲貴州宣慰使司，隸四川，其思州宣慰使爲田仁智，思南宣慰使爲田茂安，暨鎮遠等府隸湖廣；普安、鎮寧等州隸雲南。靄翠死，妻奢香代立；宋欽死，妻劉氏代立。劉氏多智術，時馬曄以都督鎮守其地，欲盡滅諸羅酋，代以流官，乃以事裸撻奢香，欲激怒諸羅夷爲兵端，諸夷果怒欲反，劉氏止之，爲走愬京師。上令招奢香至，問曰：「汝誠苦馬都督，我爲汝除之，何以報我？」奢香曰：「世戢羅夷不敢爲亂。」上曰：「此汝常職，何云報也。」奢香曰：「貴州東北有間道可通四川，願刊山通道，給驛使往來。」上許之，謂高后曰：「吾知馬督無他腸，然何惜一人以安一方。」乃召馬斬之，遣奢香歸。諸夷大感，爲除赤水、烏撒道，立龍場九驛達蜀。今安氏即靄翠後。

貴州設山，〔二九〕上中高而外低，如闕索，乃貴鎮山，四水傾流，内無停蓄。北二水一出涪江，一出瀘江；東一水出沅江；南二水一出左江，一出右江。有水源而無水口，故是行龍之地，非結作之場也。

貴州多洞壑，水皆穿山而過，則山之空洞可知。如清平十里雲溪洞，水從平越會百里來，又從地道潛，復流，雲洞盡處，水聲湯湯如溪流，洞右偏，土人又壘石爲堤，引支水出洞南，灌田甚廣。新添母珠洞，發衛六七里，陟降高崖，即見流水入山椒穿洞過，出水處亦一洞，乃名母珠，嘗有樵者至洞中，數石子隨一大石，似子逐母，夜有珠光，故名也。最奇者普安碧雲洞，爲一州之壑，州之水無涓滴不趨洞中者，乃洞底有地道，隔山而出。洞中有「仙人田」，高下可數十畦，石塍迴曲界限，儼如人間，豈神仙所嘗種玉禾者耶？其無水而曠如者，偏橋飛雲洞。由月潭寺左拾級而登，仰視層岩如蜂房燕窠，級窮，上小平臺，石欄圍繞，臺後岩嵌入巉絶，岩上如居人，重檐覆出，而石乳懸竇，怪詭萬狀，洞前立二石，突兀更奇。他如鎮遠凌圓洞、清平天然洞、安莊雙明洞與平壩喜客泉、安莊白水或道左而未過，或輿過之而未窮其勝，不能一一紀之。

出沅州而西，晃州即貴竹地。顧清浪、鎮遠、偏橋諸衛舊轄湖省，故犬牙制之。其地止借一綫之路入滇，兩岸皆苗。晃州至平夷十八站，每站雖云五六十里，實百里而遥。士夫商旅縱有急，止可一日一站，破站則無宿地矣。其站皆以軍夫。辰州以西，轎無大小，官無貴賤，輿者皆以八人，其地步步行山中。又多蛇、霧、雨，十二時天地闇貿，間三五日中一晴霽耳。然方晴倏雨，又不可期，故土人每出必披氊衫，背篛笠，手執竹枝。竹以驅蛇，笠以備雨也。諺云：「天無三日晴，地無三里平。」其開設初只有衛所，後雖漸漸改流，置立郡邑，皆建於衛所之中，衛所爲主，郡邑爲客，縉紳拜表祝聖皆在衛所。衛所治軍，郡邑治民，軍即尺籍來役戍者也。〔三〇〕故衛所所治皆中國人，民即苗也，土無他民，止苗夷，然非一種，亦各異俗，曰宋家、曰蔡家、曰仲家、曰龍家、曰曾行龍家、曰羅羅、曰打牙犵狫、曰紅犵狫、曰花犵狫、曰東苗、曰西苗、曰紫薑苗，總之槃瓠子孫。椎髻短衣，不冠不履，刀耕火種，樵獵爲生，殺鬬業。郡邑中但征賦稅，不訟鬬爭，所治之民即此而已矣。

本朝勾取軍伍，總屬虛文，不問新舊，徒爲民累。惟貴竹衛所之軍與四川、雲南皆役之爲驛站輿夫，粮不虛縻，而歲省驛傳動以萬計，反得其用。

夷人法嚴，遇爲盜者，縛其手足於高梔之上，亂箭射而殺之。夷俗射極巧，未射其心膂不能頃刻死也，夷性不畏亟死，惟畏緩死，故不敢犯盜。貴州南路行，於緑林之輩防禦最難。惟西路行者，奢香八驛，夫馬厨傳皆其自備，巡邏干掫皆其自轄，雖夜行不慮盜也。夷俗固亦有美處。

貴州土産則水銀、辰砂、雄黄。人工所成，則緝皮爲器，飾以丹朱，大者箱櫃，小者筐匣，足令蘇、杭却步。雄黄一顆重十餘兩者，佩之宜男，土官中有爲盤爲屏以鎮宅舍者。砂生有底如白玉臺，名砂床，「箭頭」爲上，「墻壁」次之。雖曰辰砂，實生貴竹。

關索嶺，貴州極高峻之山，上設重關，掛索以引行人，故名關索。俗人訛以爲神名，祀之。旁有查城驛，名頂站，深山邃箐，盜賊之輩實繁有徒，縉紳商賈過者往往於此失事，耑以一衛尉統邏卒護之。

安宣慰，唐時人家。渠謂歷代以來皆止羈縻，即拒命，難以中國臣子叛逆共論，故時作不靖，弗安禮法。其先宣慰不逞，陽明居龍場時向貽書責之。其後安國亨格詔旨，朝廷遣使就訊之，令其囚服對簿，赦弗征，而國亨後亦竟桀驚如故，院司弗能堪。今安疆臣襲，又復悖戾，不遵朝廷三尺，如貴竹長官司改縣已多年，而疆臣猶欲取回爲土司，天下豈有復改流爲上者？故江長信疏欲剿之，未知廷議究竟何似。〔三一〕

養龍坑長官司有坑在兩山之間，停蓄淵深，似有蛟龍在其下。當春時，騰駒遊牝，夷人插柳於坑畔，取牝馬縶之，已而雲霧晦暝，類有物蜒蜿與馬接者，其生必龍駒。

鎮遠，滇貨所出，水陸之會。滇産如銅、錫，斤止值錢三十文，外省乃二三倍其值者。由滇雲至鎮遠共二十餘站，皆肩挑與馬贏之負也。鎮遠則從舟下沅江，其至武陵又二十站。中間沅州以上、辰州以下與陸路相出入。惟自沅至辰，陸止二站，水乃經盈口、竹站、黔陽、洪江、安江、同灣、江口共七站，故士大夫舟行者多自辰溪起。若商賈貨重，又不能捨舟，而溪灘亂石險阻，常畏觸壞。起鎮遠至武陵，下水半月，上水非一月不至。

思、石之間，水則烏江。發源播之南境，下合涪江，陸與水相出入，此川、貴商賈貿易之咽喉也，即古牂牁、夜郎地。思南府西有古牂牁郡城，漢末所築者。古牂牁郡領扶歡、夜郎等縣。或云夜郎在珍州，珍屬播與今思南接界。〔三二〕

播州東通思南，西接瀘，北走綦江，南距貴竹。萬山一水，抱繞縈迴，天生巢穴，七日而達内地。然其地坐貴竹而官繫川中，故楊酋應龍伺川中上司則恭，見貴竹則倨。川議賞，貴議剿，非一日矣。及王中丞繼光倉卒舉事，挫辱官兵，於是天討難留，而又加以七姓五司素被傷殘，赴闕請剿，然彼酋畏懼天兵之至，〔三三〕情願囚首抹腰聽勘處分。

蓋彼酋因子死巴獄，而又防七姓之侵陵，故死不敢入重慶，而不憚囚服了事者，其情也，何敢輒萌他變，而此中以曾拒王師，故心疑之而不敢前。余弟圭叔守重慶，覘知顛末，單車入往諭之，彼遂出松坎來迎。松坎者，此入三日而彼出五日程也。其後，乃於安穩搭蓋衙門，聽司道贊畫，入勘贖鍰而罷。是行也，實賢於數萬師矣。以上貴州。〔三四〕

## 校勘記

〔一〕赤城王太初先生著……北平楊體元香山較　台州本作「臨海王士性恒叔著」。

〔二〕馬湖江出雲南自西南入　「湖」原作「瑚」，據明史地理志改。

〔三〕不輕又難於旋轉　台州本「於」作「爲」。

〔四〕云禹靈已祐之　台州本「祐」作「宥」。

〔五〕復引一索　台州本「引」作「度」。

〔六〕麗江出交趾廣源州　台州本「州」作「川」。

〔七〕但如意而行　台州本「如」作「隨」。

〔八〕蛇對而不知也　台州本「而」前有「面」字。

〔九〕李日山謂滇中夏日不甚長　台州本「李日山」作「李月山」。

〔一〇〕採者　「採」肇域志作「萊」。

〔一一〕任其環居於礦外　「礦」肇域志作「硐」。

〔一二〕入馬湖江　「湖」原作「瑚」，據明史地理志改。

〔一三〕與同行貨　台州本「貨」作「賈」。

〔一四〕絶流十里　台州本「十」作「千」。

〔一五〕鶴慶縉紳亦往往中其毒　此句下肇域志有「一侍御則毒而死，一中丞爲令時毒而幸不死」。

〔一六〕遂毁敕書樓　「樓」字不解，宋世犖以爲當作「余」字。

〔一七〕良樂土也　台州本「良」作「皆」。

〔一八〕欲從永昌小捷徑抄番人後襲之　台州本無「小」字。

〔一九〕以瀨行　「行」肇域志作「江」。

〔二〇〕其初莽端體者　台州本「端」作「瑞」。

〔二一〕買命錢　台州本「命」作「金」。

〔二二〕則亦不得而盡非之　「非」原作「外」，據肇域志改。

〔二三〕能變貓犬毒騙人　台州本「犬」作「狗」。

〔二四〕元江　「元」原作「沅」，據肇域志及明史地理志改。

〔二五〕同〔二四〕。

〔二六〕賓川　「川」原作「州」，據明史地理志改。

〔二七〕趙姚　雲南縣以上地名無稱作「趙姚」的，此地名當爲筆誤。或應作「姚安」？

〔二八〕瀰河　肇域志「河」作「沙」。

〔二九〕貴州設山　「設」疑爲「諸」之訛，否則此句難於索解。

〔三〇〕軍即尺籍來役戍者也　「尺」肇域志作「民」。

〔三一〕未知廷議究竟何似　「似」肇域志作「如」。

〔三二〕珍屬播與今思南接界　「南」原作「明」，學海類編黔志同，肇域志作「州」，皆誤。據明史地理志改。

〔三三〕然彼酋畏懼天兵之至　台州本「彼」作「後」。

〔三四〕以上貴州　此四字原無，據台州本補。

廣志繹

# 王太初先生雜志

赤城　王太初先生著
秀州　曹秋岳先生定

北平　林百朋象鼎
　　　楊體元香山　較

## 地脉

自昔以雍、冀、河、洛爲中國，楚、吴、越爲夷，今聲名文物，反以東南爲盛，大河南北不無少讓何？客曰：〔一〕此天運循環，地脉移動，彼此乘除之理。余謂是則然矣。要知天地之所以乘除何以故？自昔堪輿家皆云，天下山川起崑崙，分三龍入中國。然不言三龍盛衰之故。蓋龍神之行，以水爲斷。然深山大谷，〔二〕豈足能遍？〔三〕惟問水則知山。崑崙據地之中，四傍山麓，各入大荒外。入中國者，一東南支也。其支又於塞外分三支：左支環虜庭陰山、賀蘭，入山西，起太行數千里，出爲醫巫閭，度遼海而止，爲北龍。中支循西番，〔四〕入趨岷山，沿岷左右。〔五〕出江右者，包叙州而止；江左者，北去趨關中，脉系大散關，左渭右漢。中出爲終南、太華，下秦山起嵩高，右轉荆山抱淮水，左落平原千里，起泰山入海，爲中龍。右支出吐蕃之西，下麗江，趨雲南，繞霑益、貴竹關嶺，〔六〕而東去沅陵。分其一，由武岡出湘江西至武陵止；又分其一，由桂林海陽山過九嶷、衡山，出湘江，東趨匡廬止；又分其一，過庾嶺，度草坪去黄山、天目、三吴止；過庾嶺者，又分仙霞關，至閩止。分衢爲大盤山，右下括蒼，左去爲天台、四明度海止。總爲南龍。宋儒乃謂南龍與中龍同出岷山，沿江而分。蓋宋畫大渡河爲守，而棄滇雲，當時士夫遊輶未至，故不知而臆度之也。今金沙江源出吐蕃犁牛河，入滇下川江，則已先於塞外隔斷岷山矣。故南龍不起岷山也。古今王氣，中龍最先發，最盛而長，北龍次之，南龍向未發，自宋南渡始發，而久者宜其少間歇。其新發者，其當坌涌何疑。何以見其然也？洪荒方闢，伏羲都陳，少昊都曲阜，顓頊都牧野，周自后稷以來，起岐山豐、鎬，生周公、孔子，秦又都關中，漢又都之，唐又都之，宋又都汴，故曰中龍先而久。黄帝始起涿鹿，堯都平陽，舜都蒲坂，禹都安邑，其後盡發於塞外，玁狁、冒頓、突厥夷狄之王，〔七〕最後遼、金至元而亦入主中國，故曰北龍次之。吴、越當太伯時，猶然披髮文身，楚入春秋，尚爲夷服，孫吴、司馬晉、六朝稍稍王建康，僅偏安一隅，亦無百年之主。至宋高南渡，立國百餘年，我明太祖方纔混一，〔八〕故曰南龍王方始也。或謂雲、貴、東西廣皆南龍，而獨盛於東南何？曰：雲、貴、兩廣皆行龍之地。前不云乎，南龍五支：一止於武陵、荆南，一止於匡廬，一止於天目、三吴，一止於越，一止於閩，咸遇江河湖海而止不前，則必於其處涌躍潰出，而不肯遽收，宜今日東南之獨盛也。然東南他日盛而久，其勢未有不轉而雲、貴、百粤。如樹花先開，必於木末，其體盛而花不盡者，又轉而老幹内，時溢而成萼，薇、桂等花皆然。山川氣寧與花木異？故中龍先陳、先曲阜，其後轉而關中；北龍先涿鹿、先晉陽，後亦轉而塞外。今南龍先吴、楚、閩、越，安得他日不轉而百粤、鬼方也？或謂齊、魯亦中龍之委也，乃周、孔而後，聖人王者不生，意先輩秀穎所鍾多矣？〔九〕曰：固然，亦黄河流斷其地脉故也。河行周、秦、漢時，俱河間入海。河間者，禹九河之間也，故齊、魯爲中龍。自隋煬帝幸江都，引河入汴，河徑委淮，將齊、魯地脉流隔，尚得泰山塞護海東，王氣不絶，故列侯將相，英賢不乏，而聖王不興，意以是乎。然則我朝王氣何如？〔一〇〕曰：俱非前代之比。前代龍氣王一支，惟我朝鳳、泗祖陵，〔一一〕既鍾靈於中龍之滙，留都王業，又一統於南龍之委，今長安宫闕陵寢，〔一二〕又孕育於北龍之蹕，兼三大龍而有之，安得不萬斯年也。此余於送徐山人序中已及之，而未詳其説。〔一三〕

## 形勝

自古郡國分治割裂，茫乎無據，惟我朝兩都各省會，〔一四〕天造地設，險要不易。兩都乃二祖創建，〔一五〕神謨廟畫，制盡善弗論。如出都門以西則晉中太行，數千里亘其東，洪河抱其西，沙漠限其北，自然一省會也。又西則關中，河流與潼關界其東，劍閣、梁山阻其南，番虜臂其西北，左渭右漢，終南爲宗，亦自然一省會也。轉而南則蜀中，層巒叠嶂，環以四周，沃野千里，蹲其中服，岷江爲經，衆水緯之，或從三峽一綫而出，〔一六〕亦自然一省會也。出峽而東則入楚，長江横絡，江南九水滙於洞庭，江北諸流導於漢水，然後入江，沅、桂、永、吉、袁、寧諸山包其前，荆山裹其北，亦自然一省會也。又東則江右，左黄山，右匡廬，二龍咸自南來，迤逶東西南三面環之，衆水皆出於本省，浸於彭蠡，一道以入於江，去水來山，長江負其後，亦自然一省會也。五嶺以外爲兩廣，廣右又自爲一局，三江咸交於蒼梧以東，又分梅嶺以東自爲一支，以包乎北，盡東海爲閩，皆大海前繞之，亦皆自然一省會也。西南萬里滇中，滇自爲一國，貴竹綫路，初本爲滇之門户，後乃開設爲省者，非得已也。牂牁、烏、柳諸水，散流湖北、川東，轄制非一，蓋有由矣。獨中原片土，莽蕩數千里無山，不得不强畫野以經界之，故睢、陳以東，鳳、泗而北，兖、濟以南，人情土俗不甚差殊。然兩河河流中貫，淮、衛爲輔，太行在後，荆山在前，秦山西峙，崧高中起，亦自然一省會也。山東以泰岱爲宗，其於各省，雖無高山大川之界，然合齊、魯爲一，原自周公、太公之舊疆也，不入他郡邑矣。惟兩浙兼吴、越之分土，山川風物，迥乎不侔。浙西澤國無山，俗靡而巧，近蘇、常，以地原自吴也；浙東負山枕海，〔一七〕其俗樸，自甌爲一區矣。〔一八〕兩都一統之業，自本朝始。〔一九〕南都轉漕爲易，文物爲華，車書所同，似乎宗周；北都太行天塹，大海朝宗，扼夷虜之吭，據戎馬之地，似乎成周。

### 附龍江客問一

昔在龍城，客有問余黔中、百粵風氣久不開者。余曰：江南諸省會，雖咸多山，然遇作省會處，咸開大洋，駐立人烟，凝聚氣脉，各有澤藪停蓄諸水，不徑射流。即如川中，山纔離祖，水尚源頭，然猶開成都千里之沃野，水雖無瀦，然全省群流，總歸三峽一綫，故爲西大省。獨貴竹、百粵山，牽群列隊，向東而行。粵西水好而山無開洋，貴竹山劣而又無閉水，龍行不住，郡邑皆立於山椒水濆，止爲南龍過路之場，尚無駐蹕之地，故粵西數千年閫留，雖與吴、越、閩、廣同入中國，不能同躍光明也。黔中蓋可知矣。昔蒙恬被收，自嘆曰：「吾築長城，起臨洮負海，吾不無絶地脉哉。」宋徽宗時，有人於汴城中夜步月，偶鑑盆水，駭而嘆曰：「天星不照，地脉已絶，此地不久當爲胡虜矣。」〔二〇〕此未可以堪輿言少之。

## 風土

南北寒暑，以大河爲界，不甚相遠。獨西南隅異，如黔中則多陰多雨；滇中則乍雨乍日；粵中則乍暖乍寒；滇中則不寒不暖。黔中之陰雨，以地在萬山之中，山川出雲，故晴霽時少。語云「天無三日晴，地無三里平」也。粵中之乍暖乍寒，以土薄水淺，陽氣盡洩，故頃時晴雨叠更，裘葛兩用。兼之林木薈蔚，虺蛇嘘吸，烟霧縱横，中之者謂之瘴瘧，宜也。獨滇中風氣，思之不得其故。夏不甚熱，冬不甚寒，日則單夾，夜則枲絮，四時一也。夏日不甚長，冬日亦不甚短，余以刻漏按之，與曆書與中州各差刻餘。又鎮日咸西南風，風别不起東北，冬春風刮地揚塵，與江北同。即二三百里内，地之寒熱，與穀種之先後懸絶星淵。地多海子，似天造地設，以潤極高之地，亘古不潰不堙，猶人之首上脉絡也。李月山謂其地去崑崙伊邇，勢極高而寒，以近南，故寒燠半之。以極高，故日出没常受光先，而入夜遲也。未知然否。河、汝在江北，而暑月之熱反過吴、越，蓋夏至日行天頂，嵩高之上，正對河、汝，而吴、越少偏也。長沙乃衡岳之麓，洞庭、鄂渚上流，而古稱卑濕，蓋其地咸黄土，黏膩不漏，故濕氣凝聚，謂卑而濕者臆解耳。

## 附龍江客問二

客有問余廣右俗，冷熱不以寒暑而以晴雨，即土人亦不得其説，但知此中陽氣太洩，故多熱而已，而不知其所以然，請以土薄水淺之云而申繹之。余曰：此無他，特以地氣有厚薄疏密之故也。廣右地脉疏理，疏則陽氣易於透露發洩，故自昔稱炎方。一至天晴日出，則地氣上蒸，如坐甑中，故雖隆冬亦無異於春夏之日。然其地居萬山中，山皆拔起，純是岩石，無寸土之附，石氣本寒，今走廣右諸洞，深入里餘，雖六月披裘，亦戰慄不自持，氣寒故也。一至天欲雨，則石山輸雲，嵐烟岫霧，踵趾相失，咸挾石氣而升，幽寒逼人，故雖盛暑，亦無異於隆冬之時。及夫雲收雨止，日出氣蒸，乍熱乍寒，無冬無暑，皆以是故。或謂南中同此土也。廣右居交廣之内，煖氣反發洩過於彼土者何？蓋他處山少，而廣右純山，山少者地土相兼，脉理本密，兼以地皆種植，尺寸不遺，地氣上升，多宣洩於五穀。又糞壅澆溉，地面肥饒，故密而地氣不甚洩。廣右地氣盡拔爲石山，則餘土皆虚，業已無石而疏理，又滿眼荒蕪，百里無人烟，十里無稼穡，土氣不肥，〔二一〕穀氣不分，地氣無所發洩，安得不隨日上升，而散中於人之肌膚也。以是知寒暑之故，半出於天，半出於地。風光日色之寒暑，出於天者也；氣候之寒暑，出於地者也。地薄而理疏，則氣升而多暑；地厚而理密，故氣斂而多寒。非耑爲方隅南北之故也。向讀異域志，見陰山沙漠之北萬餘里，有其地四時皆春，草木不凋者，嘗疑其無有，極北愈寒，安得爲是説也。乃今意誠有之，正爲地各有厚薄疏密，其果不全係於天，與南北方隅之故與。若謂寒暑盡出於天，則今高山峻嶺之上，漸近於天，漸遠於地，宜其多暑而無寒矣，何其山愈高而愈寒，〔二二〕豈非土石厚而地氣隔，故寒多？亦其一驗。

## 夷習

如南倭、北虜、西番，類多一俗，惟西南諸夷，種類既繁，俗習各別。在廣右者，曰猺、曰獞、曰狑、曰侗、曰水、曰㺊、曰狼。狑與侗同，水、㺊少寡。俗惟猺最陋。猺自謂槃瓠所生，男則長髻插梳，兩耳穿孔，富者貫以金銀大環，貧者以雞鵝毛雜綿絮繩貫之。衣僅齊腰，袖極短，年十八以上，謂之裸漢，用猪糞燒灰，洗其髮尾令紅，垂於髻端，插雉尾以示勇。善吹盧笙，如鐘，〔二三〕大者二人擡，一人吹。田事畢，則十餘人爲群，越村偕其村之幼婦偶歌，謂之「博新雙」，三旬以上則否。女則用五彩繒帛，綴於兩袖，前襟至腰，後幅垂至膝下，名狗尾衫，示不忘祖也。汲水負薪，男以肩，女以藤繩繫於首，垂於背以行。謂男首出槃瓠，犬頭也；女肩出於高辛公主，金肩也。故以輕重別。亦造金銀首飾，如火筯横於髻，謂火筴釵。〔二四〕有裙無褌，裙最短露膝。婚姻必娶妹姊之女，謂之「還頭」。兄死弟妻其嫂，弟死兄亦如之。新娶入門不即合，其妻有數鄰女相隨，夫亦浼數男相隨，答歌通宵，至晚而散，返父母家，遇正月旦、三月三、八月半，出與人歌，私通，及有娠乃歸夫家，已後再不作女子時歌唱也。葬不用浮屠，宰牲飲酒而已。居室不喜平地，惟利高山。男女終身不卧牀，亦不知製被，惟於内室造一火爐，〔二五〕四圍鋪板，中爲炊爨具，夏夜投蒿草以燎蚊，男女長幼俱集其上，〔二六〕新客對卧亦不避嫌也。食以糯米炊飯，用木盤盛之，長幼相聚，浣手以摶，不用筋碗。凡待客以盤盛全牲，主人用大剪剪細，選美者數臠奉客，餘分嘗之。病不服藥，惟用雞卜，宰猪羊牛馬救病，鳴土鼓祀神，酒用香茅和米造之，不愈則傾家焉。僮俗男女服色尚青蠟點花斑，式頗華，但領袖用五色絨綫繡花於上。居室無問貧富，俱喜架樓，名之曰欄，上人下畜，不嫌臭穢。娶婦回父母家，與傜同，惟耕作收穫，四時節令，方至夫家；至不與言語，不與同宿，寄宿於鄰家之婦女，一二年間，夫治欄成，與人私通有孕，方歸住欄。大都夷人首子，皆他人所生，故夷無無子者，其種類不絶以是也。葬亦如傜，不治衣衾。狑、侗俗頗同，水、狫類稍寡。僮性稍馴，易制服，緣近民爲城中人佃丁也。〔二七〕傜性最惡，難馴。狼則土府州縣百姓皆狼民，衣冠飲食言語，頗與華同。其在黔中者，自沅陵至普安二千里，總稱曰苗。此真槃瓠遺種，如蔡家、仲家其尤者。俗輕生喜鬬，時調爲兵。額髻不巾，短衣裹足，言語侏㒧，然頗有妻子田畜，其在滇者則更夥。惟僰人乃六詔遺種，世爲土著，民風俗與漢人不甚差殊。羅武形偉，駢脇脾目，然輕迅䞄趫，可用戰鬬，又喜牧牛羊。其婦人取牛羊乳作醍醐，爲餅餌，貿於市中。羅羅形狀氣味與羅武近，生來齷齪，不事梳洗，男婦赤脚，身穿短裙，緣山崖而廬，畜豕牧羝，惟恃蕎麥，燔山以種。白夷性嗜鼠，見則群聚逐之，或馳突掘地穴墻，必獲而後已。又善没取魚爲戲，在景東者性好潔，四時沐浴。密人之族，又異於他種，狼心獸性，不可訓治，惟穴山燒炭，以爲衣食，〔二八〕人亦以禽麋視之。黑夷形類羅羅，善弓弩，出入必佩之。以扯蘇爲業，婦刈男擔。散毛都形體服食，稍似僰人，其婦女間有姿容，然跣足，妬而多靨。此族善耕牧，於諸夷中獨稱富贍。俄尼之種，大率類白夷，逐水草而居，水中昆蟲蝝蚳之屬，並取食之。[illegible][illegible]好獵，住深山，不畏寒冷。蒲蠻黑面毛頭，善能捕捉。又蒲人、縹人、哈剌，其色多黑如墨，有被殺者，其骨亦如之，蓋黑骨雞類。此余所知者，其他種類尤多，枚舉不盡。

## 勝概

天下名山太華險絶，峨眉神奇，武當偉麗，天台幽邃，雁蕩、武夷工巧，桂林空洞，衡岳挺拔，終南曠蕩，太行透迤，三峽峭削，金山孤絶。武林、西山，借土木之助，泰岱、匡廬，在伯仲之間。北岳不及崧高，五臺勝於王屋。雁蕩無水，〔二九〕武夷可舟。望遠則峨眉，登高則太華。水則長江洶涌，黄河迅急，兩洞庭浩淼，巴江險峭，錢塘怒激，西湖嫵媚，嚴陵清俊，灕江巧幻。至於朝日如輪，晚霞若錦，長風巨浪，海舟萬斛，觀斯至矣，勝斯盡矣，余皆身試，思之躍然。

## 磯島

大江水中，石山突出，枕水爲磯，如燕子、三山、慈母、采石、黄鵠、城陵、赤壁俱佳。采石四周皆水，江流有聲，月夜有餘景，赤壁三面臨水，汪洋坱抱，洲渚淺處，芳草時立鷗鷺，晴日爲宜，燕子僅水繞一方，然巉崿奇峭，怪石欲飛，晴雨雪月，無所不可人意。

## 陵墓

陵墓。三代前多鼠腊亂璞。惟陳州太昊陵，左右孕蓍策堪據，亦不聞別有羲陵也。它如女媧、軒轅諸陵，媧皇既葬濟寧，乃志媧陵逼閿鄉河側，天寶風雨中忽失之，乾元復涌出，而趙城亦有媧陵，松柏最茂，壽陵既在曲阜，史又云葬橋山，橋山上郡也。然天下稱鼎湖，如仙都閿鄉甚夥，亦咸云黃帝烏號之地。會稽禹陵窆石最神奇矣，或云葬衣冠，又云藏秘圖。楊用修又云蜀有禹穴。抑蜀穴生，越穴葬也？余於汴得倉頡墓，聞關中白水亦有之。太史公謂箕山有許由冢，〔三〇〕余嘗拜其下，乃石槨，歲飢諸惡少發之輒合。意古有力者葬此，以神術自衛，由一瓢猶棄，其無石槨，與不爲石槨可推已。聞平陸有由冢，亦稱箕山。斬脛河邊樹太師比干之墓，而又一見偃師，開元中耕者得銅盤銘云：「右林左泉，後岡前道，萬世之藏，兹焉是寶。」惟周文、武、周公陵不失真，余過咸陽望見之，未謁。及展孔林三墓，廟廷檜楷，千載手澤如新，真皆造物護持也。其在春秋、戰國者，秦穆公墓，今爲鳳翔東南城，余與劉元承履之，凄然有三良之感。虎丘以虎名丘，謂闔閭銅棺銀池，犀甲寶劍，上騰爲虎氣也。或者謂劍池下，又云塔下，劍池石溜千尺，流泉出焉，非人力可施，塔不知所自始，意或近之。秦始皇營驪山，巋然大阜，規九十餘畝。兩墓門猶存，其下錮黃泉，信哉。百里奚南陽人，墓其鄉，余過卧龍岡視之，傍有七星石，亦有「天禄」、「辟邪」二古篆。扁鵲墓湯陰，或云其土可療疾，道樹有碑。季札葬其子嬴、博之間，而自葬江陰，有孔子題銘，今亦失。要離冢在姑蘇，梁鴻欲葬其側，鴻去戰國不遠，當無謬。曹孟德疑冢七十二，起講武城，星布至磁止。陶九成舉元人詩「會須盡伐七十二疑冢，〔三一〕必有一冢藏操屍」，云此詩家鈇鉞也。余謂即七十二冢，操猶不在。操古奸雄，詩人不得説夢也。昭烈陵據萬里橋南，上有雙樹，登之可望城中。孔明葬定軍山，小説家謂劉文成曾破其機械，入之，猶不得近内郭，誣矣。又余登北邙，見纍纍然，咸周、秦、漢王侯將相故冢，洛人竊古董者，掘發十之五，今所稱鏡鈸冢，〔三二〕爲漢明帝陵也，尚坍其東南隅，以多所覆壓，故不敢入。唐則於羅池謁柳子厚墓，或亦云虛冢，蓋子厚歸葬河東。亦又謁劉參軍蕢墓，蕢勸農墮馬，卒於郊，柳人就地葬之，〔三三〕當無能歸范陽也。宋則於武林孤山謁林和靖墓。林生時自營於放鶴亭之傍，又西爲岳武穆墓，墓前雙檜連理，大奇也。南宋以後，不可枚舉。若郭景純墓，則遍海内有之，不獨金山、太末，或亦神其説，如遇浮屠古刹必稱魯班造云。余所見止此。

## 洞壑

道書所載洞天福地，在余台者十之一。如委羽爲大有空明洞天，赤城爲玉京清平洞天，括蒼爲成德隱真洞天，蓋竹爲長耀寶光洞天。福地則黄岩有石磕源，天台有靈墟、有天姥岑。今遺踪淹没多不存，僅有其名爾。此真神仙靈秘，不以示人。至如塵境遊玩，所稱佳者，吾浙則金華三洞、縉雲暘谷洞、徐州白雲洞、蜀中香溪魚洞、貴竹飛雲洞、滇中臨安三洞、柳州立魚洞、端州七星洞，各負奇境，總之不若桂林、栖霞尤佳。若崆峒玄鶴、陽羨玉女，則余未至。河北無洞，然地産石薪。又晉中蓋藏，多在土中，皆人控而成，或至數里者，亦彼此乘除之一，可笑也。

## 古木

古木於世不數數，其甚壽者，良有鬼物呵護之，孔廟與五岳廟尤較著者。岳廟松柏，咸輪囷偃蹇，扶蘇蔽天日。其稱異者，則嵩陽三柏，漢武帝以將軍封之。大者圍五人，次三人，旁枝尚榮，正幹已禿，蒼皮溜雨，似無樹色，想三代時植，乃漢封，非漢物也。三花樹，咸檜，蔓以凌霄花，達磨未至時有之，六祖能又從鉢盂中賫南海柏一枝插之，今與三花爲四，在初祖庵前廟中。木則咸左旋其節，謂珪禪師勑岳神徙之者，其手跡故存。泰山二松，謂秦封「五大夫」，不甚巨而古，然非秦松。廟墀一柏、一松，〔三四〕形怪。前一檜左紐如畫。〔三五〕門左二柏、一菩蕾，臃其下而鋭上，一出地起兩岐，咸秀色依依，云亦漢武帝東封植也。華山上「五將軍樹」，岳廟望見之，其一植崖下者，與崖上等，可百餘尺。廟有唐柏五，虬枝鐵榦，榮憔半，〔三六〕其一柯内寄生槐已成抱。其異之尤異者，則蜜白松長十丈，圍丈許，上起三岐，緑膚傅粉鐵刺，遠望之瓊樹也，云黄帝葬三女其下。孔子手植檜僅與檐齊，孑立無枝，外瘁中榮，紋成左紐，云數百年榮一枝，榮已輒落，大奇大奇。次則桂林榕樹，根在地上丈許，根下窗處，穴爲城門往來，樹則甃麗譙中，敷蔭正茂，勝國時已稱爲榕樹門，而後久可知矣。又次則白岳石楠，盤結掩映如車蓋，臨壑對天門而立，亦千年物。余天台怪松，翩如鳳舞，〔三七〕首尾翼咸具，不甚高，一翼覆溪水，離尺不沾，與漲俱上下，〔三八〕唐陸龜蒙有銘。

廬山寶樹，異僧自西域齎種之，亭亭如浮屠，鳥雀不栖。其一白日雙龍挾而拔之，余尚覩其卧路側也，一存大林寺溪頭，若峨嵋山大木，如囷如屋，苔蘚茸茸滿路衢，何止數千歲。他如真武榔梅、靈隱月中桂子、少林秦封槐、涪園荔枝、廣陵瓊花，問之咸不存，黠僧輩往往指贋者以誇遊人無辨者。子貢楷高數丈，蝕而未仆，召公祠甘棠，止朽株三尺餘，華廟唐玄宗繫馬柏亦如之。岱廟唐槐燬盡，止留北膚尺許，雖榮，皆不久當淹没矣。

## 古蹟

古蹟最稱神奇者，禹陵窆石，孔廟檜，峨嵋佛光，四明舍利，牟彌鎮魚腹八陣，〔三九〕少林面壁影石，豫章鐵柱，華山希夷顱，又滇中安寧温泉，傍稱聖水三潮，與葉榆西烏吊山，亦皆異境。若龜山巫支祈，志謂唐李湯以五十牛引出之，今不知其在否？

## 碑刻

碑刻。古者。三代止存岣嶁禹碑與周石鼓文耳。秦則李斯斷碑、漢蔡邕石經，與孔廟中郎碑、陳思王碑、「五鳳二年」七字，餘俱不可覓，即偶存者，亦晉、唐以後刻耳。

## 樓閣

樓閣。自古有名者仲宣樓，在荆州城上，所見惟平楚，亦非其舊址也。太白樓在濟寧州城上，濟、汶、泗水横絡其前，帆檣千百過酒樓下，時有勝致。及登南昌滕王閣，章、貢大水西來注北，閣與水稱，傑然大觀。然不若武昌黄鶴樓，雖水與滕王來去不殊，而樓制工巧奇麗，立黄鵠磯上，且三面臨水，又西對晴川樓、漢陽城爲佳。總之又不若岳州岳陽樓，君山一髮，洞庭萬頃，水天一色，杳無際涯，非若滕王、黄鶴眼界可指，故其勝爲最，三樓皆西向，岳陽更雄。

## 書院

宋以嵩陽、石鼓、白鹿、岳麓爲四大書院。今嵩陽廢，岳麓蒸濕，石鼓爽塏，會二江之流，形勝佳。白鹿林木陰森，爽塏不如石鼓，而幽雅過之。〔四〇〕南則報恩、靈谷、牛首、栖霞，北則香山、碧雲、天寧、功德，杭則靈隱、净慈，汴則少林，濟則靈岩，滇則太華三塔。廟則孔廟，東、西、南、北四岳廟，宫則净樂、玉虚、紫霄、南岩、遇真、五龍六宫，俱不在祈年、望仙之下。

## 蠱毒

蠱毒。中州他省會所無，獨閩、廣、滇、貴有之。余行廣右，見草有斷腸，物有蛇、蜘蛛、蜥蜴、蜣螂，食而中之，絞痛吐逆，十指俱黑，遠發十載，近發一時，吐水不沉，嚼豆不腥，含礬不苦，皆是物也。又有挑生蠱，食魚則腹變生魚，食雞則腹孕活雞。滇畜蠱最衆，不甚害人，其神多蛇、蟾、騾、馬之狀，取死兒墳土灑牀下，置蠱神於上，其土或化爲錢貝。又觀李月山叢談云：廣南中夷人，多能變爲猫犬。三宣外一種婦人亦能之，夜攝人魂魄，食其屍，驟爲人捕，則不能化其本形。孟密所屬地羊寨，亦有撲地鬼，能易人心肝腎腸及手足，而人不知，離寨而死，剖腹多木石。余訊之迤西材官，曾督兵至其地者，亦云然。然皆聞而未見。徐君羽又爲余言，昔在延安親閱一牘，中蠱者，胃生土一塊，上内生稻，芒針刺心而死，名「稻田蠱」，然則北邊固亦有之。

## 仙佛

仙佛，儒者强斥之，乃多有示現世間者。如雲臺身相，或云真武化生，每歲士女咸爲梳髮，漸落漸生。全州湘山佛，頎而髯，目光如點漆，或云無量壽佛化生，丙戌年始燬，或亦云其去時所授記也。近曇陽子示化，自云曇鸞轉生。余鄉比丘肉身，天台有懷榮，臨海有懷玉，咸數百年不壞，腐儒何得概斥之。第此四大，二氏以爲假設，咸焚而棄之，〔四二〕而此數輩獨存，想神力顯化，爲度人設。

## 功德

功德世世在人者。如周、孔禮樂亡論，若大禹河、洛而下，則秦皇、漢武亦不得而終没之也。余行粤西，見諸土官日逐干戈，糜爛其民，無時休息，民生居土州縣者，曾不及中土一猫犬蠅蟲，乃知秦始皇郡縣之功，在萬萬世也。其所全活後世人，足贖驪山、阿房、長城、五嶺數百萬命。長城今雖没，特諱其名爲邊墻，今制亦其遺也。即今所用尊君卑臣禮，亦不能易。漢武以前，兩浙、八閩、二廣咸夷也，武帝奮武撻伐，用夏變夷於江南亦有萬世功，不得概以爭伐貶之。其他則如蜀守李冰，鑿離堆、導汶，至今千溪萬瀆，蜀之千里沃野，賴此也。馬伏波征交南，立銅柱以誓交、廣是處頌而祀之，即足跡未至者，亦皆表其遺蹟。諸葛孔明平南，七擒七縱，滇人至今如天威在，極緬莽萬里，猶立其碑，藉口稱漢地。餘者近或不能易世，遠或不能易姓。

## 物產

物產出於土，咸造化精英所孕，其氣聚多偏。如幽、并、關、陝寒，產牛羊馬駝；閩、廣熱，產荔枝；荆、楚澤國，產魚；粤西瘴，產木；巴、蜀多產奇物；滇雲又產珍物。蜀木有不灰，石有放光，又有空青，鹽有鹽井，油有油井，火有火井，咸水脉自成，而火出於水，尤爲奇怪。滇金、銀、銅、錫，隨地而生，永、騰外又産墨石、水晶、文犀、象齒、瑪瑙、琥珀、絳碧、寶石。惟東南吴、越間，止生人不生物。人既繁且慧，亡論冠蓋文物，即百工技藝，心智咸儇巧異常，雖五商輳集，物産不稱乏，然非天産也，多人工所成，足奪造化。

## 奇石

奇石。米元章見之，即具朝服拜，人笑其癡。余亦有石癖，遊賞所及，僅僅可言。硯石，余友人張爾和以淄青金星餉余，閃爍幾混真，即禹貢所稱怪石，然不發墨。古今稱端溪鴝鵒，質章雙美，乃刻手無良，近日惟當龍尾佳，余素愛用之。磬石，以聲勝，古稱泗濱，今靈壁是。屏石，徐州竹葉赭紫不甚奇，爲畏風日故。端州青白，僅分天地，亡他奇。桐柏已具山川形，尚乏巧幻。惟點蒼山水烟雲，禽魚竹樹，無所不有，計其淺深斜曲，隨形得趣，石工良巧，石質原奇，亦宇内一尤物也。山石，小者崑山，直者錦川，膩滑透漏者太湖，咸余吴、越中物，未有譚及粤西者。桂林石，方尺至尋丈，千百竅相倚如連環，翩躚欲舞，太湖失色矣。又一種如芝狀，名「靈芝盆」，俗稱「荔枝」，聲訛也，即方尺亦具河流九曲勢，可水以魚，夾水石稜稜如堤岸，樹徑寸小古樹，青葱可愛，滴成，自洞乳鑿取之，余欲效陸鬱林，攜數片泛海而歸，未能也。峨眉大石，卧路亦不減。咸以遐僻故，遂令太湖獨擅。

## 温泉

温泉。理至難曉，或稱硫黄、丹砂所積處有之，咸囈語也，如薊門、建昌、鄧川，到處咸有，然以驪山、安寧佳。驪山泉出有二穴，朔後出左穴，望後出右穴，此豈硫黄所可致否？今以煖水灌禾，禾必槁，而此水乃澆田至五里外方冷。然安寧清澈，深六七尺，毛髮都鑑，又水中蹲緑玉石，坐而浴甚佳。驪山泉出穴甚熱，到浴池正温。安寧出穴即可浴，然初浴覺稍熱，久之反温，俱無硫黄氣。楊用修强以硫黄誣驪山，豈未嘗親試耶？

## 聲音

聲音。八方各以其鄉土，不純於正聲，難以彼此相誚也。有一郡一邑異者，亦有分大江南北異者。如巫，北爲烏，南爲扶；軒，北爲萱，南爲掀；鶴，北爲豪，南爲涸；詳，北爲瓤，南爲長；尋，北爲鐔，南爲秦。又北多以入爲平，以平爲上，如屋爲烏，烏馬塢；筆爲卑，卑爲彼。若一省一郡異者，如齊、魯發聲洪，淮、揚腰聲重，徽、歙尾聲長。又如晉以東爲敦，北爲鱉，公爲昆，風爲分，俸爲糞，兄爲薰。閩以洪爲逢，馮爲紅，虎爲甫，府爲滸，風爲蒉，文爲門，書爲疏，主爲祖。吴以何爲湖，縣爲院。余越則王黄、周州、陳秦、山三、星聲、申辛、舒胥，共爲一音。然余所述特言語間尤其淺者耳，若以聲律求之，則爲辨更微，即沈隱侯韻書，人亦有謂其漸染吴音者，可見聲音之道難矣。

## 校勘記

〔一〕客曰　馮刻本作「客有云」。

〔二〕然深山大谷　馮刻本無「然」字。

〔三〕豈足能遍　馮刻本「足」後有「跡」字。

〔四〕中支循西番　馮刻本無「支」字。

〔五〕沿岷左右　馮刻本「岷」作「岷江」。

〔六〕繞霑益貴竹關嶺　「霑益」二字原缺，據馮刻本補。

〔七〕突厥夷狄之王　馮刻本「夷狄」作「諸國」。

〔八〕我明太祖方纔混一　「明」字原缺，據馮刻本補。

〔九〕意先輩秀穎所鍾多矣　馮刻本「穎」作「顥」。

〔一〇〕然則我朝王氣何如　馮刻本「我」後有「本」字。

〔一一〕惟我朝鳳泗祖陵　馮刻本「惟」作「至於」，「我」後有「聖」字。

〔一二〕今長安宮闕陵寢　馮刻本「今」後有「在」字。

〔一三〕而未詳其説　馮刻本「説」後有「耳」字。

〔一四〕惟我朝兩都各省會　馮刻本「我」後有「本」字。

〔一五〕兩都乃二祖創建　馮刻本「乃」後有「我」字。

〔一六〕或從三峽一綫而出　馮刻本「或」作「咸」。

〔一七〕浙東負山枕海　「枕」原作「煮」，據馮刻本改。

〔一八〕自甌爲一區矣　馮刻本「甌」作「甌越」。

〔一九〕自本朝始　馮刻本「自」後有「我」字。

〔二〇〕此地不久當爲胡虜矣　馮刻本「胡」作「外」。

〔二一〕土氣不肥　馮刻本「氣」作「面」。

〔二二〕何其山愈高而愈寒　馮刻本「其」作「故」。

〔二三〕如鐘　馮刻本作「聲如鐘」。

〔二四〕謂火筴釵　馮刻本「火」作「大」。

〔二五〕惟於内室造一火爐　馮刻本「内室」二字互倒。

〔二六〕男女長幼俱集其上　馮刻本「女」作「婦」。

〔二七〕緣近民爲城中人佃丁也　馮刻本「近」作「遥」。

〔二八〕以爲衣食　馮刻本「爲」作「易」。

〔二九〕雁蕩無水　馮刻本「蕩」作「岩」。

〔三〇〕太史公謂箕山有許由冢　「公」字據馮刻本補。

〔三一〕會須盡伐七十二疑冢　馮刻本無「冢」字。

〔三二〕今所稱鏡鈸冢　馮刻本「鏡」作「鐃」。

〔三三〕柳人就地葬之　馮刻本「就」後有「其」字。

〔三四〕廟墀一柏一松　馮刻本「一柏」「一松」互倒。

〔三五〕前一檜左紐如畫　馮刻本「左」後有「紋」字。

〔三六〕榮憔半　馮刻本「憔」作「悴」。

〔三七〕翩如鳳舞　馮刻本「翩」後有「躚」。

〔三八〕與漲俱上下　馮刻本「漲」後有「涸」字。

〔三九〕魚腹八陣　馮刻本「魚腹」作「魚腹浦」。

〔四〇〕此下馮刻本另分爲「剎宇」一節。

〔四一〕咸焚而棄之　馮刻本無「而」字。

# 附　録

# 欽定四庫全書總目卷七十八史部三十四地理類存目七

**廣志繹五卷雜志一卷**編修汪如藻家藏本

明王士性撰，此書又於五岳遊草、廣遊紀以外追繹舊聞，以補未及者也。首爲方輿崖略、次兩都、次諸省，附以雜志，其四夷輯一種，列目於雜志之前，然有録無書，註曰考訂嗣出，蓋未刊也。凡山川險易，民風物産之類，巨細兼載，亦間附以論斷，蓋隨手記録，以資談助。故其體全類説部，未可盡據爲考證也。

**五岳遊草十二卷**兩江總督採進本

明王士性撰，士性字恒叔，臨海人。萬曆丁丑進士，官至南京鴻臚寺卿，事跡附見明史王宗沐傳。錢希言獪園又稱臨海王中丞士性，未之詳也。士性初令確山，遊嵩岳；擢禮科給事中，遊岱岳、華岳、恒岳；及參粤藩，遊衡岳。此外遊名山以十數，經歷者十州。遊必有圖有詩，爲圖若記七卷，詩三卷，不盡於記與詩者爲雜志一卷，亦名廣遊記，統題曰五岳遊草。蓋舉其大以該其餘也。獪園稱峨嵋山有老僧，性好遊，自恨一生不得遍探名岳，年又駸駸嚮暮，乃誓於來生了此夙願。臨化，謂其徒曰：「吾今往台州臨海縣王氏託生爲男。」計老僧化去之年月日，即士性之甲子云。殆因有此書而附會之，然亦緣士性癖嗜山水，故有是言矣。

# 重刻廣志繹序

吾邑前明王恒叔太僕士性。三生慧業，一代名流，百氏暢其咀含，五岳恣其遊覽，胸羅邱壑，唾落烟雲，莫不卓卓垂今，駸駸入古，而以廣志繹一書爲最。夫以太僕名門秀毓，朝籍早通，宦跡幾遍於寰中，雅尚夙超夫物表。向子平尚牽婚嫁，便起遐心；謝靈運偶現宰官，未忘結習。幽岩絶壑，支笻獨往之時；通邑大都，傾蓋高譚之會。合勝情與勝具，千山爭迓星輿；話某水與某邱，一生半經雨屐。因而擘窠作字，拂壁題詩，續招隱之吟，葺漫遊之録，固其所也。而乃蒐羅往事，詢訪時宜，燭險怪如犀燃，瞭川原如螺指，舉凡關河扼要、風氣遷移，既縷析而條分，要事賅而理舉，迥非耳食，鏡懸興廢之由，漫付談資，轡攬澄清之志，進百家而挹注，漏鄙玉卮，啓三篋而傳鈔，淩同金粉，以視鏤冰前綵、鋪張一夕之登臨，片羽零璣、掇拾五方之志乘者，相去豈可以道里計耶！書梓於康熙丙辰而流傳絶少，惟同邑洪筠軒司馬頤煊家有藏本，今筠軒遠宦粵東，乃取郭石齋秀才葉寅鈔本與余往歲鈔本互校一過，重付梓人。蟫蝕未埋，豕魚難免。狎鷗之莊安在，久歎蒿萊；印鴻之爪尚存，亟登梨棗。當亦一瓣所奉爲心香，九京所默爲首肯者乎？時嘉慶二十又二年，歲在丁丑夏四月，文林郎陝西鳳翔府扶風縣知縣臨海宋世犖撰。

# 萬斯同明史列傳稿 王士性傳

士性，字恒叔，萬曆五年進士，除確山知縣，徵授禮科給事中。首陳天下大計，言朝廷要務二，曰親章奏，節財用；官司要務三，曰有司文綱，督學科條，王官考覈；兵戎要務四，曰中州武備，晉地要害，北寇機宜，遼左戰功。疏凡數千言，深切時弊，多議行。劾應天巡撫郭思極，先爲御史又監湖廣鄉試，私張居正子懋修，思極卒罷去。明年正月，有詔製鰲山燈，未幾，慈寧宮火。士性言，近荆襄洪水、隴關地震、兩浙歲侵，而火災又告，正上下修省之時。況此宮慈聖太后所居，而太后又新有武清之喪，苟張燈爲樂，必傷聖心，請停前詔，帝納之。

楊巍議斥丁此呂，士性劾巍阿輔臣申時行，時行納巍邪媚，遽斥諫臣，失大臣誼。寢不行。時行，士性座主也。久之，疏言：「朝廷用人，不宜專取容身緘默，緩急不足恃者。請召還沈思孝、吴中行、艾穆、鄒元標、黄道瞻、蔡時鼎、聞道立、顧憲成、孫如法、姜應麟、馬應圖、王德新、盧洪春、彭遵古、諸壽賢、顧允成等。」忤旨，不報。遷吏科右給事中，出爲四川參議，歷太僕少卿。

士性端亮有雅度，立朝矜尚名節，爲士類所稱。二十三年河南缺巡撫，廷推首王國，士性次之。帝特用士性。士性疏辭，言資望不及國。帝疑其矯，且謂國實使之，遂出國於外，調士性南京。久之，就遷鴻臚卿，卒。

# 康熙台州府志王士性傳

王士性，字恒叔，號太初，刑部侍郎襄裕公宗沐從子也。幼貧而好學，襄裕愛之如己子。萬曆癸酉登賢書，丁丑成進士。初授朗陵令，有異績。考選禮科給事中，伉直有聲。乙酉丁内艱歸。戊子復補。是年典試四川，以觸時忌，外轉。參粵藩，副滇憲，衡文兩河，所至聞望翕然。既而内詔，歷授巡撫河南都御史，例不當辭，而士性辭，嫌於沽名，改南鴻臚寺卿，未展所藴而卒，人咸惜之。士性素以詩文名天下，且性好遊，足跡遂遍五岳，旁及於峨眉、太和、白岳、點蒼、鷄足諸名山。所著有五岳遊草、廣遊記、廣志繹諸書。濟北邢子願稱其「邈然高厲，數器備躬，少慧如鮖㯎，淹博如劍子，辨異如茂先，察音如伯翳，賦如相如，文如班固，詩如甄城、平原、李白、王維。至其抗疏，又絶類汲長孺、陸敬輿。卒之用言取忌，示播外方，而乃周迴萬里，獲與中州之勝緣，則夫人情之巧於齕恒叔者，乃所以拙於謀恒叔也」。屠緯真、張九一、馮開之諸公皆極相推許。祀鄉賢。

# 康熙臨海縣志王士性傳

王士性，字恒叔，號太初。爲諸生，讀書過目成誦。性磊落不群，不治生産，家甚貧。隆慶己巳，學使林按台首拔異等，以天下士目之，既而遊學武林。嘗以天地之英華，不能鬱閟而不宣之物，而爲山川之人，而爲文章，由是慕向子平爲人，有小天下狹九州之概。作爲詩文，幽深峻削，孤情獨往。萬曆癸酉，雋賢書，上春官不第，遂入金華山，東南行二百里至仙都，經年而返。丁丑成進士，戊寅赴確山任，過臨安，曰：余居恒數心泉石，幾欲考卜湖畔，良緣未偶，今捧檄朗陵，念走風塵，未卜再遊何日。遂遍遊武林，作湖山六記。既莅政，持大體，不屑屑細務。夙駕星分，著心人外。辛巳秩滿，例得代篆上閼閿，遂由宛入洛，取道登封，遊嵩高，旋歷中州，行二千三百里，盡得其勝。内陞禮科給事中，建言漕、河水利諸疏，極切時弊。乙酉丁母憂。丙戌苫塊中，慨然曰：南海之墟有二越焉，於越當其北，甌越當其南，生長台、蕩，席其山川，而山川不知可乎？於是入四明，渡海登補陀，轉姚江，出曹娥，走鑑湖，上禹穴。既而渡錢塘，下桐廬，過嚴陵，入蘭溪，復東南至永嘉，由樂清遊雁蕩而歸。仍入天台山，結廬於華頂桃源之麓。明年以爲三吴南龍之委也，其奇秀甲天下與二越稱，不可不以次舉。復發天台，過胥江，登虎丘，入太湖，眺金、焦、北固三山，至金陵九華山，自白岳而返。戊子服闋，北上駐帆濟寧，趨曲阜，觀孔子廟庭，遂由泰安登岱宗，凡齊魯之名山川，無不覽焉。入都給事禮垣，以爲漢、唐、宋五陵、曲江、艮岳、鷄鳴、牛首，非百官賜湯沐之地耶？今乃束於功令，未敢越宿出都門，徒柱笏而望西山爽氣，人生幾何，其爲消阻精神也何限矣？乃乘間而遊西山。是年秋，奉命典試四川，所經燕、趙、韓、魏、宋、衛、中川之墟，無不窮覽其名勝。取道華陰，遂登華岳。出寶鷄，渡渭水，入益門關。試事畢，登峨眉，題名於天門石，間道而西，復遊恒岳。聞命轉廣西參議，遂自蜀入粵，道經衡陽，復遊衡岳，於是五岳遍歷矣。皆天之假公時與地與官，以畢公志。自是由粵藩轉滇臬副使。己丑赴粵，則有太和山、盧山、楚江諸記；己丑蒞粵，則有桂海志、七星岩、獨秀山、訾家洲諸記；辛卯入滇，則有泛舟昆明池、歷太華諸峰、遊九鼎山諸記；庚寅行部，則有點蒼山、鷄足山諸記。公蓋無時不遊，無地不遊，無官不遊，而文章即於是燦焉耳。癸巳陞大理寺少卿，乙未擢都察院右僉都御史，巡撫河南，例不當辭，而公力辭，遂改南鴻臚寺正卿。公意氣凌霄，一官爲寄，天下九州履其八，所未到者閩耳。諸名山自五岳而外，窮幽極險，凡一岩一洞，一草一木之微，無不精訂。他若堪輿所述，象胥所隸，千名百種，無不羅而致之。筆札之間，有五岳遊記十二卷，廣遊志二卷行世。析津楊體元又刻其佚稿廣志繹六卷於武林。公卒於萬曆戊戌年，五十有二，今祀鄉賢。子立轂，字紫芝，中萬曆丙午鄉試，授新淦令，見對簿冤號，遂解組歸，終太夫人養，即祝髮於西湖禪林，忽一日焚沐作偈，召徒衆示以去來，趺坐而逝，喬梓蓋皆烟霞中人歟。

贊曰：昔人謂臺閣之文氣雄以麗，有異於仰屋梁而攢眉者，南衡璠璵，重價揚聲，鳳闕昂霄之姿，短翮時相璞而愈光，何傷焉。以恒叔之才，黼黻廊廟，璇玉綴而韶鈞懸，其爲國華也大矣。乃滿腹琊玕，徜徉謝屐，雕肝琢腎於烟雲岩壑之際；然文章與五岳同垂，天之報之者已不薄耳。

# 光緒台州府志王士性傳

士性字恒叔，明史王宗沐傳號太初。康熙志祖誾，字子樂，諸生。爲文似蘇轍，抱負不凡。嘗題書册云：「草野雕鏤慚孔孟，廟堂温飽辱伊周。伊周孔孟本吾分，肯作人間第二流？」早卒。子宗果生士性。秋籟閣筆談士性幼貧而好學，宗沐愛如己子。萬曆五年成進士，授確山知縣。康熙志按奸豪夙盗，悉置諸法。議四禮，以易鄙俗。刑部郎艾穆以論張居正謫戍過縣，士性留署中爲治裝。或諷以禍，勿顧。居五年，續台考徵授禮科給事中。首陳天下大計，言朝廷要務二：曰親章奏、節財用；官司要務三：曰有司文網、督學科條、王官考覈；兵戎要務四：曰中州武備、晉地要害、北寇機宜、遼左戰功。疏凡數千言，深切時弊，多議行。詔製鰲山燈，未幾慈寧宫火，士性請停前詔，帝納之。尚書楊巍議出丁此呂，士性劾巍阿輔臣申時行，時行納巍邪媚，皆失大臣誼，寢不行。時行，士性座主也。久之，疏言朝廷用人，不宜專取寄身緘默、緩急不足恃者。請召沈思孝、吴中行、艾穆、鄒元標、黄道瞻、蔡時鼎、聞道立、顧憲成、孫如法、姜應麟、馬應圖、王德新、盧洪春、彭遵古、諸壽賢、顧允成等，忤旨不報。史傳又嘗言河南北當設官募兵，隨地練習，以防意外，人皆笑爲迂，未幾果有陳金、王自簡之變。内艱服闋，值遣官視黄河。士性言，自徐而下，河身高而束以堤，堤與城平，委全力於淮，而涯不任，黄水乘運河如建瓴，高、寶、興、鹽諸生民咸託之一丸泥，不如復故道。考故道由桃源三義廟達華家衝，與淮合在清河縣北，別有濟運一河在縣南，蓋支河耳。河强奪支河而南，而自棄北流之道。然河形固在，自桃源至瓦子灘九十里地不耕，無廬墓之礙，而開河費稍倍，然一勞永逸，祖陵、淮城俱無患也。至濬海口之説亦非，是海低於河，河淤非海之罪。章上卒不行。續台考遷吏科給事中。史傳十六年典試四川，即遷四川參議，未任，移廣西，建懷遠、荔波二縣城。晉雲南瀾滄兵備副使。鹽州賈險健爲土人患，士性立刷其弊。麗江産金，其土府黠悍，祖父皆相弑襲，以助餉加參政，命已下，士性爲駁罷之。改河南提學，晉山東參政。二十三年召爲太僕少卿，提督京營。續台考河南缺巡撫，廷推首王國，士性次之。帝特用士性，士性疏辭，言資望不及國。帝疑其矯，且謂國實使之，遂出國於外，調士性南京。久之，遷鴻臚卿，卒。史傳年五十二。續台考士性素以詩文名天下，且性好遊，足跡遍五岳，旁及峨眉、太和、白岳、點蒼、鷄足諸名山。著有五岳遊草、廣遊記、廣志繹、康熙志玉峴集。千頃堂書目祀鄉賢祠。康熙志子立轂，字紫芝，萬曆三十四年舉人。康熙縣志任樂清教諭，推一時師表。温州府志陞新淦知縣，見對簿冤號，遂解組歸，終母養，即祝髮西湖禪林。康熙縣志

編校者按：民國臨海縣志王士性傳全抄此傳，唯開頭幾句爲：「王士性，字恒叔，號太初，宗沐族子。貧而好學，過目不忘，有巨卿厚其奩，將婿之，却弗顧。」稍異。

# 王士性行蹤繫年長編

周振鶴 編

王士性，字恒叔，號太初，浙江台州府臨海縣人。刑部左侍郎王宗沐從子（明史本傳）。祖闇，字子樂，諸生。爲文似蘇轍，抱負不凡。早卒。子宗果生士性（秋籟閣筆談）。

**一五四七年，嘉靖二十六（丁未）年，生。**

爲諸生讀書過目成誦，性磊落不群，不治生産，家甚貧（康熙臨海縣志卷九本傳，下文不另注者，即同此）。

貧而好學，過目輒不忘。有巨卿厚其奩，將婿之，却不顧（續台考王士性傳，下文引續台考者，若未另注，皆引自此傳）。

**一五六九年，隆慶三（己巳）年，二十三歲。**

學使林按台首拔異等，以天下士目之。

**一五七〇年，隆慶四（庚午）年，二十四歲。**

既而遊學武林。

萬曆庚午與王士性、鍾化民同遊學於武林天真書院（民國臨海縣志王亮傳引稚玉集，此處萬曆應爲隆慶。又康熙縣志作天津書院）。

亮爲諸生，與士性同選入天津書院，同舉於鄉，同榜成進士。……元標言，退耕二十餘年，每思臨海二王，矯矯班行，無諧臣媚子態，未嘗不爲之神往，蓋亮與士性也（續台考王亮傳）。

**一五七三年，萬曆元（癸酉）年，二十七歲。**

成舉人（康熙臨海縣志卷五選舉）。

上春官（廣志繹卷二）。

雋賢書，上春官不第，遂入金華山，東南行二百里，至仙都，經年而返。

登賢書（康熙台州府志本傳）。

**一五七四年，萬曆二（甲戌）年，二十八歲。**

時余遊（金華三洞）以甲戌九日與同年章德卿俱也。……回永嘉路，至樂清，則有玉甑之勝。時遊在江心之後，與潘司理去華、何山人貞父俱。歸則過北雁別有記。夫越余家也，其山川是不一至焉，故次越遊不以歲月，而次其山川（五岳遊草越遊注）。

**一五七七年，萬曆五（丁丑）年，三十一歲。**

成進士（沈懋學榜）。

**一五七八年，萬曆六（戊寅）年，三十二歲。**

余謁選得令確山，以戊寅四月捧檄至（朗陵稿下重修確山縣城記）。戊寅夏捧檄來令朗陵，過申會王太史（朗陵稿下橫山烈婦傳記）。赴確山任，過臨安，遍遊武林，作湖山六記。既莅政，持大體，不屑屑細務（余故移一集於城中空處，實人烟喧鬧以招徠——廣志繹）。

初授朗陵令，有異績（康熙府志）。

授確山知縣，按奸豪市棍夙盜，悉置諸法，議四禮以易鄙俗。刑部郎艾穆，以論張居正謫戍，過縣，士性留署中有治裝，或諷以禍，仍弗顧。

**一五八一年，萬曆九（辛巳）年，三十五歲。**

六月，遊嵩山，時以朗陵令滿秩。乃由宛入汴，以壬戌日過登封界（五岳遊草嵩遊記）。

確山秩滿，例得代篆，上閥閱，遂由宛入洛（洛疑爲汴之誤，據嵩遊記與遊梁記，士性似未入洛——編者按），取道登封，旋歷中州，行二千三百里，盡得其勝。

六月癸卯，發朗陵，至府西郊，時大雨淹積數旬，遊興漸阻。望後南走申，辛亥西行，過泌陽鄧河，甲寅至南陽，造卧龍岡。戊午次裕州，己未道昆陽城，是日趨葉，庚申向寶豐覽香山寺。辛酉出汝州道，壬戌取道登封，癸卯止太、少二室，觀達摩面壁石。乙丑轉轘轅嶺赴鞏，復東行出虎牢關。丙寅經敖山、鴻溝，戊辰詣古陽城，是日至密東三里。己巳過古鄭州，逮中牟五十里圃田藪。庚午抵大梁，過朱仙鎮、尉氏。壬申回到許昌，癸酉至郾城。此行計三十五日，行二千三百里，枉道者七八百餘，盡悉中州之勝（見朗陵稿下遊梁記）。

**一五八三年，萬曆十一（癸未）年，三十七歲。**

八月，由河南確山知縣選禮科給事中（掖垣人鑒卷十六）。

内升禮科給事中，建言漕、河水利諸疏，極切時弊。

爲給事中時，請復老黃河故道（明史河渠志）。

徵拜禮科給事中，抗疏論國是。嘗言河南北當設官募兵，隨地練習，以記意外。人皆笑爲迂，未幾，果有陳金、王自簡之變（續台考）。

**一五八四年，萬曆十二（甲申）年，三十八歲。**

朗陵稿結集（集前有萬曆十二年甲申暮春之初汝南劉黃裳序）。

**一五八五年，萬曆十三（乙酉）年，三十九歲。**

丁母憂，歸。

王恒叔爲給事中在申酉間（王世貞弇州山人續稿卷五十一王給事恒叔近稿序）。

**一五八六年，萬曆十四（丙戌）年，四十歲。**

丙戌九月與友人陳大應同行，遊鄞東錢湖及阿育王寺。自此（指鄞縣——編者按）東行至定海，渡海再潮汐，則有補陀之勝。……自此入姚江，出曹娥，走鑒湖，行四百里，則有會稽禹穴之勝（五岳遊草越遊注）。自雪竇至此（指嚴光釣臺——編者按），咸與陳生俱，其遊皆以丙戌之秋也。過嚴陵瀨，入蘭溪，水行二百里，則有金華三洞之勝（五岳遊草越遊注）。

（丙戌之秋，自奉化登雪竇、四明，回奉化，東走鄞百里，至東錢湖，阿育王寺，渡海至補陀，返，入姚江……至釣臺爲止——編者按）

（天台山）不啻數十至矣。其始也，從國清入，蓋丙戌秋觀海補陀，與天刑生探禹穴而歸時也。五岳遊草有七夕宿江心寺詩。士性遊雁蕩在江心寺之後（五岳遊草越遊注），二者皆不記年代，當繫於此。

苦塊中，入四明，渡海登補陀，轉姚江，出曹娥，走鑒湖，上禹穴；既而渡錢塘，下桐廬，過嚴陵，入蘭溪；復東南至永嘉，由樂清遊雁蕩而歸。仍入天台山，結廬於華頂桃源之麓。

**一五八七年，萬曆十五（丁亥）年，四十一歲。**

丁亥四月朔發天台，渡錢塘，越九日人兩天目，望日登烟雨樓。越五日上虎丘，入太湖。又十日飲慧山泉。午日登金、焦、北固三山。又五日過金陵，望日泊舟采石，次日理棹過青山。廿五日宿九華，六月六日三宿白岳。其欲遊而不果者三，曰茅山、曰天平、曰陽羨。……同遊者，友人陳大應，邂逅而遊者，丘謙之、王伯熙、陳稚登、郭次父、陳從訓，茅平仲，蔡立夫、秦孟章。晤而未與遊者，沈純父、盧思仁、江長信、沈少卿、湯義仍、丁元父、余公明，余家弟圭叔、永叔，與王元美、汪伯玉二先生（五岳遊草吴遊紀行）。

五岳遊草有遊慧山泉以望後十日、遊金山以午日、遊焦山以登金山次日、遊采石以五月望日、遊謝家青山以望後一日等篇。

發天台，過胥江，登虎丘，入太湖，眺金、焦、北固三山，至金陵九華山，自白岳而返。

冬，過淮（廣志繹卷二），北上（同書卷一）。

服闋，北上。

五岳遊草有泊瓜洲一夕大風望廣陵城不至一首，詩云：「憶昨發天台，層冰滿江湄。今來渡揚子，春風柳如絲。狂風一夜起，驚濤拍千里。金、焦擁拳石，長江淼無涘。」當繫於此年冬北上之時。

**一五八八年，萬曆十六（戊子）年，四十二歲。**

茶城乃漕艘澇淺之處……余以戊子二月九日與詹牧父停舟問之，得其下白雲洞，乃行十里而至（五岳遊草遊茶城白雲洞記）。

北上京師，以二月望日登濟寧，與陳思俞飲於太白樓。是夜遂趨曲阜，信宿寧陽。……以日下暮不果至，乃宿泰安州，次日肅入謁岳廟。……覽畢，間道登山。遊岱前後，曾謁孔林，並遊靈岩寺（五岳遊草岱遊記）。萬曆十有六年立春日謁闕里（五岳遊草謁闕里記）。

戊子清明節，余給事禮垣，當詣監理康陵祭，乃得乘輿，歸取間道一往云（指往西山——編者按，見五岳遊草西山遊記）。

轉吏科右給事中（？：見續台考，未繫年。若有此事，則祇能繫此）。與元承劉君有西川之命，乃訂華約焉。以閏六月二十日道出華陰，遂遊華山，（五岳遊草華遊記）。

六月十五（五岳遊草作三）日乙丑發都門，渡桑乾水信宿。過涿州，登華陽臺。望後宿定興，過安肅至保定入慶都。壬申過定州歇將樂，次日道出真定。甲戌渡滹沱河，稅跡灤城。乙亥望趙州西趨。丁丑宿内丘，戊寅飯邢臺，入國士門。己卯至臨洺關。庚辰走邯鄲道上，子午至邯鄲城。閏六月癸未朔發磁州，時漳河水急不得渡，入鄴。丁亥過湯陰，越宿宿淇水上。己丑至輝之百泉，次早登蘇門山。庚寅抵獲嘉，辛卯駐修武，壬辰至清化，癸巳過孟縣，遂渡河留止孟津。甲午行邙山，次日登城上南薰樓。乙未至新安始入函谷關。丙申宿澠池，次日過硤石又次張茅。己亥至靈寶，未至十五里爲函谷舊關。庚子過弘農，又五十里至閿鄉。辛丑至潼關，壬寅出關而西則與河別矣。午至（華）岳廟，是日登岳。己巳下，息足華州。戊申歷渭南，次新豐市。庚戌過灞橋，二十里西至長安城東門，渡渭水入咸陽城。辛亥至興平，壬午宿武功，明日即七月朔矣。晚宿扶風，亂流而渡，甲寅宿鳳翔，乙卯四十里過汧陽。

乙卯出寶鷄渡渭水，則入益門鎮行棧道，自此南入川，而西征之轍畢矣（入蜀稿上西征記）。丙辰飯東新店，是日宿草涼驛，明午過百歲村。己未發三岔，庚申行十里上柴關。辛酉發留壩飯武關，壬戌飯黄沙，溯漢水，行將至沔。次日發沔，飯沮水上。乙丑過金牛，丙寅早肅入謁禹廟。過五丁峽，寧羌州，駐寧羌，次日止黄壩。戊辰下宿沙河。己巳從千佛崖下至廣元，自是由嘉陵拏舟行，一日泊昭化，一日艤虎跳，一日倚棹蒼溪，癸酉乃至保寧。甲戌出保寧至漢州，是夕宿柳邊。乙亥於鹽亭，丙子於潼川，丁丑於建寧，戊寅於古店，下古店過新都則入平川。以八月二日癸未攬轡於相如駟馬橋上，會藩臬大夫與直指何君入成都（入蜀稿中入蜀記上）。

七月四日乙卯出（寶鷄）縣南門，渡渭水。午飯稽留鋪後又十里而登山，則入棧道矣。晚宿涷河。

入成都以六日丁亥鎖闈，九月辛亥朔歌鹿鳴飨士。乙卯詹牧書約爲流花之遊。戊午與元承至大慈寺、薛濤井。己未重九登城東南角樓。庚申直指君復約登草堂。十日癸亥解纜而南（入蜀稿中入蜀記中）。

次日甲子行次木馬驛，一宿而過彭山，再宿而過眉，三宿而入青神之中岩。丁卯至嘉定州，次日赴峨嵋。癸酉還自峨嵋宿犍爲，次日泊下壩。乙亥至叙州，丙子過南溪止江安。丁丑過納溪止瀘州，戊寅止合江，己卯在江津。庚辰過銅鑵故驛，晚宿重慶石城。次日宿長壽則十月辛巳朔矣。壬午過李渡，蜀雄鎮也。

晚次涪州。癸未達酆都，上平都山。甲申次忠州，次日過曹溪，又次日發過周溪至巴陽峽。日夕抵雲陽，即古雲安也。丁亥至夔府，夜宿巫山。己丑發巫山，夜宿巴東。庚寅下巴東至歸州。次日盤灘而下，泊空舲灘。壬辰謁黄帝廟，過黄牛、南井關則至州，州稱夷陵，險至此平也（入蜀稿中入蜀記下）。

秋，過夔（廣志繹卷五）。

余以萬曆戊子典蜀試，攬勝紀遊樂焉忘返（五岳遊草桂海志續）。

戊子主考四川，時御史江東李植、丁此吕以彈劾忤宰相，而公右之。試甫竣，轉其省川北參議，未任（續台考）。

余也歲在困敦，律中南吕，艤棹江陵，攬轡荆西（五岳遊草吊襄文，可見士性從蜀沿江而下，至江陵，再由陸路到襄陽，而遊習池、樊城、隆中等處——編者按）。

遷吏科右給事中，出爲四川參議，歷太僕少卿（明史本傳，未繫年）。

五岳遊草有與劉元承入蜀至荆門執别詩，當繫於此。

余以戊子十月望抵襄陽，取道穀城，次日宿界山，又次日經草店，乃入山。……次早西行十里而至龍泉觀……次日行三十里至迎恩宫，宫在石板灘，當鄖、襄孔道。又十里而至均州净樂宫（五岳遊草遊太和山記）。

乘傳續食行八十日而至成都（入蜀稿下四川鄉試録序）。

歲乙酉，余以次當宣册代藩，冀且遂往焉，值母氏戚，不果。又歷三冬，銜試命西還，乃得取間道出關而西，遂遊恒岳（五岳遊草恒遊記）。

北上駐帆濟寧，趨曲阜孔子廟庭，遂由泰安登岱宗，凡齊魯之名山川無不覽焉。入都給事禮垣，乘間而遊西山。是年秋奉命典試四川，所經燕、趙、韓、魏、宋、衛、中山之墟，無不窮覽其名勝。取道華陰，遂登華岳，出寶鷄，渡渭水，入益門關。試事畢，登峨嵋，題名於天門石間道而西，復遊恒岳。聞命轉廣西參議，遂自蜀入粤，道經衡陽，復遊衡岳，於是五岳遍歷矣。皆天之假公時與地與官，以畢公志。自是有太和山、廬山、楚江諸記（此段文字疑有誤，縣志作者亦不明恒岳之遊在何時。入蜀記明言遊峨嵋後，即沿江而下至楚，不可能自峨嵋直接西返遊恒岳。疑遊恒岳當在遊襄陽後——編者按）。

## 一五八九年，萬曆十七（己丑）年，四十三歲。

參藩廣右（廣志繹卷一）。

余參粤藩維舟揚瀾左蠡，望乾維山有山如黛，與友人毛翰卿自南康問道往，信廬山也。……歲在己丑仲夏朔日（五岳遊草遊廬山記）。

楚本澤國，環亘六千里，洞庭、左蠡、江漢皆楚也，今爲豫章鄂渚諸郡……余入粤所必由，如買舟信江而抵洪都，閣則有滕王，湖則有鄱陽。……

鄱陽一名彭蠡，又名揚瀾左蠡。……出湖口，水則有江，島則有大孤、小孤。……過潯陽至黃岡，磯則有赤壁，……溯遊至鄂渚，水則有漢，磯則有黄鶴。……又溯而上巴陵，磯則有城陵，湖則有洞庭，樓則有岳陽，島則有君山。……日午乃渡，過三十六灣，則湘流之曲也，瞻衡岳近矣。長沙書院則有岳麓，衡陽則石鼓。……自此沿瀟水，則登九嶷，余乃循湘流而入桂林（五岳遊草楚江識行）。

與翰卿泛洞庭溯沅湘而上，登陸，遊衡山（五岳遊草衡遊記）。

余以己丑九日赴王宴而入（獨秀山）。余以赴張大將軍飲初至（叠彩山）。余亦與藩臬大夫餞張閫帥，得首覽（寶積山）焉，乃莅官之次日（七星岩）。余以過栖霞洞留飲於此（省春岩）。故以九月廿日約余爲泛舟（灕江）之役。余以九月望約張羽王至（隱山）。余時以九日獨行（龍隱岩）（伏波山）。余以遊省春後十日與韋閫帥至（白龍洞）。余以六月朔至（虞山）。韋閫帥以九日約余與臬副李君登高其上（堯山）。余以九月望下蒼梧，舟過此（訾家洲）（五岳遊草桂海志續）。歲己丑九月之望，赴黄化之約，相與過虹橋之渚，泛灧湖之棹……及余庚寅春夏兩過之……（五岳遊草遊七星岩記，指端州七星岩——編者按）。五岳遊草有蒼梧道中攬鏡獨嘆蓋余風塵荏苒一十五載矣詩。

移廣西，建懷遠、荔波二縣城（續台考）。

莅粤則有桂海志、七星岩、獨秀山、訾家洲諸記。

余乃爲粤遊志，首獨秀山、次叠彩、次寶積、次七星岩、次省春、次灕山、次隱山、次龍隱、次伏波、次白龍、次虞山、又次堯山，而終以訾家洲（粤西文載王士性桂海志續序）。

入蜀稿成（前有萬曆己丑秋八月朔始安張鳴鳳所撰序）。

刻入蜀三記（五岳遊草 桂海志續）。

南出廣右，分藩右江，以今歲夏盛暑將家歡言對官（入蜀稿張序）。

余以五月過端州（廣志繹卷四）。

**一五九〇年，萬曆十八（庚寅）年，四十四歲。**

庚寅初居廣右（廣志繹卷五）。

入滇（廣志繹卷一。原文作「庚辰入滇」，「辰」或爲「寅」之誤，庚辰士性尚在確山任上，不可能入滇。又據五岳遊草，入滇在辛卯，見下）。

晉雲南瀾滄兵備副使（續台考）。

由粵藩轉滇臬副使。入滇則有泛舟昆明池歷太華諸峰、遊九鼎山諸記。

**一五九一年，萬曆十九（辛卯）年，四十五歲。**

余以辛卯春入滇……以上巳日道出碧鷄關（五岳遊草 泛舟昆明池歷太華諸峰記，又見滇系藝文）。

重九與吴謙原豫（瀘水人）、張文耀養晦（沅陵人）遊九鼎山（五岳遊草 遊九鼎山記）。

臘望後三日遊鷄足山，與子立轂俱（五岳遊草 遊鷄足山記）。

與瀘川原豫吴君數登點蒼山（五岳遊草 點蒼山記）。

序五岳遊記（？五岳遊草自序云：記之時，萬曆纔十有九）。

行部則有點蒼山、鷄足山諸記。公蓋無時不遊，無地不遊，無官不遊，而文章即於是燦焉耳。

**一五九二年，萬曆二十（壬辰）年，四十六歲。**

五月十六日望，日食，在雲南救護月生光一半以上，不及三分而見。緬人於壬辰以貢物入，時在瀾滄。

官瀾滄兩年，諗知其弊，於撫州客狀，一詞不理（廣志繹卷五）。

**一五九三年，萬曆二十一（癸巳）年，四十七歲。**

升大理寺少卿（？）

改河南提學（光緒府志，無年代，暫置此）。

衡文兩河（康熙府志，亦無年代）。

改河南提學，晉山東參政（續台考）。

癸巳余參藩行荒，至其地（指山東東、兖二郡？）（廣志繹卷三）。

**一五九四年，萬曆二十二（甲午）年，四十八歲。**

參藩山東（廣志繹卷一）。

**一五九五年，萬曆二十三（乙未）年，四十九歲。**

貳卿太僕（廣志繹卷一）。

十年後余入太僕時……（廣志繹卷二。從丁亥算起，首尾十年——編者按）。

二十三年召爲太僕少卿，提督京營（同上引續台考）。

擢都察院右僉都御史，巡撫河南，例不當辭，而公力辭，遂改南鴻臚寺正卿。

二十三年，河南缺巡撫，廷推首王國，士性次之，帝特用士性。士性疏辭，言資望不及國。帝疑其矯，且謂國實使之，遂出國於外，調士性南京。久之，就遷鴻臚卿（萬斯同明史列傳稿）。

余兩宦其地（廣志繹兩都序，其地指南京，然觀其生平似僅一宦南京而已——編者按）。

**一五九七年，萬曆二十五（丁酉）年，五十一歲。**

中秋日，序廣志繹（初冬日，馮夢禎序廣志繹）。

**一五九八年，萬曆二十六（戊戌）年，五十二歲。**

卒於此年年初。王亮稚玉集有祭鴻臚寺卿王太初年兄文，文云：「維萬曆二十有六年，歲次戊戌二月乙卯朔越二日丁亥，年眷生王亮謹以牲帛之奠，致祭於明故南京鴻臚寺少卿太初年兄王公之靈……」士性當歿於此前。

# 王士性著述小考

周振鶴編

王士性著述不算少，但因流傳不廣，且生前未盡付刊，所以到清初已甚模糊，故特作調查及考證如下。

一、王恒叔近稿

今南京圖書館藏有明萬曆年間所刻王士性著述五種，即掖垣稿一卷、朗陵稿一卷、入蜀稿三卷、尺牘三卷及燕市稿二卷。在掖垣稿前有王世貞所撰之王恒叔近稿序，可見上述五種著述共十二卷，合而爲王恒叔近稿。據光緒台州府志云，王士性有吏隱堂集十二卷，但今已不見。而上述五種著述的板心中，有吏隱堂字樣，頗疑吏隱堂集即王恒叔近稿的别名，兩者卷數亦相符。

又朗陵稿與燕市稿或曾合而爲玉峴集。光緒台州府志云，玉峴集六卷，汪道昆序稱其（指王士性）令朗有朗陵集，入燕市有燕市集，合名之曰玉峴集，今未見。朗陵集與燕市集當即朗陵稿與燕市稿，唯兩者合之祇有五卷，與台州府志稍有不合。

## 二、五岳遊草與廣遊志

此書今存清康熙三十一年知述堂刊本，爲馮甦重梓，十二卷。末二卷雜志即王士性另一著作廣遊記（亦稱廣遊志）。四庫全書存目提要云：「有圖有記有詩，末爲雜志二卷，亦名廣遊記。台州外書藝文曰：「五岳遊草十二卷……遊跡所及爲圖若記七卷，詩三卷，不盡於記與詩者，爲雜志三（刻誤，應作二）卷，亦名廣遊記，統題五岳遊草，蓋舉大以及其餘也。」兩説皆對。

稍作考證亦知雜志即廣遊志。廣志繹卷四江南諸省小序云：「江南地拓自漢武帝，其初皆楚羈縻也，故楚在春秋、戰國間其强甲於海内。余嘗至廣右而嘆秦皇、漢武之功也，語具廣遊志中。故以次於江北。」查王士性嘆秦皇、漢武之功諸語正在五岳遊草卷十二，即雜志下卷之中，是雜志即廣遊志無誤。但今人未注意及此，多云廣遊志未見。不僅如此，即在清初之人亦大多茫然。如康熙間刻廣志繹的楊體元就説：「乙卯冬偶過天台，訪廣遊志不可得，得五岳遊草而卒業焉。内雜志一卷，有志繹所未備者，附梓於後，以傳先生未傳之書，並以副齊莊先生付託之意云。」渾然不知雜志即廣遊志也。

五岳遊草與廣遊志在王士性生前已經刊行，唯不知刊於何年。今年見五岳遊草率皆康熙間重刊本，且均合廣遊志而爲十二卷本。

三、廣志繹

此書在王士性生前未曾付刊，清康熙十五年楊體元始梓行，此刊本久已湮没，近方重現，又一廣志繹刻本爲嘉慶二十二年宋世犖重刊本，乃據宋氏自鈔本與郭石齋鈔本互校而刻（見宋撰重刻廣志繹序）。此本並未單獨行世，而是收入宋氏所輯台州叢書。中華書局一九八一年點校本點校説明云，宋刻本乃「據楊刻丙辰本參酌傳抄本重梓」，誤。

廣志繹曾被曹溶抽出部分篇章收入學海類編，如河南和貴州部分被冠以豫書和黔書之目，仍署王士性之名（此二書後被收入叢書集成初編中）。又，山西、陝西和湖廣部分分别被加上晉録、秦録和楚書的名稱，但皆託以假名。

四、其他著作

不見於王恒叔近稿和五岳遊草的王士性詩文恐怕還有不少，以下所録僅爲目前所知：

一、白鷗莊記、復馮太史夢禎書（以上見康熙臨海縣志藝文）。

二、新建縣橋記（見萬曆嚴州府志卷二十四及道光建德縣志卷十四）。

三、王紀墓誌銘、應明德墓誌銘、李果墓表（均爲出土文物，見台州墓誌集録），其中李果墓表爲王士性親書，尤可寶貴。

**圖書在版編目（CIP）數據**

五岳遊草；廣志繹：新校本/（明）王士性撰；周振鶴點校.—上海：上海人民出版社，2019
ISBN 978-7-208-15781-1

Ⅰ.①五… Ⅱ.①王… ②周… Ⅲ.①歷史地理—中國—明代 Ⅳ.①K928.648

中國版本圖書館CIP數據核字(2019)第051247號

# 五岳遊草 廣志繹 新校本

作　　者：(明)王士性 撰　周振鶴 點校

責任編輯：倪文君
封面設計：小陽工作室

出版：上海人民出版社
(200001 上海福建中路一九三號)
發行：上海人民出版社發行中心
印刷：上海盛通時代印刷有限公司
開本：635×965 1/16
印張：25.5
插頁：6
字數：271,000
版次：二〇一九年五月第一版
印次：二〇一九年五月第一次印刷
ISBN 978-7-208-15781-1/K・2835
定價：一一八圓